# 科技管理智能化探索

李海威　罗亮　著
林珠　马志平

·广州·

图书在版编目（CIP）数据

科技管理智能化探索/李海威等著． —广州：华南理工大学出版社，2023.5
ISBN 978－7－5623－7361－2

Ⅰ．①科… Ⅱ．①李… Ⅲ．①智能技术-应用-科学技术管理-研究
Ⅳ．①F204－39

中国国家版本馆 CIP 数据核字（2023）第 074114 号

Keji Guanli Zhinenghua Tansuo
科技管理智能化探索
李海威 罗 亮 林 珠 马志平 著

出 版 人：柯 宁
出版发行：华南理工大学出版社
　　　　　（广州五山华南理工大学17号楼　邮编：510640）
　　　　　http://hg.cb.scut.edu.cn　E-mail：scutc13@scut.edu.cn
　　　　　营销部电话：020－87113487　87111048（传真）
责任编辑：张 楚
责任校对：洪 静
印 刷 者：广州一龙印刷有限公司
开 本：787mm×960mm　1/16　印张：13.75　字数：301千
版 次：2023年5月第1版　印次：2023年5月第1次印刷
定 价：58.00元

版权所有　盗版必究　印装差错　负责调换

# 前　言

科技管理是运用管理科学对科技活动所涉及的人、财、物、信息等进行优化整合与配置的管理行为，它不仅可以对科技项目和成果等进行全过程管理，也可以带动组织机构和科技合作的交流与发展，更可以促进科技资源的合理配置、制度与规范的宏观施策。随着信息化技术的不断发展，科技管理已与信息化系统密切结合，常见的信息系统构建方法和平台架构体系在科技管理信息系统中得到成熟应用，成为我国科技管理过程中必不可少的工具。

如今，科技管理数据急剧增加，大量的科技项目库、评审专家库、科技成果库、科技报告库、科技人才库等各类资源库需要处理、关联、分析与挖掘。无论是政府还是科研机构、科研工作者，均须参与到科技管理业务中，虽然不同主体对业务的理解和信息的处理角度有所不同，但对科技管理的业务优化和资源的高效利用是大家对科技进步、结构优化的共同追求。当前，新一代人工智能相关学科发展、理论建模、技术创新、软硬件升级等整体推进，为更好地顺应时代对科技管理的需求，我们应充分发挥大数据、人工智能等新一代信息技术的支撑作用，探索科技管理智能化提升方法，从而进一步促进我国科技管理事业的创新发展。

广东省科技基础条件平台中心在多年的科技管理工作中，不断探索科技项目全过程管理、科技平台综合评估等创新管理方法，以提升科技管理工作效率、优化业务流程和辅助资源配置。中心经过多年的摸索和业务能力的提升，在熟悉科技管理相关业务、理论基础及技术支撑的基础上，将云计算、大数据、机器学习等方法进行融合，使科技管理的流程得以优化、管理工作得以创新。为总结并分享经验，特撰写此书。

本书分为上下两篇，上篇主要介绍科技管理的基本概念、智能化需求和体系、大数据技术以及科技管理领域的机器学习研究情况。书中将科技管理智能化体系划分为基础设施、数据采集与处理、模型与算法等层面。下篇主要结合业务特点,从简化用户工作任务和提升用户决策效率等角度出发,提出一系列智能化创新方法。

谨以此书献给广大科技管理工作者,希望能给大家提供一些启发与参考。在此,感谢单位科研团队同事们的合作协助,也特别感谢广东工业大学邢延老师的支持与帮助,尤其感谢其在科技大数据非均衡情况处理中的指导。

在新一代信息技术日新月异的发展过程中,将科技管理工作做得更好是我们持续追求的目标,本书亦是抛砖引玉,我们无法把科技管理智能化提升方法阐述得面面俱到,在撰写过程中也可能存在疏漏,恳请对该领域感兴趣的同行、专家、朋友们批评指正,为我们提供更多指引和帮助。

# 目 录

## 上篇 基础理论篇

### 第1章 科技管理概述 ·········· 3
1.1 科技管理发展现状 ·········· 3
1.2 科技管理主要内容 ·········· 6
参考文献 ·········· 11

### 第2章 科技管理智能化需求 ·········· 12
2.1 科技管理智能化 ·········· 12
2.2 数据处理需求 ·········· 13
2.3 用户需求 ·········· 14
2.4 需求分析 ·········· 15
参考文献 ·········· 21

### 第3章 科技管理智能化体系 ·········· 22
3.1 人工智能政策环境 ·········· 22
3.2 智能化体系架构 ·········· 24
3.3 基础设施 ·········· 25
3.4 数据采集与预处理 ·········· 34
3.5 模型构建与算法融合 ·········· 38
参考文献 ·········· 59

### 第4章 科技管理与大数据技术 ·········· 60
4.1 大数据概述与核心组件 ·········· 60
4.2 数据准备与质量管理 ·········· 75
4.3 数据模型应用与推广研究 ·········· 79

## 第 5 章　科技管理与机器学习 ········· 91
### 5.1　方法与数据来源 ········· 91
### 5.2　描述性统计 ········· 92
### 5.3　研究热点及趋势 ········· 92
### 5.4　研究主体力量分析 ········· 98
### 5.5　演化分析 ········· 102
### 参考文献 ········· 103

## 下篇　应用探索篇

## 第 6 章　科技管理与信息化系统 ········· 107
### 6.1　科技管理信息系统概述 ········· 107
### 6.2　科技管理信息系统研究现状 ········· 110
### 6.3　基于 SOA 与 JFinal 架构的科技资源服务平台建设 ········· 111
### 6.4　基于云计算的物联网数据网关的建设研究 ········· 114
### 参考文献 ········· 118

## 第 7 章　面向科技大数据的项目查重方法 ········· 121
### 7.1　科技项目立项评估概述 ········· 121
### 7.2　文本相似度计算研究现状 ········· 122
### 7.3　科技管理大数据平台架构 ········· 123
### 7.4　一种面向科技大数据的项目查重方法 ········· 143
### 7.5　科技大数据非均衡情况处理 ········· 146
### 参考文献 ········· 154

## 第 8 章　科技平台主、客观绩效评估方法 ········· 157
### 8.1　科技平台绩效评估概述 ········· 157
### 8.2　科技平台绩效评估研究现状 ········· 158
### 8.3　无监督环境下的科技平台主、客观绩效评估方法 ········· 160
### 参考文献 ········· 168

## 第 9 章　面向科技资源的智能推荐方法 ········· 171
### 9.1　科技资源的智能推荐概述 ········· 171

9.2 智能推荐研究现状 ......174
9.3 架构设计 ......174
9.4 混合数据源融合的资源检索方法 ......177
9.5 资源推荐需求分析和方法 ......179
参考文献 ......183

# 第10章 科技平台生命周期的评估方法 ......185
10.1 科技平台生命周期概述 ......185
10.2 科技平台生命周期研究现状 ......186
10.3 一种科技平台生命周期的评估方法 ......187
参考文献 ......197

# 第11章 基于科技知识图谱的智能化提升探索 ......199
11.1 知识图谱的研究现状 ......199
11.2 基于科技知识图谱的训练资源服务平台构建 ......200
11.3 面向科技管理系统的知识表达方法 ......203
参考文献 ......210

# 上 篇　基础理论篇

本篇主要阐述了科技管理的基本概念，结合国内外现状和科技管理的主要内容，发散性地提出科技管理智能化需求和科技管理智能化探索的必要性及其体系架构，将科技管理智能化体系划分为基础设施、数据采集与预处理、模型构建与算法融合、融合与应用等层面。同时，该篇详细介绍了与科技管理智能化提升密切相关的大数据技术和机器学习方法，为信息技术与科技管理业务深度融合打好理论基础。

# 第1章 科技管理概述

科技管理是运用科学合理的方法对人力、物力、财力等相关资源进行优化整合，通过协调各部门工作或对相关产业进行有计划的组织调控，发挥现有资源的最大效能，最大限度地扩大科技管理效益。科技管理工作的开展具有重要的意义，它可以促进科技资源的合理配置，对推动科学技术的进步和发展有积极的作用。而科学技术的进步和发展不仅是制约我国经济体制发展的重要因素，也是提升我国国家实力和国际竞争力的重要途径。因此，运用高效合理的科技管理方法，可以实现资源的有效整合和配置，对提升我国经济实力和国际竞争力具有重要的促进作用。

在大数据时代，科技管理数据来源广泛、数据主体多样、数据量激增，对科技管理工作提出新的挑战，特别是在信息化建设方面，需要充分利用大数据技术，构建交互性、安全性、时效性更高的管理平台，以更好地促进我国科技管理工作的高质量、高速发展。在项目申请、立项、组织实施、检查评估、验收与鉴定、成果申报、档案归档的全过程管理中，会产生大量的科技管理数据，使得现阶段大数据背景下科技管理工作呈现科学技术实验数据复杂性强、数据量迅速增长，科技研究成本增加，科技管理功能发散和多样化、个性化、智能化研究比重增加等特点。

如何从丰富的科技管理数据中提取与科技管理密切相关的信息；如何突破信息孤岛，实现信息资源在各部门之间共享，为科技管理和决策提供大量的数据支持，这些问题仍需深入探索。为更好地顺应时代对科技管理的需求，应充分应用当前大数据、人工智能等新一代信息技术，为科技管理提供技术保障和支撑。

## 1.1 科技管理发展现状

### 1.1.1 我国科技管理发展现状

从新中国成立之初发出"向科学进军"的伟大号召，到改革开放之初"科学技术是第一生产力"论断的提出，再到新世纪初提出的"建设国家创新体系、增强自主创新能力"，我国科技管理体制随着国家建设发展不断演进，具有显著的时代特征。党的十八大以来，深化科技管理体制改革、创新驱动发展战略取得显著成效，我国与世界主要发达国家的差距明显缩小。我国全时研发人员数量世界第一，科技人才队伍持续壮大，研发人力投入强度保持逐年稳定增长态势。

在科技管理体制方面，我国科技管理体制进行了多阶段改革：1978—1994年，探索了科技面向经济和经济依靠科技并举的科研管理体制改革；1995—2005年，建立适应社会主义市场经济体制和科技自身发展规律的科技管理体制改革；2006—2012年，建设国家创新体系、增强自主创新能力的科技管理体制；2013年，迈入实施创新驱动战略的全面深化科技管理体制改革新时代。2017年10月，党的十九大提出："深化科技体制改革，建立以企业为主体、市场为导向、产学研深度融合的技术创新体系，加强对中小企业创新的支持，促进科技成果转化。"中国特色社会主义进入新时代，我国把科技自立自强作为国家发展的战略支撑，健全新型举国体制，强化国家战略科技力量；加强基础研究，推进关键核心技术攻关和自主创新；强化知识产权创造、保护、运用，转变政府科技管理职能、促进科技成果转移转化成为改革重点，全社会创新创业活力持续激发。

在科技管理信息化建设方面，随着移动互联网技术、信息化技术的不断发展，科技管理信息化领域也取得了良好应用与卓越发展。在开展科技管理工作的同时，不断运用信息化系统建设来提升科技管理工作效能，形成信息化管理平台和信息化管理机制，为科技管理的智能化提供新的可能。我国部分省市已构建科学的管理体系和高质量的信息化服务平台，从战略、政策、研发、转化等角度出发，努力打造技术互通、信息互享以及沟通简单快捷的科技管理创新平台，全面管理科研政策、监管科研过程以及科研成果的产业化。中央和地方层面都有各自的科技管理信息系统。科技部的国家科技管理信息系统（NSTIS, National Science and Technology Information System）落实中央财政科技计划管理改革要求，实现国家级科技计划项目的全流程管理，有效支撑了科技计划的项目管理、综合统筹和业务监督。国家自然科学基金委员会的科学基金网络信息系统（ISIS, Internet-based Science Information System）满足科学基金发展规划要求，具备项目申请、科研人员管理、科技项目查询等功能，支持科学基金项目的知识库建设、资源共享和项目全过程精细化管理。

在科技管理环境方面，随着政府主导制定的相关政策、科技法规、科技规划等的发布与实施，我国逐步围绕创新链从国家重点研发计划、重大专项、重大科技平台建设等方面进行部署，形成了统一领导、需求对接、资源共享的重大科技协同攻关组织方式，搭建了覆盖立项、过程管理、绩效评价、监督检查等方面的合理规范、宏观统筹的科技管理环境。我国各省市已逐步实现科技管理制度化、规范化，各地科技计划项目管理的制度日益完善，形成了良好的科技管理创新氛围。

在科技管理智能化探索方面，我国基于大数据、人工智能等新一代信息技术，探索运用智能化手段辅助科研管理部门进行业务管理和统筹决策，最主要的体现是建立科技决策智能化分析平台，借助云计算与大数据的计算和分析能力为科技创新提供更加全面合理的平台支撑，运用平台打通科技资源的边界壁垒，将人、财、物、信息等资源进行整合优化，使得分析结果更加合理和智能，自动形成更加精准科学的决策方案，提升科技决策质量，为重大突发事件下应急决策提供有力的支撑。中国科学技术信息研究所构建了立体的数据平台，对多层面的科技创新情况、创新要素分布和流动进行基于人工智能的自动化分析，支撑区域科技创新管理与决策。利用知识图谱、深度学习等技术，可以构建基于海量科研数据、文献数据、产业数据等的科技创新图谱，进而从多个维度分析学科领域发展规律、产业领域合作网络、科技投入与科技产出的关系等方面内容，展示科技投入效果与效率，进一步为政府科技规划和布局决策提供客观、科学的依据。同时，利用人工智能数据平台，还可以及时发现发展短板，为政府制定科技战略、为科研机构及企业确定技术研发重点、为研究人员寻找创新突破点提供决策依据。

### 1.1.2 国外科技管理发展现状

在国外，美国的政府资助项目统一管理平台 Grants.gov 根据美国总统管理议程等制度，由美国联邦政府创建，实现多个联邦政府部门的项目信息发布、申请管理以及项目资助，高效支撑联邦政府的项目管理。法国的科研活动管理系统 LA-BIN-TEL 根据互联网及信息技术的发展需要，由法国国家科学研究中心（CNRS, Centre National de la Recher-che Scientifique）建设和运营，覆盖科技项目从申请到结项的各个环节，以及成果转化、专利管理、合同管理等业务，实现科研项目、科研活动的管理与评估。韩国的国家科技信息服务系统（NTIS, National Technical Information Service）顺应科技出版网络化的发展趋势，由韩国科学技术信息研究所（KISTI, Korea Institute of Science and Technology Information）建设，实现多个政府机构和科研机构的研发课题收集以及成果集成，支撑政府决策部门的趋势把控。

在智能化探索方面，许多国家的政府和科研机构在长期跟踪科技前沿情报时，引入人工智能和深度学习帮助其进行趋势预测。美国、欧盟、英国、日本、加拿大和印度等国家和国际组织在人工智能领域持续加大基础研发投入，并推动人工智能与各领域的融合，尤其是在政府决策与辅助管理方面。各国利用文献计量、模型分析、创新预测等方法，对世界科技领域的重点发展方向进行预测，积极从产业经济发展和改革的角度进行创新性研究和战略分析，为智能手机、新能源汽车等新兴高科技产业，提供产业发展战略和政策建议。例如，日本科技与技术政策研究所（NISTEP）开发了政策制定智能辅助系统（SPIAS），联合文部科学省（MEXT）、日本政策研究大学院大学（GRIPS）、日本科学技术振兴机构（JST），尝试使用大数据和语义技术协助政府处理科技研究成果、研发组织和研究项目的数据，研究分析科技对社会的经济影响。比利时建立了深入分析科技趋势和制定科技创新统计指标的佛兰德研究信息空间（FRIS）。美国谷歌公司开发了谷歌趋势（Google trends）模型，利用机器学习技术对未来经济增长、就业情况、商业周期等进行长期预测。西班牙政府广泛使用自然语言处理技术处理和分析大量文本信息，帮助决策者利用研究结果来监测和评估公共科研项目，并制定科技政策举措。

## 1.2 科技管理主要内容

科技管理是运用管理科学对科技活动所涉及的人、财、物、信息等进行优化整合与配置的管理行为，科技管理主要包括科技战略规划、科技政策制定、科技资源配置、科技项目管理、科技组织机构管理、科技人才管理、科技合作交流、科技管理环境建设等方面。科技管理常见的业务类型主要有科技资源管理、科技项目管理、科技平台管理、科技评估管理。

### 1.2.1 科技资源管理

科技资源管理是各类科技资源管理主体在一定的环境和条件下，运用经济、行政、法律、技术等手段，对科技资源进行科学规划、有效开发、合理配置和高效利用，以使科技资源有效支撑科技创新活动，最终实现组织战略目标的过程。它是以科技资源的充分开发、合理规划和有效利用为目标，在对科技资源管理过程及其客观规律进行有针对性调查分析的基础之上，结合科技资源自身的特质，用法律、制度、经济、科技等手段调节科技人力资源、科技财力资源、科技装备资源、科技信息资源、科技组织资源以及科技中介等要素，满足科技资源可持续发展的要求。

现阶段科技资源在国民经济发展中愈发重要，在科技活动中的共享和利用程度也得到相关部门和企业的高度重视，资源开放共享的意义突显。我国经济规模大、产业基础好、市场机制活，在调整经济结构、转变经济发展方式上先行起步，取得了明显成效，但总体上还存在自主创新能力不够强，核心技术缺乏，产业发展仍处于价值链中低端，科技体制机制与经济社会发展的要求还不适应等问题。目前，科技资源的购置大多是通过项目的形式，缺乏统一的规划和协调，信息不透明，造成了简单重复购置、资源浪费的状况。科技资源分散在众多的科研机构、大学和企业中，由于部门之间、单位之间缺乏有效的资源投入管理和协调机制，因此造成科研经费不足、资源浪费严重等问题，给科研工作带来更大的困难。

在信息时代，科技资源是一种可再生、可增值的资源，科技资源共享是加强科学研究联合与合作的切入点，是推动资源有效整合和利用的突破口，是实现科技资源有效利用的必然选择。实施科技资源共享，向社会开放共享各类科技资源，可以避免科技资源重复建设，从而提高资源使用率，节约资源成本。通过科技资源的开放共享，科研工作者、中小微企业在开展科技活动时能够及时获取所需的科技资源和相关的基础条件支撑，形成良好的科技创新环境。在科技资源共享的基础上，汇聚大量的科技资源，形成资源的多维大数据，助力科技资源智能推荐与挖掘系统的研究，完善资源的供需对接，提高资源的使用效率，为广大科技工作者和科技活动提供强有力的基础条件支撑，有效促进省内各行各业产业化发展。

我国一直高度重视科技资源管理，在《"十三五"国家科技创新规划》中已明确提出强化科技资源开放共享与服务平台建设，加强平台建设系统布局，形成涵盖科研仪器、科研设施、科学数据、科技文献、实验材料等的科技资源共享服务平台体系，强化对前沿科学研究、企业技术创新、大众创新创业等的支撑，着力解决科技资源缺乏整体布局、重复建设和闲置浪费等问题。整合和完善科技资源共享服务平台，更好地满足科技创新需求。建立健全共享服务平台运行绩效考核、后补助和管理监督机制。深入开展重点科技资源调查，完善国家科技资源数据库建设，强化科技资源挖掘加工、评价鉴定等。

我国陆续出台《科学数据管理办法》和《国家科技资源共享服务平台管理办法》等政策规范，不断完善科技资源及其共享服务体系，与科技资源相关的主要法律法规、标准规范如表1-1所示。

表1-1 我国科技资源相关法律法规及标准规范

| 名称 | 说明 |
| --- | --- |
| 《中华人民共和国科学技术进步法》 | 为了全面促进科学技术进步，发挥科学技术第一生产力、创新第一动力、人才第一资源的作用，促进科技成果向现实生产力转化，推动科技创新支撑和引领经济社会发展，全面建设社会主义现代化国家，根据宪法，制定本法 |
| 《中华人民共和国数据安全法》 | 本法着力解决数据安全领域突出问题，主要内容包括：确立数据分级分类管理以及风险评估、监测预警和应急处置等数据安全管理各项基本制度；明确开展数据活动的组织、个人的数据安全保护义务，落实数据安全保护责任；坚持安全与发展并重，规定支持促进数据安全与发展的措施；建立保障政务数据安全和推动政务数据开放的制度措施 |
| 《科学数据管理办法》 | 为进一步加强和规范科学数据管理，保障科学数据安全，提高开放共享水平，更好支撑国家科技创新、经济社会发展和国家安全，根据《中华人民共和国科学技术进步法》《中华人民共和国促进科技成果转化法》和《政务信息资源共享管理暂行办法》等规定，制定本办法 |
| 《国家科技资源共享服务平台管理办法》 | 为深入实施创新驱动发展战略，规范管理国家科技资源共享服务平台，推进科技资源向社会开放共享，依据《国家科技创新基地优化整合方案》，科技部、财政部共同研究制定了本办法 |

续表

| 名称 | 说明 |
|---|---|
| 《科技基础性工作专项项目科学数据汇交管理办法》 | 为规范和加强科技基础性工作专项项目科学数据汇交管理工作，促进项目产生的科学数据的共享与服务而制定本管理办法 |
| 《科技计划形成的科学数据汇交 技术与管理规范》（GB/T 39912—2021） | 本标准规定了科技计划形成的科学数据汇交的原则、管理的主体与职责、主要内容及流程 |
| 《科技计划形成的科学数据汇交 通用代码集》（GB/T 39908—2021） | 本标准规定了科技计划形成的科学数据汇交工作涉及的通用代码集 |
| 《科技计划形成的科学数据汇交 通用数据元》（GB/T 39909—2021） | 本标准规定了科技计划形成的科学数据汇交通用数据元描述规范、数据元目录 |

### 1.2.2 科技项目管理

科技项目管理是对以项目形式进行的科学研究活动的全过程管理，是一种典型的高层次知识管理实践活动。不同类型的科技项目其管理方法有所不同，但是一般来说，科技项目管理包括科技计划、各类科技项目的申请，项目管理、经费管理，各类科技成果的项目申报、组织、验收、奖励申报，科技成果推广与转让，专利、著作权等知识产权的申请与管理，科技信息及科技统计工作等。而这些管理过程中通常又包含许多子过程，这些过程之间相互作用，互相影响。基于此，科技项目管理与其他的项目管理相比存在创新性、知识技术性和风险性较强等特点，在管理过程中往往需要涉及各领域很强的专业知识、较敏感的知识产权、较严谨的监督体系，因此，科技项目管理需要更加强调信息化手段管理和智能化分析，以使管理过程更加有效，对各类信息获取更加敏锐，对风险预测更为精准。而机器学习中的分类器构建可以为科技项目管理中的立项与验收过程提供参考依据，为专家对项目的评估进行辅助分析。机器学习中的异常检测可以为科技项目管理的风险预警和监督体系构建提供思路和有效工具。机器学习中的回归或预测，也有益于在科技项目全生命周期管理中提供阶段性预判。常见科技项目管理业务流程如图1-1所示。

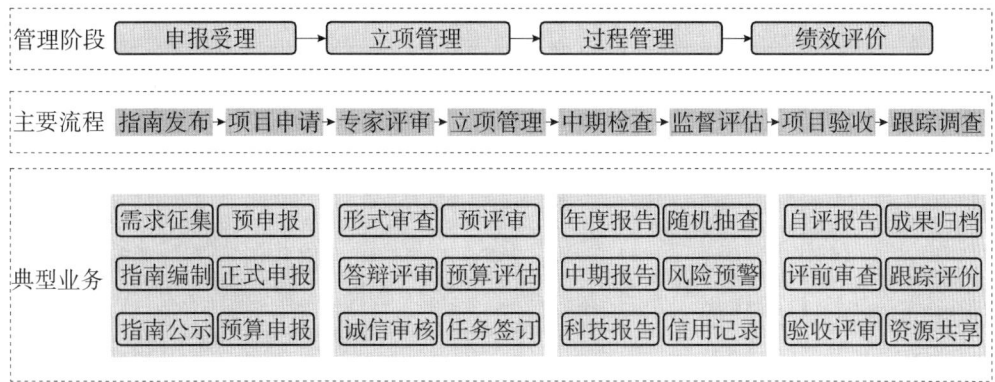

图 1-1 常见科技项目管理业务流程

## 1.2.3 科技平台管理

科技平台运用现代信息技术等手段,为全社会的科技创新和经济发展提供共享服务的网络化、社会化的组织体系,是科技资源的重要载体。运用机器学习可以开展各类科技平台的研究热点分析,围绕平台研究方向进行知识推荐;可以根据各平台的投入与产出情况进行效益分析,结合平台影响因素和产出成果构建考核评估模型;还可以结合科技平台主体属性,开展科技指标与评价工作,建设合理的科技平台考核体系,在指标体系中开展指标有效性研究以及指标筛选。

科技平台需根据不同领域、不同数据类型的资源特点,建立不同层次的元数据标准,以规范科技资源的整合、管理和共享。为指导科技平台在建设过程中确保各元数据标准的规范性与协调一致,国家制定了一系列科技平台相关标准规范,具体如表 1-2 所示。

表 1-2 我国科技平台相关标准规范

| 标准名称 | 主要内容 |
| --- | --- |
| 《科技平台 元数据注册与管理》(GB/T 30524—2014) | 本标准规定了科技平台元数据注册与管理的整体框架、组织机构和流程 |
| 《科技平台 资源核心元数据》(GB/T 30523—2014) | 本标准规定了科技平台资源核心元数据及其描述方法,核心元数据的扩展类型与规则以及一致性要求 |
| 《科技平台 一致性测试的原则与方法》(GB/T 31071—2014) | 本标准规定了科技平台一致性测试的基本原则、方法和流程 |
| 《科技平台 服务核心元数据》(GB/T 31073—2014) | 本标准规定了科技平台服务核心元数据的描述方法及扩展规则 |
| 《科技平台 元数据标准化基本原则与方法》(GB/T 30522—2014) | 本标准规定了科技资源元数据的框架、标准化原则与流程、扩展原则与方法、编写要求与描述方法 |

续表

| 标准名称 | 主要内容 |
| --- | --- |
| 《科技平台 统一身份认证》（GB/T 31072—2014） | 本标准规定了科技平台的用户统一身份认证的基本要求、基本流程和基本功能，并给出了统一身份认证实现技术 |
| 《科技平台 数据元设计与管理》（GB/T 31074—2014） | 本标准规定了数据元的数据模型以及科技平台数据元属性描述规范、数据元的设计流程和操作指南、数据元的注册与维护管理，给出了科技平台数据元标准编写指南 |
| 《科技平台 通用术语》（GB/T 31075—2014） | 本标准规定了科技平台常用的基本术语和定义，适用于科技平台建设、管理和运行服务等活动 |
| 《科技平台 元数据汇交业务流程》（GB/T 32845—2016） | 本标准规定了科技平台建设中元数据的汇交范围和原则、汇交的主体和任务以及汇交流程 |
| 《科技平台 元数据汇交报文格式的设计规则》（GB/T 32846—2016） | 本标准规定了科技平台建设中元数据汇交过程中基于XML的报文格式的设计规则，包括报文结构、元数据映射为XML Schema的规则以及XML Schema的设计规则，并给出了资源核心元数据的汇交报文格式 |
| 《科技平台 大型科学仪器设备分类与代码》（GB/T 32847—2016） | 本标准规定了科技平台大型科学仪器设备的分类原则、代码结构与代码表 |

### 1.2.4 科技评估管理

随着我国深化科技体制改革和加快政府职能转变，特别深入实施创新驱动发展国家战略，科技评估工作面临着难得的发展机遇和迎来了最好的发展时期，科技评估的作用和意义日益受到各级政府、科技部门的高度重视和社会上的广泛关注。科技评估管理内容不仅包括科技项目的评估，还包括了对科技相关规范纲要落实情况的中期评估，对科技重大专项实施情况的监督评估，对国家一些重要科技专题实施绩效的国际评估，以及围绕科技创新政策、科技规划/计划、科研机构/基地、科技项目/经费、人才/团队等重点领域组织开展的评估活动，科技评估管理可为改进科技管理、服务科技决策提供重要支撑。目前，我国已发布国家标准《科技评估通则》（GB/T 40147—2021）、《科技评估基本术语》（GB/T 40148—2021）。

科技评估工作需尊重科技发展和创新驱动规律，注重科技评估理论方法和标准规范的研究积累。目前，运用较广泛的一项评估工作，是对科研机构进行绩效评估。科研机构绩效评估是指科研机构在完成科研活动后，对科研投入与科研产出进行系统、客观的分析，研究并评价其科研产出是否达到相关要求，并为今后的投资或决策提供意见或建议。科研机构绩效评估对象包括研究项目、科技人员、研究机构等，各类型评估方向均具有定性、定量的绩效数据，不同类型科研机构具有不同的科技绩效评估体系。利用评估体系对绩效数据进行评估分析，可以对科研机构进行定性定量评价，达到科研绩效评估的目的。如何利用这些绩效数据形成对科研机构全方位的整体评价，如何选择能体现科研机构真实科研水平的核心评估指标，是值得研究探讨的问题。若可以有效识别评估体系中重要、关键的核心评估指标，对科研机构而言，能够有效引导科研工作的开展；对主管部门而言，有利于调整创新职能和战略目标；对行政部门而言，有利于检验指标权重设置合理性和了解评价反馈，所以须在科技管理的绩效评估方面开展智能化探索。

## 参考文献

[1] 贾子文. 大数据背景下科技管理创新平台构建研究［J］. 科技经济市场，2022（3）：8-10.

[2] 沈家文. 我国科技管理体制改革的重大成效与政策展望［J］. 中国发展观察，2022（2）：77-83.

[3] 黄军英. 美国科技项目管理信息系统［J］. 全球科技经济瞭望，2015，30（1）：6-10.

[4] 曾建勋，曹继东，苏静. 国家科技管理信息系统构建及其对科技情报工作的影响［J］. 情报学报，2016，35（9）：900-910.

[5] 彭远红，颜帅. 服务国家创新，打造先进科技信息发布平台：以韩国科学技术信息研究院（KISTI）为例［J］. 科技与出版，2015（1）：94-98.

[6] 国家科技管理信息系统公共服务平台［EB/OL］.（2015-07-29）［2021-05-13］. https://service.most.gov.cn.

[7] 胡明晖. 基于用户需求的科学基金网络信息系统评价研究［J］. 中国科学基金，2016，30（4）：360-364.

[8] 李昱，赵静宜，左家平. 人工智能赋能科技管理变革的新趋向［J］. 科技智囊，2022，311（4）：52-60.

[9] 刘戒骄，方莹莹，王文娜. 科技创新新型举国体制：实践逻辑与关键要义［J］. 北京工业大学学报（社会科学版），2021，21（5）：89-101.

[10] BARYKIN S Y, KAPUSTINA I V, KIRILLOVA T V, et al. Economics of digital ecosystems［J］. Journal of Open Innovation Technology Market and Complexity, 2020（4）：124.

[11] 颜佳华，王张华. 人工智能与公共管理者角色的重新定位［J］. 北京大学学报（哲学社会科学版），2019（6）：76-82.

[12] Sci REX Center. SPIAS: Sci REX 政策形成インテリジェント支援システム［EB/OL］.（2021-08-09）［2022-02-19］. https://scirex.grips.ac.jp/data/spiasscirex-scirex-policymaking-intelligent-assistancesystem.html.

[13] WOLOSZKO N. Tracking activity in real time with Google trends［J］. OECD Economics Department Working Papers, 2020（1634）：6-7.

[14] 赵志耘，张均胜，姚长青，等. 面向管理与决策的中国科技创新图谱研究［J］. 情报学报，2018（8）：774-781.

[15] 吴静，张凤，刘峰，等. 基于新一代信息技术支撑智能化宏观决策的方法与实践［J］. 数据与计算发展前沿，2021（2）：4-15.

# 第 2 章　科技管理智能化需求

随着大数据、人工智能等新一代信息技术的发展，科技管理逐步向数据密集型科学范式转变，进入以知识发现和知识应用为代表的智能化探索阶段。国家高度重视运用大数据、人工智能等新一代信息技术提升科技治理能力，在 2019 年 10 月，党的十九届四中全会提出全面推进国家治理体系和治理能力现代化，同时指出，要"建立健全运用互联网、大数据、人工智能等技术手段进行行政管理的制度规则"。在围绕科技管理开展人、财、物、信息等资源优化整合与配置的过程中，无论是国家层面的科技战略规划、科技政策体制，还是高校、科技机构和企事业单位中的资源优化、科技项目管理、科技人才管理等方面，都逐步由传统的信息化建设向智能化探索转变，特别是以大数据分析、数据挖掘、机器学习为代表的技术应用，促使科技创新管理逐步向数据化、智能化方向发展。

## 2.1　科技管理智能化

科技管理智能化的目标是将大数据、机器学习、人工智能等新一代信息技术与科技管理业务深度融合，达到提升业务处理能力和模拟人的感知、理解、推理、决策等目标。虽然现阶段人工智能技术得到飞速发展，越来越多的产业依靠人工智能技术实现更复杂的工作原理和业务逻辑，神经网络、模式识别、数据挖掘、知识发现等相关技术也与不同领域在技术层面加强关联，然而，在科技管理领域，许多人工智能的概念和理论并未得到真正的实施，同时也因为强人工智能目前仍处于研究阶段，因此，大部分科技管理的智能化产品均属于弱人工智能的范畴。

《人工智能标准化白皮书（2018 版）》提及，人工智能是知识的工程，是机器模仿人类利用知识完成一定行为的过程。根据人工智能能否真正实现推理、思考和解决问题，可以将人工智能分为弱人工智能和强人工智能。弱人工智能是指不能真正实现推理和解决问题的智能机器，这些机器表面看像是智能的，但是并不真正拥有智能，也不会有自主意识。迄今为止的人工智能系统都还是实现特定功能的专用智能，而不是像人类智能那样能够不断适应复杂的新环境并涌现出新的功能，因此都还是弱人工智能。目前的主流研究仍然集中于弱人工智能，并取得了显著进步，在语音识别、图像处理、物体分割和机器翻译等方面取得了重大突破，甚至可以接近或超越人类水平。强人工智能是指真正能思考的智能机器，并且这样的机器被认为是有知觉的和自我意识的，这类机器可分为类人（机器的思考和推理类似人的思维）与非类人（机器产生了与人完全不一样的知觉和意识，使用与人完全不一样的推理方式）两大类。从一般意义来说，达到人类水平的、能够自适应地应对外界环境挑战的、具有自我意识的人工智能称为"通用人工智能""强人工智能"或"类人智能"。

《人工智能标准化白皮书（2021 版）》明确指出人工智能是新一轮科技革命和产业变革的重要驱动力量。《中华人民共和国国民经济和社会发展第十四个五年规划和 2035 年远景目标纲要》提出，发展算法推理训练场景，推动通用化和行业性人工智能开放平台建设，并要求在前沿基础理论、专用芯片、深度学习框架等前沿领域重点攻关，实施一批具有前瞻性、战略性的国家重大科技项目。同样，科技管理领域也有可以与人工智能相结合的业务环节，将人工智能技术，与科技管理领域所产生的数据、所涉及的处理工作相融合，不断推动科技管理业务流程的优化和科技管理效果的提升，可极大程度地提升科技管理的智能化水平。

然而，科技管理智能化不能与人工智能一概而论。人工智能追求更有深度的智能，以试图模拟人类在相似环境和条件下会产生的一系列反应，更强调模拟人类在某个领域的智能思考、业务逻辑和行动。而科技管理的智能化，主要强调运用大数据等较前沿且成熟的新一代信息技术实现科技管理业务过程中的流程优化和业务处理效率提升，并进一步辅助人类进行科学合理的决策。通常情况下，其智能化通常是在其信息化基础上开展的。

## 2.2 数据处理需求

科技管理全过程蕴含了大量的数据与信息，在科技管理信息化过程中，科技管理部门建设了大量的科技项目库、评审专家库、科技成果库、科技报告库、科技人才库等各类资源库，这些库的建设和使用贯穿科技管理的全过程，对这些数据信息进行处理、关联、分析与挖掘是科技管理智能化过程中必不可少的环节。而随着科技、经济、社会等各领域数据的总量呈现爆炸式的增长，这些数据信息呈现多渠道、多存储、多结构等特征。如果要充分利用这些数据，则须经过大量的清洗、转换、整合、标注等工作，而这些数据处理工作仍需要借助智能化手段完成。在现阶段科技大数据环境下，对科技管理进行智能化探索，一方面，可以打破数据分散现状，实现数据贯通，将科技业务数据进行汇聚和关联，使用户更加直观、便捷地处理科技业务工作；另一方面，可以提高数据应用效率，发挥数据的效能，通过对数据的信息化处理，将数据资源进行汇聚，进一步促进各项业务的全流程管理，提高数据管理与应用效率，有效发挥数据服务效能；再一方面，可以全局性、整体性地展现科技数据，实现科技数据的动态化、集成化、全局化关联与展示，挖掘更深层次的隐含关系，统筹主管部门、科研机构等更多主体的协作，更高效地服务科技决策。

目前，国家层面建设了若干科技资源共享平台，科技数据基础设施日益完善，通过各类信息系统积累了大量科研人员、项目、成果等各类结构化和非结构化的科技管理数据资源，并通过制度创新逐步推进科技数据开放共享，促进更大范围的科技合作。随着科技管理信息化建设的不断推进，现阶段通常采用各类科技管理信息系统，进行项目、活动、数据等业务的处理，然而，随着各类业务在个性化、高效化、精准化等方面的要求不断提高，科技管理信息系统的应用模块不断增加，服务功能不断扩大，业务流程日趋复杂。如何打通这些业务系统的关联，如何使各项业务功能符合用户行为习惯，如何解决分散的"信息孤岛"问题，成为科技管理智能化探索中的关键内容。

科技管理具有数据类型多样、数据来源广泛、数据存储异构等情况，围绕特定的研究和学科领域，其数据既有统一规范标准后的业务型管理数据，也有聚焦学科研究通过观测、监测、试验等站点采集的研究型科学数据。各科技管理层面数据来源如表 2-1 所示。

表 2-1　各科技管理层面数据来源

| 管理层面 | 数据来源 |
| --- | --- |
| 国家/省市/社会层面 | 地区统计数据、GDP、SNA、宏观经济指标、科技产业政策、投入产出数据（面向国家与地区）、标准规范（整体）等 |
| 行业/机构层面（高校、科研院所、企业等） | 行业普查数据、行业资讯数据、面向特定主题开展的调查数据、投入产出数据（面向机构） |
| 个人/公众层面 | 专利、文献、标准（个人科研成果）、学术会议、个人基本信息等 |

## 2.3　用户需求

科技管理在创新活动中呈现多主体特点，政府、科研机构、科研工作者，均参与到科技创新活动中，对所关注的科技活动环节进行管理。不同的科技管理主体具有不同的创新管理需求，而这些创新管理方法，与智能化探索息息相关。

面向政府，科技管理主要围绕顶层设计、科技决策支撑等方面。政府部门通常采用定向委托、公开招标等方式，委托科技智库、科研机构等开展课题研究、科技咨询、政策咨询、规划设计等决策咨询服务，科技智库、科学家等参与决策的过程不断公开化、规范化。而为了保障这些科技活动的科学性、有效性，往往需要信息化、智能化技术的支撑。如在国家科学技术的发展战略与前沿动态的分析与预测，科研竞争力与科技实力评测等方面，运用机器学习技术构建全社会科技活动特征的分析模型，通过大数据分析和数据挖掘，更好地为政府提供科技决策支撑。

在资源配置层面，当科技投资投入极其有限时，在有效的共享机制激励下，仍需要通过信息手段挖掘资源的最高利用价值，并将使用者和有效的资源推荐给供需双方，实现供需双方无缝对接，以解决科技资源共享和高效利用的问题。如何将人力、财务、装备、信息、组织等资源进行融合；如何对这些资源进行调查分析及数据处理；如何发现科技资源布局现状及合理性等问题；如何面向科技资源配置提供更合理的建议；在科技资源管理的各业务过程，如何实现众多数据信息的融合；如何关联众多因素的业务模型，以及如何针对具体问题进行分析判断和回归预测；这些仍需要在科技管理智能化进程中不断探索。

面向机构或平台，通常建立科技管理信息化平台，对机构内科技资源、科技管理业务进行功能化设计和管理，围绕机构或平台的用户和资源建立相应的科技管理知识库，将分散、闲置、易逝的科技资源数据进行整合集成；运用机器学习方法对科技业务进行建模、分析、关联；研究更加智能化的创新发展工具以辅助机构作出全面的发展策略，为机构提供发展战略的参考；运用大数据技术挖掘行业资讯信息、科技产业动态、相关政策规范等，指导企业层面的项目立项和科研工作。无论是在机构和平台的整体发展方面，还是在具体的科技管理业务的效率提升方面，智能化探索都能助力机构创新能力的不断加强、业务效能的不断提高。

## 2.4 需求分析

需求分析是指对要解决的问题进行详细的分析，梳理问题要求、来源，以及所涉及的数据、业务，以定义具体问题的输入输出过程。需求分析常用于信息系统建设、项目开展、业务问题定义，特别是在软件工程中，它是软件定义时期的最后一个阶段，其基本任务是准确地回答"系统必须做什么"这个问题。通过需求分析可以描述系统的目的、范围、定义和功能以及所要做的整体工作。

随着数据、信息的激增和新一代信息技术的飞跃提升，传统的科技管理业务得到创新发展，而人们对于科技管理的需求也逐渐产生了变化，需要对科技管理业务进行需求重定义。

传统的科技管理相关产品主要采用信息化手段，将相关业务流程进行信息化展示或操作，以便科技管理人员对资源、项目、成果进行管理，所以，各省市也逐步建立了科技管理系统、科技资源共享平台等。这些系统和平台的建设源于对科技大数据的管理需求，也源于科技管理人员对科技活动的管理和分析需求。

对科技管理业务进行需求重定义，需要通过大量的数据分析与挖掘、机器学习模型构建，以探索出产品设计与需求之间的相关性，并指导这些科技管理业务系统的重新设计与创新改进。以科技管理信息系统为例，传统的信息化建设着重于某项操作功能的实现，依据所需要的处理事项确定页面内容，比如对于科技项目过程管理页面，需要完善年度报告上传和查询等功能。而智能化过程更注重深层次的业务需求，在信息化的基础上，更加关注规则和策略。比如在科技资源共享平台中，资源的使用方和发布方对资源的理解和定位有所不同，会使用户难以查找到合适的资源，因此可对用户行为规则和资源知识表达方面进行挖掘，对用户需求进行重定义，从而有利于供需对接。

科技管理智能化产品的研发需要考虑基础设施、数据采集与梳理、数据处理与分析、模型构建与应用等环节，同时要结合目前技术水平和资源、数据的局限性，避免提出不切实际的需求，因此，科技管理智能化产品需求分析与传统的信息系统建设需求分析对比，具有更高的难度和更大的挑战。科技管理智能化需求分析不能一味追求产品的智能化程度，也不能仅局限于业务功能的实现，可以从功能性、非功能性角度进行均衡考虑。

### 2.4.1 功能性需求分析

功能性需求分析是指对一个系统、项目、业务进行分析，对其需达到的某些目的、行为、服务进行定义。特别是在信息系统建设过程中，它是开发人员在项目定义阶段重点研究和设计的部分，只有对功能需求进行准确到位的分析，才能使得产品和成果达到特定的目的、完成应尽的任务，满足业务的需求，而这些行为和功能的实现，也是项目取得明显成效、获得成功的关键因素。

在科技管理智能化探索中，功能性需求分析同样具有重要的地位，同样需要从系统、项目、业务需达到的目的、要求、行为进行分析，同样可以采用常用的分析方法对业务需求进行剖析，也同样可以搭建原型，便于对功能进行深层次挖掘和定义。然而，基于科技管理领域的特殊性和智能化推动过程中的难易程度，其功能性需求分析也需要额外注重以下内容。

首先，多场景复杂交互带来的难度剧增，导致功能性需求分析需要更全局的判断、对各模块功能更清晰的划分和对主要功能的筛选。一方面，智能化提升依赖于数据来源的处理与融合，需要从大量的数据中挖掘所需要的知识；另一方面，不同的业务场景虽看似相互独立，但往往存在着隐性关联，这些关联在需求分析时往往容易被忽略；再者，科技管理业务需要从区域、机构管理、时间维度等多层面进行综合管理，因此，科技管理的智能化更需要从全局层面进行考虑，也需要对功能模块进行合理划分，并且在挖掘隐性知识的同时，分清楚需要实现功能的主次之分，以便于保障优先级较高功能的实现。

其次，不同场景对算法模型的准确率、召回率的要求大相径庭，需要在进行需求分析时区别对待，针对不同场景和算法采用不同的衡量标准。处理科技管理业务时，可构建许多机器学习模型来完成数据处理、业务分析、绩效评估和监测预警等工作，有些业务场景强调算法的准确率，如绩效评估；有些则强调召回率，如监测预警，因此，须在需求分析阶段明确各部分的合理目标。

需求是多层次的，科技管理系统的功能性需求分析主要包括业务需求、用户需求和系统需求等方面。

1. 业务需求

业务需求是指反映企业或客户对系统高层次的目标要求，通常来自项目投资人、购买科技管理相关产品的客户、科技项目等业务管理人员或政府决策部门等。

2. 用户需求

用户需求描述的是用户的具体目标，或用户要求系统必须完成的任务。也就是说，用户需求描述了用户能使用系统来做些什么。通常采取用户访谈和问卷调查等方式，对用户使用的场景进行整理，从而建立用户需求。

3. 系统需求

系统需求是从系统的角度来说明软件的需求，包括功能需求、非功能需求和设计约束等。通常情况下，科技管理的实现依赖于信息系统，因此，系统需求分析也是其重要的分析环节。

### 2.4.2　非功能性需求分析

非功能性需求在信息系统中常用于合理性、合规性规范，确保信息系统的可靠性、可用性、易用性及其他性能，使其提供良好的用户体验。在科技管理智能化中，非功能性需求同样具有重要地位，我们可以借助信息系统的思想，将科技管理智能化过程中需遵守的法律和具备的各类规范进行梳理，制定约束规则，并在智能化产品可靠性、可用性、易用性等方面进行保障和提升，以确保科技管理智能化产品在满足用户使用需求的同时，满足现行的各类法规和政策，具备良好的运行性能和安全策略。科技管理系统的非功能性需求分析与其他信息系统类似，须关注多项性能指标，同时关注系统的安全性、可用性、可靠性、可扩展性等方面。

1. 性能指标

不同人群关注的性能指标各有侧重。后台服务接口的调用者一般只关心吞吐量、响应时间等外部指标。后台服务的所有者不仅关注外部指标，还会关注CPU、内存、负载等内部指标。产品的性能需要考虑时间特性、资源特性、服务器性能和可优化程度。时间特性主要指的是软件产品的事物响应时间（从用户发出请求到收到应答的这段时间）；资源特性包括CPU、内存、网络、硬盘、虚拟内存（如Java虚拟机）的利用率；服务器性能是指服务器在相对高负载情况下持续运行的能力；可优化程度用于描述服务器配置优化、业务逻辑优化、代码优化等。具体常用的性能指标主要有以下几个方面：

（1）响应时间，是反映服务器性能的指标之一，也是用户最关心的业务体验，比如登录某个商城网站的操作消耗1s就是指响应时间。在进行性能测试时，常基于事务响应时间（transaction response time）来分析服务器的响应速度，通常也叫延迟，也就是用户能感受到的系统响应时间，比如一个网页在几秒内打开的时间，该时间越短表示延迟越低。响应时间反映了完成某个操作所需要的时间，其标准定义是"应用系统从请求发出开始，到客户端接收到最后一个字节数据所消耗的时间"，是用户视角中软件性能的主要体现。响应时间分为前端展现时间和系统响应时间两部分。前端展现时间，又称呈现时间，取决于客户端收到服务器返回的数据后渲染页面所消耗的时间；而系统响应时间，又可以进一步划分为 Web 服务器时间、应用服务器时间、数据库时间，以及各服务器间通信的网络时间。

（2）吞吐量，表示单位时间内能够完成的事务数量，因此也被称为每秒事务数（transaction per second），计算方式是完成的事务数除以时间。而吞吐量表示同时有多少用户能够享受到低延迟，如果并发用户量很大时，用户感觉网页的打开速度很慢，这意味着系统架构的吞吐量有待提高。系统吞吐量，是最能直接体现软件系统负载承受能力的指标。在性能测试时，通常用"requests/second""pages/second""bytes/second"来衡量吞吐量。

（3）服务器资源占用，是指在负载情况下，系统的资源利用率。资源占用越低，说明系统越优秀。例如，CPU 的占用率、内存使用率、查询 Cache 命令率、磁盘 I/O 读写速率等。

（4）并发用户数，是性能需求与测试非常常用，也是非常重要的指标之一。它包含了业务层面和后端服务器层面的两层含义。业务层面的并发用户数，指的是实际使用系统的用户总数。但是，单靠这个指标并不能反映系统实际承载的压力，我们还要结合用户行为模型才能得到系统实际承载的压力。后端服务器层面的并发用户数，指的是"同时向服务器发送请求的数量"，直接反映了系统实际承载的压力。

2. 安全性

科技管理智能化通常建立在信息系统基础上，特别是面向科技大数据建立管理信息系统，以实现信息的自动获取、安全处理与存储、业务处理等功能，因此，需要站在信息系统角度考虑其安全性。系统安全性主要包括网络安全性、数据安全性和传输安全性等。网络安全性主要是保证网络设备连接的安全性，这需要一系列相互融合的安全技术作为支撑，例如安全授权、访问控制、安全审计、数据包过滤、身份验证、物理安全等。数据安全性是指系统在出现异常的情况下，对信息进行有效保护，防止被泄露和篡改；或者是当文件在传输和存储过程中发生了不可预知的损失及损坏时，系统具有保护数据完整性的功能。传输安全性是指以 HTTP、FTP 和 SMTP 等常用的传输方式与服务器端交换数据，通过 Web 请求技术将数据返回给服务器，经过一系列的安全认证后，客户端程序才会被允许进入。

随着科技管理智能化的逐步提升，需运用机器和算法完成的任务也越来越多，相较于传统的方法，我们更加需要注意数据的隔离、权限的分配。在权限控制方面，科技管理智能化产品需要结合数据、功能设置明确的系统控制访问权限，设计合理的权限策略。在需求分析阶段，应考虑在用户得到授权的时间上的持续性；考虑用户类型、业务类型、时间、地点对权限的影响；考虑得到权限的方式和认证类型等。在数据私密性方面，智能化产品的部分数据往往存储在云端，这样有利于大数据处理和机器学习训练，然而，科技信息不仅涉及个人及单位信息，同时也涉及政务、前沿科技信息。通常情况下，考虑到数据安全，须结合数据特点对科技信息进行分类存储和管理，一方面通过严格的身份验证措施，对数据库读取、访问权限进行安全控制，以防止非法用户对其内部数据信息实施窃取、篡改等行为，避免造成不可挽回的损失；另一方面对数据进行加密处理，保证信息的完整性和安全性。

3. 可用性

国际标准化组织在ISO9241-11标准中将可用性描述为"产品被具体用户使用，从而在具体的使用环境中有效、高效、满意地完成具体目标的程度"。信息系统的可用性包含如用户友好、易学性、可发现性、质量等方面的内容。在可用性工程中，Jakob Nielsen给出一个产品的五个属性：易学性、效率、可记忆性、容错（低错误，容易恢复）和满意度。在科技管理智能化过程中，可用性指面向科技管理所提出来的智能化产品、系统及策略，为用户简单、便捷、高效地使用提供保障。

首先应做到易理解，智能化产品与信息化产品的不同之处在于常采用一些大数据技术、机器学习模型等为用户提供智能化服务，而在提供这些服务之前往往需要梳理大量的数据，并构建较复杂的模型进行训练，有时甚至须进行多模型比较，才能为用户展示其所需要的结果，因此，容易导致用户在使用过程中难以理解任务操作，故须做好交互设计和用户指引。应具备良好的用户使用界面，提升用户使用时的满意程度和兴趣程度，并结合用户类型和产品类型，设计相应的可视化展示窗口和信息表达方式，如科研人员与办公人员的使用习惯是具有较大差异的，所以，产品的可用性需要对用户有深入的了解，包括其使用习惯、对产品的期望程度、对业务处理过程的理解程度、其目标对产品的依赖程度、使用时的真实场景等，只有这样，才能设计出可用性较高、用户易理解的智能化产品。同时，在进行智能化产品优化时，可结合用户的行为习惯进行记忆和学习，以不断更新迭代，提升用户体验。

其次应考虑有效性。科技管理智能化产品应建立在解决实际业务的基础之上，不能为了追求复杂程度和算法深度而浪费大量的数据、计算资源，如果所构建的智能化模型脱离了业务场景，则不是真实有效的，未能真正解决用户需求、为用户提供帮助，那么其智能化就失去了意义。因此，在分析需求时，须紧抓用户准备做的业务和预期目标，结合业务场景提炼和概括处理模型，以保障其有效性。在保障产品有效性的同时，容错也是不可忽略的部分，包含产品防止用户出错和帮助用户从错误中恢复。如果用户错读了一个链接，需要按原路返回，或输入相关内容。

再次是应做到高效。为实现产品智能化，通常须在前期对业务模型进行大量的训练，有些模型为追求准确率和召回率，往往具有很高的空间复杂度和时间复杂度。而在实际的业务处理中，应考虑各项功能的轻重缓急，考虑各项功能下应注重哪些评价指标，从而有所侧重地进行设计和训练，以平衡好时间、数据资源与业务功能之间的关系。因此，在需求分析中，不仅应考虑业务处理的高效性，也应该考虑实现这些业务的资源处理效率。

4. 可靠性

可靠性是指产品在规定的条件下和规定的时间区间内完成规定功能的能力。同时也是指产品可以无故障地持续运行的一种状态。可靠性在信息系统中经常被提及，特别是在软件开发中，可靠性常作为软件上线运行的重要标准，然而，在智能化产品中经常被忽略，设计者通常追求较能代表其智能化水平的指标，如模型的准确率、物体的识别率等。在科技管理领域，其智能化场景包含辅助决策、项目诊断、资源配置等场景，均要求具有较高的稳定性，因此，需要在需求分析阶段明确相应智能化工具或产品的可靠性，以便于设计人员、开发人员在各阶段更好地规范其里程碑式成果。通常情况下，可靠性（availability）可根据平均故障间隔时间（MTBF）/[平均故障间隔时间（MTBF）+ 平均修复时间（MTTR）] 进行计算。

平均故障间隔时间（MTBF，mean time between failure），是指相邻两次故障之间的平均工作时间，是衡量一个产品的可靠性指标，可用于代表出错的频率。在需求分析阶段可以结合运行环境明确相应功能出现故障的上限，定义故障的严重程度。

平均修复时间（MTTR，mean time to repair），是描述产品由故障状态转为工作状态时修理时间的平均值。在工程学中，MTTR 是衡量产品维修性的值，在维护合约里很常见，并以之作为服务收费的准则。

科技管理智能化产品的可靠性可以从约束条件、时间等方面进行思考。约束条件是指与产品运行和功能实现相关的输入条件，除常见的内外部资源外，科技管理领域因其特殊性，也需要考虑各类业务和时间段的政策规范、数据来源的合规程度、计算能力的支持和前沿技术的成熟性。时间是指应考虑整体产品的运行时间以及各项功能的实际运行时间段，做好各项资源占用情况的分配以及高峰期和热点事件的应急处理策略。

为实现科技管理的智能化，其功能实现的背后通常具有大量的算法、模型，这些算法、模型的变化会直接影响相应的推荐策略、筛选依据、异常识别等诸多功能，而业务需求的变化也往往会引起算法、模型的改变，其过程是不断地迭代优化。因此，可靠性需求也需要尽量量化，才能指导设计人员、研发人员在各阶段制定相应的工作目标和测试指标。

5. 可扩展性

可扩展性常用作信息系统中对软件系统计算处理能力的设计指标，也常被称为可伸缩性。高可伸缩性代表一种弹性，在系统扩展成长过程中，软件能够保证旺盛的生命力，通过很少的改动甚至只是硬件设备的添置，就能实现整个系统处理能力的线性增长，实现高吞吐量和低延迟高性能。

在科技管理智能化产品中，其可扩展性具有重要的意义。一方面，智能化算法模型的提升是不断迭代、改进的过程，不仅受制于现有数据和计算资源，同时也受制于前沿技术和研发人员的智能行为，因此，须保留较高的可扩展性，以不断融入新的算法模型。另一方面，当前大数据环境所带来的数据量指数级上升和数据来源的不断扩展，也需要科技管理智能化产品具备较高的可扩展性，以适应科技管理业务发展。可扩展性设计非常重要，但又比较难以掌握，业界试图通过云计算或高并发语言等方式节省开发者精力，但是，如果应用系统内部是铁板一块，例如严重依赖数据库，那么当系统达到一定访问规模，负载都集中到一两台数据库服务器上，进行分区扩展伸缩就比较困难，正如 Hibernate 框架创建人 Gavin King 所说：关系数据库是最不可扩展的。

可扩展性和普通性能调优有本质区别，可扩展性是高性能、低成本和可维护性等诸多因素的综合考量和平衡，可扩展性讲究平滑线性的性能提升，更侧重于系统的水平伸缩，通过廉价的服务器实现分布式计算；而普通性能调优只是单台机器的性能指标优化。他们的共同点都是根据应用系统特点在吞吐量和延迟之间进行侧重选择，当然水平伸缩分区后会带来 CAP 定理约束，即一致性（consistency）、可用性（availability）、分区容忍性（partition tolerance）三项基本需求会相互制约，最多只能同时满足其中的两项。

## 参考文献

[1] OECD. The digitalisation of science, technology and innovation: key developments and policies [EB/OL]. (2020-02-11) [2021-08-08]. https://doi.org/10.1787/b9e4a2c0-en.

[2] FRANK E S. From the digital data revolution toward a digital society: pervasiveness of artificial intelligence[J]. Machine Learning and Knowledge Extraction, 2021(1): 284-298.

[3] 中共中央关于坚持和完善中国特色社会主义制度推进国家治理体系和治理能力现代化若干重大问题的决定 [EB/OL]. (2019-11-5) [2021-08-07]. http//www.gov.cn/zhengce/2019-11/05/content_5449023.htm.

[4] 刘晓晨，王卓昊. 基于大数据环境的科技管理数据集成平台研究 [J]. 情报学报，2021，40 (9): 953-961.

[5] 李昱，赵静宜，左家平. 人工智能赋能科技管理变革的新趋向 [J]. 科技智囊，2022 (4): 52-60.

[6] 《人工智能读本》编写组. 人工智能读本 [M]. 北京：人民出版社，2019.

[7] 齐齐乐. 基于 Web 的管理信息系统安全性设计 [J]. 科技风，2022，477 (1): 59-61.

# 第 3 章　科技管理智能化体系

## 3.1　人工智能政策环境

### 3.1.1　国外政策环境

1. 美国人工智能政策环境

美国政府认为，人工智能是变革性技术，有望在推动经济和社会发展中产生巨大的效益，人们生活、工作、学习以及探索和交流的方式都有可能因它而彻底改变。人工智能的发展将进一步促进经济繁荣、改善教育机会和生活质量、保障国家安全和增强国家整体实力。

美国高度关注人工智能的基础研发、市场应用与政策创新等问题。为推动人工智能快速发展，美国于 2013 年启动创新神经技术脑研究计划；2014 年成立 12 个地方中心，向人工智能项目资助 13 亿美元用于研发自动化、人工智能和机器人；2016 年美国相继发布了《人工智能、自动化与经济》(Artificial Intelligence, Automation, and the Economy)、《为未来人工智能做准备》(Preparing for the Future of Artificial Intelligence)、《国家人工智能研究与发展战略规划》(National Artificial Intelligence Research and Development Strategic Plan)，将人工智能上升到国家战略高度。

2. 欧盟人工智能政策环境

2018 年 4 月，欧盟通过《欧盟人工智能》(Artificial Intelligence for Europe)，阐述了欧盟对人工智能的态度，并确立了三大任务：增加各行业对人工智能技术的应用，为人工智能带来的劳动力市场的转型做好准备，建立伦理和法律框架。欧盟也与各成员国积极合作，制定关于人工智能的协调计划，鼓励跨欧盟的协同与合作，共同确定前进的方向。

为给人工智能的发展创造一个良好的环境，欧盟制定了基本的法律框架。除已有的《欧洲联盟条约》《欧盟基本权利宪章》外，欧盟还制定了一系列政策法规，如《通用数据保护规定》(General Data Protection Regulations)、"机器人学"的民法规定等，从而为人工智能的开发和使用保驾护航。此外，欧盟也支持人工智能产品和服务的测试与实验，为这些产品和服务走入市场做准备，这对确保人工智能产品和服务的安全性具有重要意义。因为决策者能够从测试及实验中获得新技术应用的相关经验，从而制定合适的法律框架。

3. 英国人工智能政策环境

英国在人工智能发展上也不甘落后。2016年9月，英国下议院科学与技术委员会发布《机器人技术和人工智能》报告，提出在机器人技术和人工智能系统的部署中，应注重系统的检验与确认、隐私与知情权、规则制度与责任划分，提高决策系统的透明度，最小化偏见和歧视，以保证人工智能按照既定的计算机算法运行，消除公众的不信任和消极偏见，明确责任，保护数据安全。

2018年4月，英国政府发布政策文件《产业战略：人工智能领域行动》(Industrial Strategy：Artificial Intelligence Sector Deal)，针对前一年发布的产业战略中提及的"人工智能与数据经济"挑战，从想法、人才、基础设施、商业环境、地区五个方面制定了具体的行动措施，以确保英国在人工智能领域的领先地位。

## 3.1.2 国内政策环境

我国近年来在人工智能领域密集出台相关法律法规及政策，将人工智能上升到国家战略，以抢占人工智能时代制高点。2016年工信部、发改委、财政部联合印发《机器人产业发展规划（2016—2020年）》；2017年，人工智能被首次写入政府工作报告中；2018年工信部发布《新一代人工智能产业创新重点任务揭榜工作方案》；2019年中央全面深化改革委员会审议通过《关于促进人工智能和实体经济深度融合的指导意见》，国家新一代人工智能治理专业委员会发布《新一代人工智能治理原则——发展负责任的人工智能》和科技部印发《国家新一代人工智能创新发展试验区建设工作指引》；2020年中央网信办、发改委、科技部等部门印发《国家新一代人工智能标准体系建设指南》。国家出台的一系列政策为人工智能的创新发展提供了良好的环境与契机。

珠三角城市群较其他城市群在人工智能产业布局早，早在2015年广东就制定出台了《广东省智能制造发展规划（2015—2025年）》，经过多年的发展，人工智能政策层面已较为完备。《广东省新一代人工智能发展规划》（粤府〔2018〕64号）提出，到2025年，广东人工智能基础理论取得重大突破，部分技术与应用研究达到世界先进水平，开放创新平台成为引领人工智能发展的标杆，有力支撑广东建设国家科技产业创新中心。2018年广东出台了《广东省加快发展新一代人工智能产业实施方案（2018—2020年）》（粤经信信息函〔2018〕91号），2019年《深圳市新一代人工智能发展行动计划（2019—2023年）》出台；2018年广州市人民政府印发《广州市加快IAB产业发展五年行动计划（2018—2022年）的通知》（穗府〔2018〕9号）。广东省在发展中重视区域协同创新发展对全省人工智能产业发展的辐射引领作用，政策体系不断健全，为人工智能产业的统筹谋划与细分领域的深耕奠定了坚实基础，政策体系与人工智能产业发展形成良性互动。

## 3.2 智能化体系架构

《人工智能标准化白皮书（2021版）》将人工智能产业链分为基础层、技术层和应用层三层体系架构。在该架构中，基础层主要包括数据和算力资源；技术层包括各类算法与深度学习技术，通过深度学习框架和开放平台实现对技术和算法的封装；应用层包括人工智能技术与各行业的深度融合。考虑到科技管理领域的特殊性，与通用人工智能框架对比，其业务处理的重点环节在于各类科技资源的梳理整合与处理分析，并且科技管理智能化过程中需要人工智能技术与大数据相关技术相辅相成，因此，将数据采集与处理作为专门的架构体系。同时，考虑到科技管理具有一定的管理职能和行政意义，更应该从国家资源层面和全局规划层面进行辅助决策，因此，应淡化其对人类智能的模拟与主观意识的发挥，更加强调资源优化配置和业务效能提升。基于这些特点，本书将科技管理智能化体系划分为基础设施、数据采集与预处理、模型构建与算法融合、融合与应用等层面。

该框架面向产业链应用进行设计和分层，具体架构如图3-1所示。

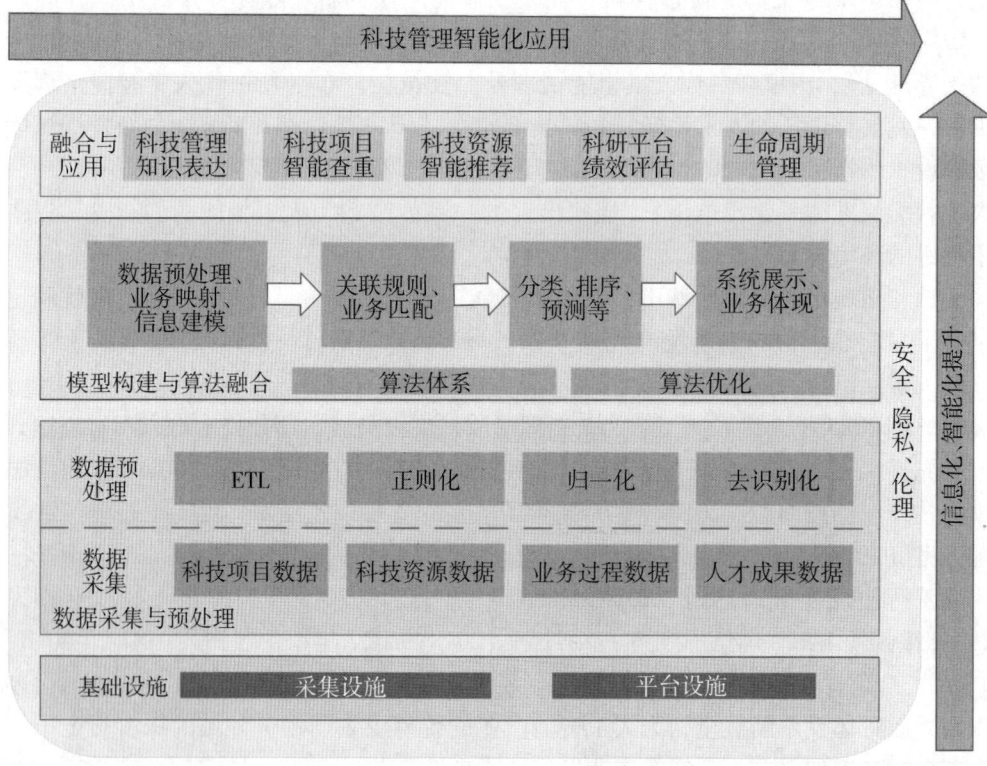

图3-1 科技管理智能化体系架构图

## 3.3 基础设施

科技管理领域的基础设施与其他领域智能化道路的基础设施具有一定的共性，均可分为硬件层面和软件层面，但仍存在较大差异，比如科技管理硬件层面更倾向于大数据管理技术，而较少涉及 5G、物联网等硬件技术。

科技管理智能化体系中，基础设施的构建主要围绕科技管理中的数据资源进行设计和建设。在行政区域内进行科技管理时，可构建区域性的数据中心，为科技管理相关业务提供基础设施；在科技管理具体业务中，采集相关的资源数据进行梳理和分析，构建面向具体主题的行业领域数据中心。因此，根据所涉及的相关基础设施和使用重点，将科技管理智能化所关联的基础设施分为采集设施和平台设施。

### 3.3.1 采集设施

在面向目标产品进行智能化探索的过程中，基础设施通常作为必不可少的前置条件而存在，传感器占据了数据采集的重要地位。传感器（transducer/sensor）是一种检测装置，能感受到被测量的信息，并能将感受到的信息，按一定规律变换成为电信号或其他所需形式的信息输出，以满足信息的传输、处理、存储、显示、记录和控制等要求，它是产品进行数字化、信息化、网络化、智能化的首要环节，通常根据基本感知功能分为压力传感器、温度传感器、pH 传感器、流量传感器、液位传感器、超声波传感器、测距传感器等。传感器是众多产品进行智能化的重要装置。

传感器在各领域产品智能化中发挥着不可或缺的作用，一方面，它可以作为数据采集单位进行数据收集，为信息化处理提供最原始的素材；另一方面，在智能化过程中，传感器可以通过不断感知和对比，进行调优反馈。如生物传感器可识别酶、抗原、微生物、细胞等物质并进行理化转换和信息放大，从而用于医疗保健领域、食品检测领域、环境检测领域等；光敏传感器利用光敏元件将光信号转换为电信号，应用于图像传感、人体感应、光控开关等产品；声音传感器接收声波，显示声音振动图像等，用于声控传感和人员定位等；化学传感器将对各种化学物质的敏感程度模拟成人的嗅觉能力，包括湿度传感器、离子传感器、气体传感器等，可应用于大气监测、矿产资源探测、工业自动化等领域。

而在科技管理领域，其智能化过程对传感器的依赖程度较低，应用角度也略有不同，主要包括两个方面，一是更注重对传感器的管理类数据和运行情况的观察。进行科技资源数据采集时，监测设备需具备基础的管理数据采集功能，如对于林业、农业、地理等科学数据，经常运用传感器进行终端数据的采集。然而科技管理更关注这些资源的采集周期、异常检测、运行状态等，通常对科技资源数据进行采集时，仅采集其元数据信息，以及各观测点的运行状态信息。二是数据中心传感器的应用，如在数据中心构建过程中，应用于电力、算力、存储、安全等状态的监测传感器。

除传感器外，智能化芯片也是在各领域的智能化过程中处理海量数据和承载强大计算过程的重要工具，主要应用在模型训练、模型预测、终端控制等环节。例如在图像识别并行计算中常运用GPU、TPU等，GPU具备强大的并行计算和浮点计算能力，TPU具备深度网络加速能力。这些芯片的应用，可以极大限度提升深度学习模型的训练效率。而在终端应用过程中，FPGA（field-programmable gate array）作为专用集成电路（ASIC）领域中的一种半定制电路而出现，既解决了定制电路的不足，又克服了原有可编程器件门电路数有限的缺点。

### 3.3.2　平台设施

科技管理在进行智能化探索时，通常将分散的科技大数据资源进行梳理整合，结合各类科技管理业务提供综合服务功能，构建面向全社会的共享服务体系，实现对科学数据资源的规范化管理及高效利用。然而，此过程中仍存在一些突出的挑战：科技平台资源共享机制尚不健全，开放服务水平有待进一步提高，对重大科技创新活动和企业技术创新的支撑能力还不够强；科技资源配置与创新需求有效衔接不够，科技资源配置及开放共享围绕企业的需求设计不足；各类科技资源跨地区、跨部门、跨学科现象未得到有效解决。

在现阶段，科技资源共享利用不足主要表现在：科技服务大多是根据自身的业务和职能部门的需求进行的，缺乏战略层面对数据的把握；大量的原始科技数据有待分析、提炼和挖掘，无法为科技管理和决策带来进一步的价值；大量的科技资源受地域与行业的限制，无法实现共享与重复利用，导致重复建设；各区域的数据标准与应用系统不一致，导致无法集成和利用等。为充分提高科技管理数据资源的利用率和服务效益，应整合现有的、分散的科技资源，推进平台设施建设，如大数据处理平台、云数据中心等，面向政、学、产、研、用以及各行各业广泛的用户群体高效地提供资源利用、科学研究、辅助决策等服务。

1. 基于云计算的平台设施

科技管理智能化对数据的存储、网络、计算等方面均具有较高的要求，而云计算技术可实现基础资源层的弹性伸缩及高性价比服务，能够为其提供较理想的解决方案。云计算是通过网络通信技术将成千上万台电脑和服务器连接成一片电脑云，通过虚拟技术形成IT资源池，而网络以按需服务、易扩展的方式为用户提供资源。根据美国国家标准与技术研究院（NIST，National Institute of Standards and Technology）的定义，"云计算是一种按使用量付费的模式，这种模式提供可用的、便捷的、按需的网络访问，进入可配置的计算资源共享池（资源包括网络、服务器、存储、应用软件、服务），这些资源能够被快速提供，只需投入很少的管理工作，或与服务供应商进行很少的交互。"基于云计算构建面向科技管理的平台设施，是运用云计算技术，整合信息技术设备与基础设施，更为动态地调动资源，更加智能地管理基础设施，同时对外提供软件即服务（SaaS，software as a service）的云数据中心。数据中心通常是在一个物理空间内通过计算机系统、存储、网络、安全监控等其他设备实现信息的集中处理、存储、传输、交换以及管理。云数据中心拥有高性能计算能力、大容量存储空间、高速数据处理能力，具有高效低成本、虚拟化环境、灵活扩展、可靠等特点，既可满足对带宽、存储和计算能力的突发需求，又可提供丰富的应用，满足科技资源集聚共享的需求，还可解决资源共享过程中存在的跨地区、跨部门、跨学科、分布式资源共享不健全的问题，进一步提高资源的开放服务水平，为科技基础条件共享与服务平台承载和优化公共服务提供信息网络和技术支撑。

科技管理云数据中心针对科技资源及科技管理现状和存在问题提出基础架构，在资源及虚拟化层，采用红帽虚拟化解决方案和虚拟交换机技术以实现计池化，通过虚拟交换机技术实现硬件资源的池化；在中间管理层，通过系统管理私有云，并通过云总线设计实现公有云以及混合云的管理；在应用服务层，围绕资源数据整合和资源软件应用实现资源的充分利用。基础架构及各层次设计描述如下。

（1）基础架构。

针对科技管理数据资源存在的跨地区、跨部门、跨学科资源分布情况，提出基于"物理上合理分布、逻辑上相对集中"的理念，整合现有科技基础条件资源，通过信息共享来带动实物共享。科技管理云数据中心包括大型仪器、科技文献、科技成果、科技平台共享体系、自然科技资源、科学数据库等资源和服务信息的数据库，可实现跨资源类别联动、跨主管部门联动、市区联动、部市联动；同时，通过建立不同科技资源信息间的动态关联，制定分级、分类的数据共享规则，成为科技资源信息采集、加工、发布、分析的数据中心，或为高校、科研院所、企业等提供坚实的科技资源信息支撑，成为国家科技管理云数据中心的重要节点。

科技管理云数据中心基础架构如图3-2所示，主要分为资源及虚拟化层、中间管理层和应用服务层。

资源及虚拟化层将底层的物理资源作为统一的整体进行考虑，采用虚拟化屏蔽底层各硬件资源的异构性，即不管这些硬件资源是来自不同的厂商还是使用不同的内核，都使用虚拟化进行统一的管理，并实时监控这些资源的性能、负载等相关数据，同时能做到物理硬件设备的自动发现、添加和维护，使之具有良好的扩展能力，从而构建出一个能灵活组装、自适应、拥有巨大计算能力和容错能力的虚拟集群。

中间管理层主要负责云平台自身的服务功能及总线功能的实现。该部分通过管理大量的中间件，实现平台的访问控制、负载均衡、工作流、服务总线等功能。中间件的管理主要分为用户管理、映像管理、资源管理、安全管理等。用户管理主要有用户身份管理、用户许可、用户请求管理、使用计费等功能；映像管理主要有映像创建、映像部署、映像库管理、映像生命期管理等功能；资源管理主要有负载均衡、故障检测、故障恢复、监视统计等功能；安全管理主要有身份认证、访问授权、综合防护、安全审计等功能。

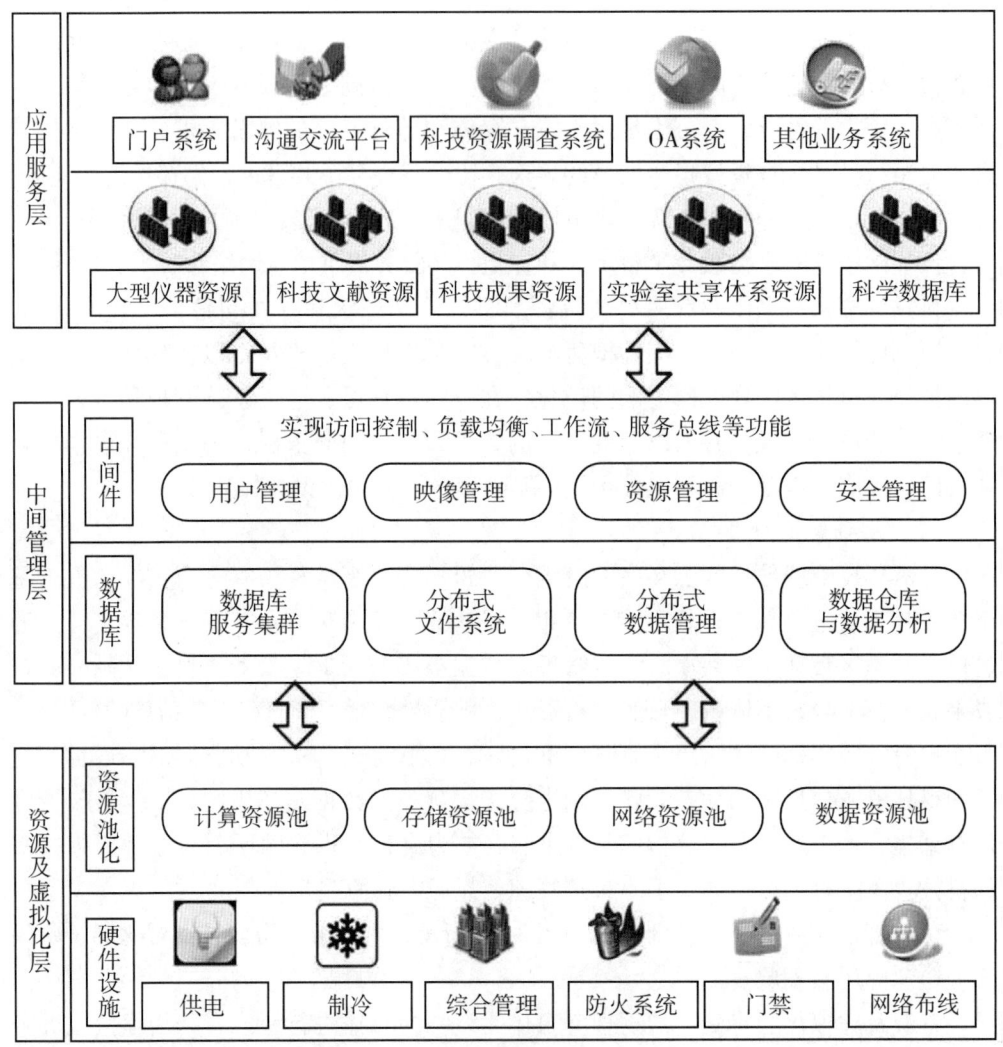

图 3-2 科技管理云数据中心基础架构

应用服务层主要采用软件，即以服务的形式提供给科技管理云平台的用户。该层主要围绕国家科技资源的整合情况对大型仪器资源、科技文献资源、科技成果资源、实验室共享体系资源、科学数据库等资源进行整合服务，在此基础上提供的相关的应用，包括门户系统、沟通交流平台、科技资源调查系统、OA 系统以及其他业务系统等，平台还提供二次开发的接口、软件开发工具包（SDK，software development kit）等，为外界应用提供可以调用的应用适配器接口、服务适配器接口等。

基于云计算的科技资源数据中心是为科技资源共享服务的具有明显行业特色的数据中心，它与普通的企业数据中心有明显的区别，除了硬件设备和基础设施的建设以外，该数据中心还应考虑自身的特色，其中最明显的区别在于该数据中心设有专门为科技资源服务的数据资源池和数据中心应用服务层。根据科技资源的特征进行数据中心建设，才能更好地为科技资源共享服务，达到开放共享、创新驱动的目的。

（2）资源及虚拟化层。

在云数据中心架构中，将资源及虚拟化层分为两部分，一部分是硬件设施层，主要是指云计算的基础设施，包括主机、存储、网络等；另一部分资源池化，是通过虚拟化技术，将这些硬件设施进行池化后的各类资源池，主要包括计算资源池、存储资源池、网络资源池和数据资源池等。

在硬件设施层，科技资源云数据中心采用光纤阵列（DS6310FE）作为主要的存储介质，提供 4GB/s FC 连接链路，扩展为 SAN（storage area network）存储系统，用 SAN Appliances 的专用虚拟化引擎实现存储网络层的虚拟化。具体控制形式为带内方式，即直接位于主机服务器和存储设备的数据通道中间。

资源池化是通过虚拟化技术将底层的各种硬件设备进行更细粒度的划分，但同时又实现这些细粒度资源的整合与管理，使得资源更加灵活地提供各种服务。随着科技资源整合工作的进展，资源的池化粒度会越来越细，对硬件资源进行虚拟化，容易满足科技资源工作的需求，支持日后的扩展。

其中，计算资源池和存储资源池，主要采用 RHEV（red hat enterprise virtualization）虚拟化解决方案，通过 RHEV Hypervisor 技术将物理机关联，形成统一资源池，然后由 RHEV Manager 管理工具进行虚拟机的自由划分。RHEV 以强大的基于内核的虚拟机（KVM, kernel-based virtual machines）系统管理程序和 oVirt 开放虚拟化管理平台为基础，实现资源的离散化，使资源以更小粒度、更灵活的态势提供给云计算管理层。

网络资源池采用虚拟交换机技术实现网络扩展和隔离需求，通过虚拟交换机技术，将原来需要运行在独立网络中对安全要求高的业务运行在统一的网络资源池中，实现网络资源的灵活调度，以及数据安全和节能减排。网络中的虚拟交换机之间是彻底隔离的，它们有各自独立的二层和三层协议栈和进程，有各自独立的管理员，虚拟交换机之间是无法通过逻辑配置实现联通的。同时，由于它们的软件进程是完全独立的，当某个虚拟交换机出现问题的时候，不会影响到别的虚拟交换机，实现了故障的完全隔离。

数据资源池是科技资源云数据中心的特色资源池，它依据目前的科技资源整合情况而设定，分为大型仪器资源、科技文献资源、科技成果资源、实验室共享体系资源、科学数据库等，而这些数据来源并非完全统一到固定的存储地址，而是采用"逻辑上相对统一，物理上相对独立"的原则进行资源的整合。其采用的技术主要有两种，一方面，数据中心自主拥有的数据资源，将存于数据中心的数据资源池，其中包括结构化的数据库集群和非结构化的分布式文件系统；另一方面，采用基于SOA（service oriented architecture）/ESB（enterprise service bus）的数据交换平台的方式，将企业独立拥有的资源，通过交换平台对外提供资源共享服务，实现逻辑上的统一，该交换平台可采用消息队列中间件、工作流引擎中间件和消息适配器中间件等，实现跨平台的数据资源对接。数据资源的使用用户也来自多个主机服务器，因此，为了应用服务层可以很好地调用这些数据资源，在存储虚拟化层应实现网络级别的存储虚拟化，提供多对多的访问模式，即多个服务器可对构成弹性资源池的多个异构存储设备进行访问。科技数据资源池实现过程中，可研究冷、热资源的不同结合方式，以实现更好的资源池化，达到更好的资源整合效果。

（3）中间管理层。

科技资源云数据中心与其他云数据中心的不同之处在于，将科技资源全部应用部署在公共云上是不现实的，有些企业不希望完全共享所拥有的资源，或者有些资源因为涉及某些安全性的问题不宜共享，因此，须采用公有云和私有云混合的模式。

对于私有云的管理将采用曙光Gridview v2.0服务器综合管理系统，通过该系统对数据中心进行统一监控，集中管理。通过该系统，管理员可以直接查看数据中心中各服务器终端的运行状态，提供各种状态视图和性能视图；实现故障检测和报警；查看各种统计列表；实现作业提交和负载均衡以及用户管理等功能。

而对于公有云以及混合云的管理，将采用云总线的管理方式。云总线将云环境下信息的集成和服务进行整合，是一种不依赖于特定产品、特定语言、特定平台的通信联系基础结构，是实现数据无障碍交换的枢纽。云总线的设计包括三个层次，分别是服务适配器层、总线层和应用适配器层。服务适配器层主要提供云环境中服务和总线通信的适配器，包括.NET平台服务适配器、J2EE平台服务适配器等；总线层主要提供服务注册、服务查找、服务监控、消息路由、安全验证等功能；应用适配器层主要提供云环境中软件应用和总线通信的适配器，包括.NET平台应用适配器、J2EE平台应用适配器等；软件应用通过应用适配器与总线进行交互，总线则通过服务适配器与具体服务进行交互。另外，出于性能和安全考虑，总线将对用户的请求做特殊处理验证，从用户的身份标识符中判断用户是企业内部用户还是外部用户，如果是资源内部用户，将不对传输数据进行加密等操作，以提高性能；如是资源外部用户，则对传输数据进行加密等操作，以提高安全性要求。

中间管理层建设采用混合模式，还体现在采用数据库服务集群与分布式文件系统相结合的方式实现资源数据的存储。由于结构化数据对I/O的要求很高，且通常以裸设备的方式来放置，一般会采用容量大、性能好的存储设备（如FC/FCoE）来整合。对于系统中更多的对I/O要求相对较低，但数据量巨大的非结构化数据，可以采用NAS或分布式文件系统（如HDFS）来整合。

(4) 应用服务层。

应用服务层是科技资源数据中心的特色所在,它主要将资源及虚拟化层中的数据资源池进一步细化,提供多样化的服务和应用,以实现科技资源的开放共享。

在资源数据的整合方面,采用应用整合的方式,着眼于科技服务的类型进行整合。根据广东省的科技资源现状,整合后的资源包括大型仪器资源、科技文献资源、科技成果资源、实验室共享体系资源、科学数据库等。这些应用都以用户、功能、数据类型为基础,对开发技术进行统一规划,整合相同的应用程序和功能,并达到负载均衡。通过资源的汇聚和整合,为科技资源的开放共享打好坚实的基础,在此基础上扩展了广东省科技资源共享网、广东省科技资源需求调查、广东省实验室体系管理信息统计系统等围绕科技资源的一系列应用。

在资源软件的应用方面,根据应用整合的结果,在科技管理云数据中心门户系统中展现各类资源,同时根据资源的分类,个性化定制相应的软件,实现 SaaS 的应用效果。用户可以在该门户系统中直接使用完全公开的信息资源,也可以通过该门户对未完全开放的资源进行申请使用,主要包括各类科技信息资源,以及数据中心本身具有的计算资源,如在进行科研实验时除了利用门户系统提供的免费计算节点外,还可以填写申请表以向数据中心申请指定 CPU 数量的计算资源。

综上所述,该架构设计着力解决科技资源共享中存在的问题,与其他数据中心相比具有明显的适用性和优势。在资源及虚拟化层设有科技资源数据资源池,在中间管理层采用混合模式以适应科技资源异构性、分布性和共享权限不统一的情况,在应用服务层针对科技资源扩展多样化的应用等,整合分散的科技资源。先实现资源整合再按需分配,能够有效促进资源共享服务体系的构建,提高科技资源的共享水平。

在科技管理云数据中心构建过程中,存在一些亟待解决的问题,如云数据中心尚未有成形的建设标准,不能够搭建更高效的云数据中心。

**2. 基于大数据的平台设施**

大数据是智能化的前提,科技管理智能化探索离不开科技大数据的采集、梳理和处理分析。在科技管理的各环节,数据与业务均是密不可分的关系,智能化模型的训练离不开大数据的支撑,管理决策离不开多渠道数据的关联分析。基于大数据的平台设施是基础平台的重要组成部分,它可以在整个数据的存放、传输、计算过程中,合理地存储数据资源、网络资源以及计算资源,也可以为进一步挖掘数据价值提供重要保障。

科技管理领域在进行信息系统建设或大数据分析时,通常在逻辑划分上采用多层次方式,具体细分为数据获取层、数据存储层、数据分析层、数据访问层。

数据获取层:抽取、采集各个业务系统数据源中的数据,提供原始数据的分离、清洗、转换等处理,最后加载到企业数据仓库中,实现数据的有效集成。

数据存储层:为整个系统提供面向主题的数据环境,使系统能够提供高效、灵活的查询、统计和联机分析处理功能。在这一层采用数据仓库的技术，管理和生成分析应用所需的细节数据和各种粒度的汇总数据，形成数据体系化环境。

数据分析层：集中了系统的主要应用部件，构成信息综合利用的引擎，如联机分析处理、模型管理、Web 服务等。

数据访问层：提供数据分析结果的表达、共享与传递的功能，是信息服务的主要平台，主要包括信息查询、人机交互与信息发布等。

数据仓库体系结构充分体现层次化的系统设计思想。每层次功能分布合理、逻辑性强，各层次间接口清晰，适合规模扩展，具有相对的独立性，有利于系统的逻辑设计和开发，也便于方便、灵活地进行物理分布实施，充分发挥系统性能。

简化的平台数据处理架构如图 3 - 3 所示。

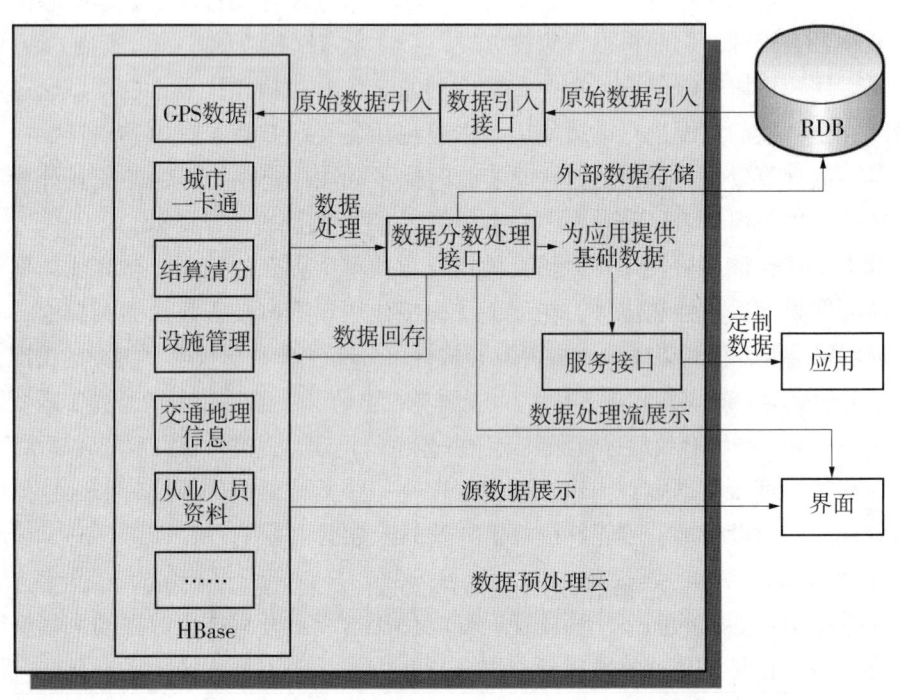

图 3 - 3　简化的平台数据处理架构

整个云平台的框架由三部分组成：HDFS 分布式文件系统、HBase 分布式数据库和 MapReduceAPI。由云计算的核心技术 MapReduce 实现数据的计算，数据按照逻辑层次存储在 HBase 中，HBase 开发于 HDFS 之上。三者结合，实现云计算的分布式、并行计算和存储，提升处理大规模数据的能力。引入"云"的概念，把以往的从原始数据导入到数据处理，最后到数据反馈的一系列处理都集中在"云"中，并充分利用分布式处理的优势，保障数据备份和传输安全，提高整体数据处理效率。

平台简化后的数据功能结构如图 3 - 4 所示。

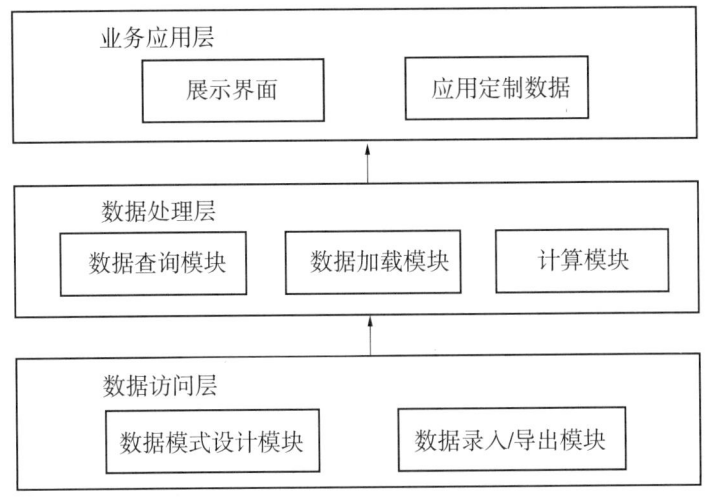

图 3－4　简化的数据功能结构

从功能的角度考虑，平台可分为三层。最底层是数据访问层，对存储在外部的非本地关系型数据库中的数据录入到平台中，同样，在数据处理完成之后，还可以导出数据到关系型数据库；由于描述信息特征的指标形式基本固定，所以在数据访问层预先设计好在 HBase 中的数据存储模式，加快数据录入工作。

数据访问层将数据传递给数据处理层，这一层是整个平台的功能性核心。首先加载暂时存储在平台的原始数据，利用预先设计好的数据表模式，将数据加载到分布式数据库 HBase 中，便于进行下一步的计算；数据查询模块访问 HBase，利用 MapReduce 这种并行计算模型，编写定制数据处理功能的 Map 函数和 Reduce 函数，将计算的结果重新存储到 HBase 中，并可以对处理前和处理后的数据用数据查询模块进行查询。最高层业务应用层将数据处理的关键节点的数据状态展示给用户，并可以针对不同应用对数据的要求定制数据的格式，这一模块对第二层的计算模块起着主导作用。其在整个数据流动过程中，HBase 的存储和 MapReduce 框架计算是核心步骤，在充分了解数据特点的基础上，实现多节点分布式处理技术，保障平台的可靠性和数据存储的一致性。其简化的数据流处理过程如图 3－5 所示。

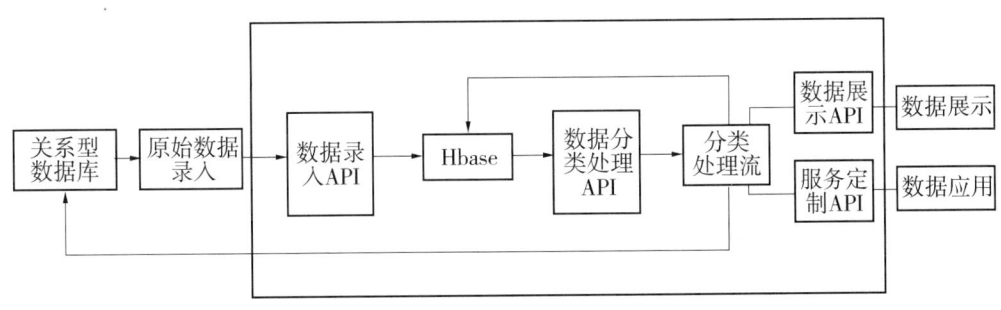

图 3－5　简化的数据流处理过程

在数据库设计上，充分考虑业务差异性与数据共性，每一个子类数据库中，可细分为原始库、中间库和应用数据库。原始库存储的是从外部数据库导入的源数据；中间库存储的是经过数据清洗和筛选之后所得到的数据；应用数据库中存储的是经过数据计算之后，能够达到业务应用层的特定应用所要求的数据规格的数据。

## 3.4 数据采集与预处理

科技管理各项处理业务均离不开科技数据的支撑，对科技类数据进行良好的管理和利用，让科技资源和科技服务得以合理分配，是科技管理的重要内容。科技大数据是指在科技活动中产生的一系列数据，包括科技项目申报数据、科技资源描述数据、科技创新数据等。科技大数据具有数据类型非结构化、数据量庞大等特征，其数据来源往往是经过多年积累的跨区域数据。在科技管理数据的具体应用中，为有效避免形成数据孤岛，应结合业务需求高度重视数据的采集与预处理。

### 3.4.1 数据采集

数据采集，又称数据获取，是利用一种装置，从系统外部采集数据并输入到系统内部的一个接口。数据采集技术广泛应用在各个领域。面向科技管理领域的数据采集往往具有专业且分类明确的领域信息，同时涉及跨类关联，因此具有多源异构数据源等特征，在数据采集阶段通常也需要考虑不同数据类型的融合存储管理。数据采集阶段最先考虑的问题是数据来源，特别是科技管理系统中，因科技管理的专业领域、行政角色等特殊性，有些数据较难获取，数据采集较为困难，所以，虽然现阶段计算资源、开放平台的使用使得数据获取门槛越来越低，但高质量并真实有效的数据获取仍是目前业务系统提供精准、全面服务的瓶颈。

在工程系统中，采集数据是已被转换为电信号的各种物理量，如温度、水位、风速、压力等，可以是模拟量，也可以是数字量。采集一般是以采样的方式，即隔一定时间（即采样周期）对同一点数据重复采集。采集的数据大多是瞬时值，也可是某段时间内的一个特征值。而在科技管理领域，其数据采集来源主要包括三方面：一是基础数据，即申请单位在历年工作中所收集的科技资源类型、分布、数量、详情、项目等投入信息以及科研产出（项目、论文、专利、标准等成果）、服务情况等信息；二是经验数据，即科技资源效益评估体系在应用过程中所形成的专家评估信息；三是外延数据，即网络信息中存在的可以获取的与科技资源相关的数据。

常用的数据获取方式主要有以下几种。

1. 公开信息及整理

在处理科技管理相关业务时，了解统计信息，才能够更好地结合业务进行数据关联，提供更全面的数据服务，所以通常需要获取一些公开的数据信息，包括统计部门的数据、一些行业龙头企业发布的年报、其他市场机构的研究报告等。也可根据业务功能对公开的零散信息进行整理以获取所需信息。获取公开信息的常用途径：从广东统计信息网（http://stats.gd.gov.cn/）获取广东统计年鉴、广东省全国经济普查年鉴等数据；从中国科技资源共享网（https://escience.org.cn/）了解全国科学数据、大型科研仪器等数据信息。

2. 购买的数据库

从开放数据集的网站或市场中直接购买行业数据（有些为免费）。现阶段无论是通过科研、算法竞赛、政府开放数据、个人组织公开数据等网站平台，还是运营商、行业数据分析公司等渠道，均可以获取一些数据信息。比如中国开放数据获取途径：CnOpenData 数据平台（https://www.cnopendata.com/）；美国政府开放数据获取途径：https://data.gov/。

3. 自行采集

自行采集可以是通过自身行业积累直接获取用户数据，也可以是通过网络渠道利用爬虫获取合法的互联网数据。通常情况下，自行采集数据可以结合业务需求，只采集有用的信息，通过自定义的指标、字段、阈值等进行有效采集。自行采集的方式又可以细分为自有系统填写、网络爬虫技术获取、咨询行业专家、问卷调查等。

自有系统填写适用于各企业或主管部门具有科技管理信息系统的情况。通常这些信息系统在实现业务功能的同时，会结合业务需要的数据设有数据填报模块，而基于这些填报模块，对数据进行分析后可为用户提供便利的管理服务。比如科技计划项目的管理系统，各用户登录后通常需要录入自有的项目信息，或者填写申报的项目内容。通过规范化的数据填报，将数据合理地存在关系数据库中，方便业务管理的同时又能开展许多关联分析的操作。

网络爬虫本质上是一种自动获取网页内容并可以按照指定规则提取相应内容的计算机程序。网络爬虫广泛应用在搜索引擎（如百度、Google 等垂直搜索引擎）、推荐引擎（如今日头条）、大数据（如样本采集）、人工智能（如金融数据分析、舆情分析、用户画像）等多种网络应用场景。现阶段网络爬虫常用 Python 语言。Python 语言提供了针对网络协议的标准库，能简单高效地实现网页抓取、网页解析、数据存储等功能，使程序员得以集中精力处理程序逻辑。

咨询行业专家通常采用访谈调查，即通过访员与受访者之间的问答互动来搜集数据，该方法被用于众多的调查活动中。可通过行业专家的数据收集，构建科技管理的领域本体，为行业知识图谱构建、专家经验系统建设等提供数据支撑。

问卷调查可分为面访问卷和非面访问卷。面访问卷又可以分为面访问答问卷和面访自填问卷；非面访问卷有纸版邮寄问卷、语音自填问卷、网络自填问卷、电话问答问卷等形式。除了面访问卷与非面访问卷以外，还有混合访问形式。依据访问目的，问卷调查可分为学术性调查、市场调查、政策评估调查等。问卷类型还可以依据问卷的形态结构进行划分。

### 3.4.2 数据预处理

科技管理将结合业务需求，对所采集的数据进行选择与处理，在正式进行分析处理和模型训练之前，仍需要数据预处理环节，对数据进行最基本的操作，以保障数据的一致性、完整性，也可以根据业务规则将外部系统的数据格式转化为后期处理所需要的标准格式。数据预处理是各类模型与算法应用的前提，采集和准备好数据后，通过预处理提升各类模型与算法的准确率和适用性，它通常以 ETL（extract-transform-load）技术作为基础，然后再结合归一化、正规化、去识别化等方法进行灵活处理。

ETL 是指数据的抽取（extract）、转换（transform）、加载（load），它是数据预处理的核心技术，在各个来源中进行原始科技管理数据的抽取，通过预定义数据模型进行原始数据转换，再将转换的数据加载至数据池。这里的原始数据主要包括多场景、多维度以及多时间的科研数据，信息化服务记录以及管理数据等，这些数据将以数据资产的形式存在于平台中。

该模块对科技管理数据进行集成的过程中，其主要流程包括三个方面：

第一是数据抽取，抽取对象是科技项目整个生命周期中所涉及的申请、评审、立项、执行以及验收等数据，比如文献数据、财务数据、信用数据、成果数据、专家数据、项目数据以及指南数据等。在新建项目或者是新发布的指南数据集成时，便可采用 Data X 或 Sqoop 等组件在文件、数据或其他业务系统中进行原始数据的完整抽取。对于原始项目中的数据修改和新增情况，则可借助增量法对数据进行抽取，通过 Flume 等工具对源数据变化情况进行实时监控，并通过定量或定时的形式进行变化数据的抽取。通过这样的方式，便可实现数据集成平台压力的有效降低，以此来确保其良好运行。

第二是数据转换，主要工具是 ETL 引擎。该引擎中含有很多的数据转换组件，可自动实现数据拆分、数据合并、数据加密、数据解密、数据验证、数据替换、数据过滤等各种操作，同时也严格规范了数据的格式、访问接口及其传输方式。通过该功能的应用，可实现平台中科技管理数据的及时转换，脏数据的及时清除，并实现关联数据的有效组织。

第三是数据加载，主要的数据池加载方式有三种，不同加载方式所适用的场景也不同。其一是完全刷新，在该加载方式中，数据池内仅仅存在最新数据，在每一次加载前，数据抽取程序都会对源数据内的全部记录进行抽取，然后清空目标数据表，最后将集成后的新数据加载到数据池中。其二是镜像增量，虽然源数据记录会定期更新，但其中所含有的记录时间字段却被储存在数据历史记录里，借助 ETL，便可将历史记录时间作为依据，在源数据中进行增量数据的抽取，然后再通过附加的形式将这些数据加载至数据池，而数据历史记录也会保留在数据池中。其三是镜像比较，数据库每天都会对记录进行更新，且历史记录不会被保留，但是在数据池中，所有的数据都具备生效日期字段、记录变化以及更新时间，因此在数据加载的过程中，只需要对新的镜像数据和上一次的加载数据作比较，便可将变更部分找出，并对其进行更新，在此过程中，数据的生效日期也会随之更新。

在科技管理信息化系统中，ETL 技术通常嵌入到业务流程中，比如，在收到接入系统的数据后，对接入的数据进行有效性的检验，保证进入平台的待处理信息数据是准确有效的，并将经过验证的数据入库。常用的数据清洗和转换流程如图 3-6、图 3-7 所示。

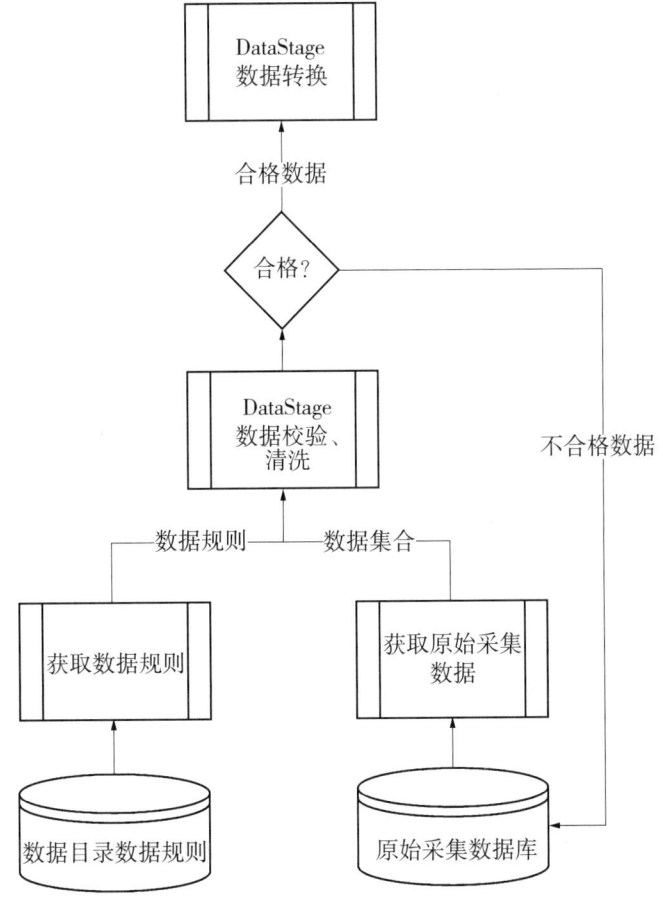

图 3-6 数据清洗流程

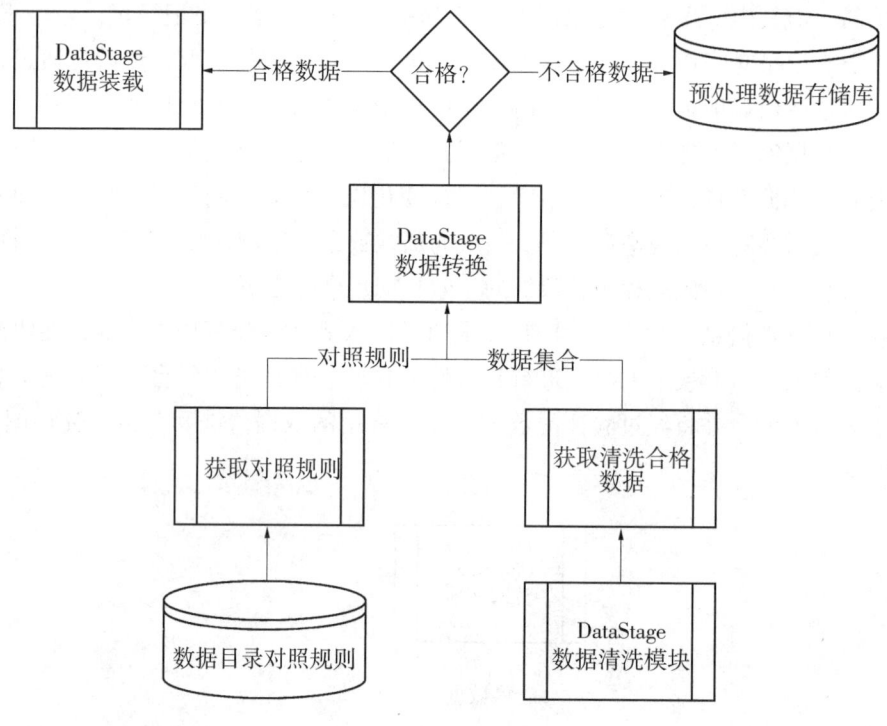

图 3-7 数据转换流程

## 3.5 模型构建与算法融合

许多工程师对机器学习的印象与理解只停留在现阶段最流行的深度学习,甚至会以为机器学习都是依赖深度学习来解决问题的,因此在进行业务理解和分析时,往往选择多层神经网络等深度学习的模型去构建业务模型。然而,在实际的需求中,获取海量并且具有优质标注的数据并非易事,盲目地采用深度学习的方法是不可行的,不但无法取得良好的学习效果,同时也耗费大量的算力。

经典的机器学习模型,源于众多专家学者长期的积累,在实际业务中具有举足轻重的地位,许多工程师在面对业务问题时会优先采用经典算法进行学习,或者针对实际问题改进经典算法,从而取得更好的学习效果。常见的经典机器学习模型主要有逻辑回归、决策树、随机森林、$K$ 均值聚类、支持向量机、朴素贝叶斯、隐马尔可夫模型等。

模型与算法是实现智能化并达到预期目标的必要手段,通常将模型构建和算法设计相结合,以实现具体的任务目标,所以许多机器学习的初学者往往容易混淆两者的概念,认为模型与算法两者完全一致。其实,模型和算法是两种不同的概念,通俗理解,模型通常与业务功能相结合,以实现业务的流程、任务处理,梳理各影响要素,形成输入、输出以及各相关变量因素,并围绕着我们所想达到的业务目标,形成特定的目标函数,而这些模型要如何实现,如何达到最优目标,则需要通过算法去求解。

### 3.5.1 经典统计模型

模型与算法最基础且底层的方法,是经典统计模型,它是机器学习模型和算法进行变化所围绕的核心基础。经典统计模型中概率论、线性代数、微积分、信息论等概念,均为机器学习打下坚实的基础。通过经典统计模型,比如概率论、线性回归等方法,也可以对数据进行基本预测和分析。最常用的经典统计模型,是线性代数中的方差分析模型和回归分析模型,机器学习也会结合实际业务,对这些统计方法进行改进,以适应实际的问题求解。

大量的智能化算法在训练或者预测时都是求解最优化问题,因此经常需要用统计分析方法来求解函数的极值,而模型中某些函数的选取,也需从数学角度进行考量。比如,微积分在机器学习中的主要作用是求解函数的极值和分析函数的性质,导数就是曲线的斜率,是曲线变化快慢的反映,二阶导数是斜率变化快慢的反映,表征的是曲线的凹凸性,而梯度的方向是函数在该点变化最快的方向。机器学习也经常对数据的统计分布信息进行分析,运用概率分布中的正态分布、泊松分布、指数分布、均匀分布等指导处理方法和模型选择。经典统计中,信息论也是常用的方法,特别是最大期望值和熵值。进行模型函数运算比较时,通过信息熵计算,反映各因素间的熵值,从而对模型进行改进或重构。

### 3.5.2 经典机器学习模型

1. 逻辑回归

逻辑回归(logistic regression)是离散选择法模型之一,属于多重变量分析范畴,是社会学、生物统计学、临床、数量心理学、计量经济学、市场营销等统计实证分析的常用方法。逻辑回归通过将训练数据的概率最大化的方法,产生正确的概率估计,从而产出正确的分类。它与线性回归(linear regression)、多重线性回归都是一种广义线性模型(generalized linear model),有很多相同之处,它是以线性回归为理论基础,在线性回归的基础上通过 Sigmoid 函数引入非线性因素,从而形成分类能力更强的模型。逻辑回归与线性回归在函数上也具有共有的结构部分。其核心函数表达可以概括为 $w'x'+b$,其中 $w$ 和 $b$ 是待求参数,$x$ 可以是多属性的系列。逻辑回归与多重线性回归的区别在于因变量不同,多重线性回归直接将 $w'x'+b$ 作为因变量,即 $y=w'x'+b$。而逻辑回归则通过函数 $L$ 将 $w'x'+b$ 对应一个隐状态 $p$,$p=L(w'x'+b)$,然后根据 $p$ 与 $1-p$ 的大小决定因变量的值,结合 $p$ 与 $1-p$ 的概率进行分类判断。

逻辑回归最常用于二分类问题,给定一些输入值,进行逻辑函数构建,输出结果是离散值。例如用逻辑回归实现一个猫分类器,输入一张图片 $x$,预测图片是否为猫，输出该图片中存在猫的概率结果 y。然而，经过一定的变换，逻辑回归也能够处理多分类问题。第一种方法是采用多分类问题转化为二分类问题的形式，建立多个二分类器，将其中一个类别标记为1，其他标记为0。如果有 K 个类别，将产生 K 个1，从而达到分类效果。也可以将标记为0的标签继续分类，最终分解成 K 个 1，这其实是运用了多个二分类器集成多分类器的概念。这一方法的思想其实是为每一对类别建立一个分类器，然后进行结合，问题所得到的概率之和不为1，需要进行联合优化。第二种方法是直接在损失函数中进行修改，让其适应多分类问题，比如 softmax 函数就适用于多分类问题，其损失函数并非只有1和0的损失，通过损失函数估计的每一种分类结果出现的概率。逻辑回归中二分类与多分类的转换思想，在机器学习经典算法中经常运用，使得一些算法得到了扩展，提高了分类器使用的适用性。逻辑回归除应用于分类问题外，也可以用于预测某事件发生的概率，或者分析单一因素对某一事情发生的影响因素。

（1）逻辑回归模型的主要特点。

①适用于数值型变量，其因变量代表了分类变量或某事件发生的概率，不适用于重复计数等现象。

②残差和因变量都要服从二项分布。二项分布对应的是分类变量，所以不是正态分布，其方程估计和检验时采用最大似然法，而非最小二乘法。

③自变量和 Logistic 概率是线性关系，样本线性可分，各观测对象间相互独立。

（2）算法描述。

以使用概率梯度下降法的 Logistic 回归学习算法为例，其具体算法描述如下。

---

输入：初始值 $\theta$，训练样本 $D = (x_i, y_i)$，收敛精度阈值；

输出：Logistic 回归函数

①给 $\theta$ 赋予初始值。

②随机选择一个训练样本［采用 i 作为训练样本顺序的标识，即具体样本表示为 $(x_i, y_i)$］。

③对于选定的训练样本，以梯度上升的方向对参数 $\theta$ 进行更新：

$$\theta^{(y)} \leftarrow \theta^{(y)} + \varepsilon \nabla_y J_i(\theta)$$

其中，$y = 1, \cdots, c$；$\varepsilon$ 表示梯度上升幅度的正常数。$\nabla_y J_i$ 表示标识为 i 的训练样本所对应的对数似然 $J_i(\theta)$ 在 $\theta^{(y)}$ 的梯度上升方向。

具体表示公式为：

$$\nabla_y J_i(\theta) = -\frac{\exp[\theta^{(y)T}\varphi(x_i)]\varphi(x_i)}{\sum_{(y'=1)}^{c} \exp[\theta^{(y)T}\varphi(x_i)]} + \begin{cases} \varphi(x_i), & \text{当 } y = y_i \\ 0, & \text{当 } y \neq y_i \end{cases}$$

④重复上述②、③步骤，直到所解 $\theta$ 达到收敛精度为止。

2. 决策树

决策树是一种以实例为基础的归纳学习模型，它是从一组无次序、无规则的事例中推导出决策树表示形式的分类规则。决策树可以用于形成分类器，实现对未知数据进行预测或者分类。由于这种决策分支画成的图形很像一棵树的枝干，故称决策树。决策树的一般形式如图 3-8 所示。

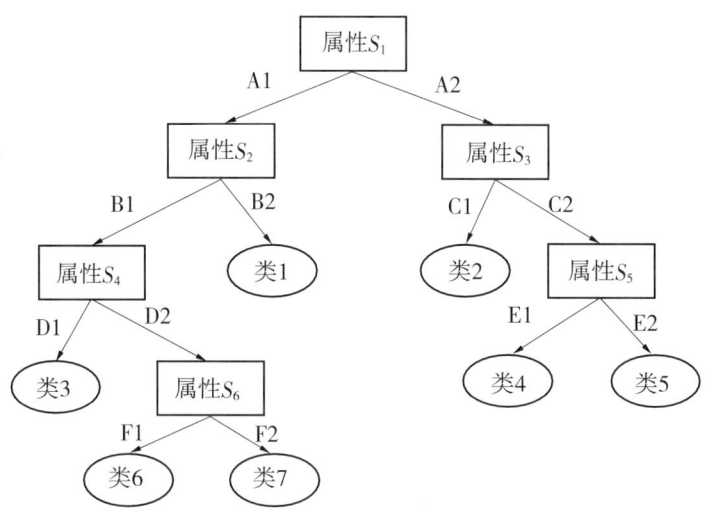

图 3-8　决策树的一般形式

决策树的构造是一个由顶到底、从上至下的过程，它的本质就是贪心算法。从根结点开始，对每个内部结点，找出其对应样本中提供最多信息的一个属性对样本集进行分类测试，根据分类结果将样本集划分成为几个子样本集，这些子样本集将构成一个新内部结点，对新的内部结点重复上述的划分过程，不断循环，直至所有的样本都属于同类或者没有可供选择的属性。在这个过程中，测试属性的选择标准是生成决策树的核心环节，不同的决策树分类算法有不同的选取规则。其中，ID3 基于信息增益，C4.5 基于信息增益率，CART 基于基尼系数。决策树的生成过程如图 3-9 所示。

在使用决策树模型时，如果生成的决策树的复杂度很高，那么节点数量势必也会很多，这就导致每个节点所包含的样本数量很少，学习之后的错误率也会较高，并且会导致过拟合；同时，如果决策树的复杂度很高，决策树太大、太复杂，这将不利于将树形图转化成为分类规则，减弱了决策树模型的可读性，将失去构造决策树的意义。因此，要在保证模型准确率的前提之下构造尽量简单的决策树，决策树的剪枝技术应运而生。一般来说，决策树的剪枝可分为预剪枝和后剪枝。预剪枝是在决策树构造完成之前较早地停止其生长，使用合适的剪枝规则来设置具体的停止条件。预剪枝容易产生"视界局限"，决策树一旦停止生长，中间节点就会直接成为叶节点，因此，预剪枝在决策树构造时也许会丢掉某些有用的分类规则。后剪枝

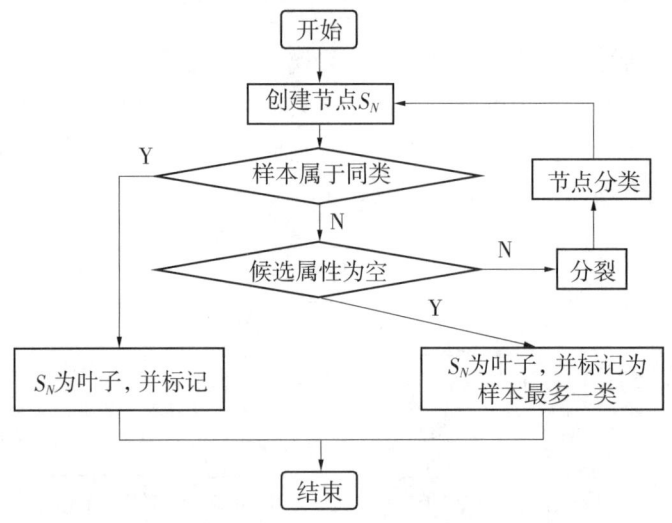

图 3-9 决策树的生成过程

是在决策树完全构造好之后,根据一定的规则对多余的节点进行剪枝,从而简化决策树的结构与规模。后剪枝中决策树首先要充分生长,直到叶节点都有最小的不纯度值为止,因而可以克服"视界局限"。后剪枝是一个边剪枝边检测的过程,因此计算量比预剪枝大得多,特别是当样本数量很多时。而对于样本数量较少的情况,后剪枝方法明显比预剪枝方法好。

(1)决策树的主要特点。

①决策树可以用直观的树状结构来表示,生成的分类规则易于理解,具有较好的可解释性;节点所处位置能够反应属性的重要程度,越接近根节点的属性对分类结果影响越大。

②决策树对样本要求较低,可以是离散型,也可以是连续型,同时对数据缺失情况具有较强的容忍性,也不需要归一化;然而,数据预处理对模型结果影响很大,如若数据预处理不当,分类的准确性会很低,同时也会导致运算成本急剧增加,所以,决策树虽然具有较快的分类速度,但对于一些特定数据情况,将增加数据预处理的时间成本(如数据离散化)。

③单棵决策树算法容易过拟合,导致其泛化能力不强。如果某个特征的样本比例过大,生成的决策树很容易偏向某个特征;同时,决策树分类算法属性间的相关性如果很高,也会影响分类结果。可采用集成或样本分布预处理等方法弱化过拟合现象,如下文所提及的随机森林方法。

(2)算法描述。

以决策树中常用的 ID3 算法为例,其具体算法描述如下。

输入：训练样本 $D = (x_i, y_i)$，特征集 $A$，阈值；

输出：决策树 $T$

①若 $D$ 中所有实例属于同一类 $C_k$，则 $T$ 为单节点树，并将类 $C_k$ 作为该节点的类标记，返回 $T$；

②若 $A = \Phi$，则 $T$ 为单节点树，并将 $D$ 中实例数最大的类 $C_k$ 作为该节点的类标记，返回 $T$；否则，按信息增益算法计算 $A$ 中个别特征对 $D$ 的信息增益，选择信息增益最大的特征 $A_g$；

③如果 $A_g$ 的信息增益小于阈值 $\varepsilon$，则设置 $T$ 为单节点树，并将 $D$ 中实例数最大的类 $C_k$ 作为该节点的类标记，返回 $T$；否则，运用 $A_g$ 的每一个可能值将 $D$ 分割为若干非空子集，将子集中实例数最大的类作为标记，构建子节点，重新组合构成树 $T$；

④对第 $i$ 个子节点，以 $D_i$ 为训练集，以 $A - \{A_g\}$ 为特征集；

⑤重复步骤①~④，得到子树集合 $T$，返回 $T$。

3. 随机森林

随机森林是一种以决策树为基分类器的集成模型，通过集成学习的思想，将多棵独立的决策树进行组合，或投票、或取均值等，得到最终预测结果。随机森林往往比单棵决策树具有更高的准确率和更强的稳定性。对于分类问题，每棵决策树都是一个分类器，那么对于一个输入样本，$N$ 棵树会有 $N$ 个分类结果。而随机森林集成了所有的分类投票结果，将投票次数最多的类别指定为最终的输出。

随机森林相比于决策树拥有较好的性能，主要是由于随机抽取样本/特征和集成算法这两大关键核心因素，也是"随机"和"森林"的体现。随机抽取样本/特征意味着"随机"，它可以提升其稳定性，具有更好的泛化能力，能减少过拟合现象。"随机"的含义是在开始训练前进行随机抽样，如果不进行随机抽样，每棵树的训练集都一样，那么最终训练出的树分类结果也是完全一样的，通过随机才能集成不同分类器的优点；集成学习意味着"森林"将多个决策树进行集成，由成百上千棵树形成了森林，从而提升其分类准确率。随机森林既可以用于分类问题也可以用于回归问题，但不适用于高实时业务场景。当数据维度过多时，由于会对每个特征的每个值进行不纯度计算，效率会比单纯决策树要慢。

（1）随机森林的主要特点。

①能够有效地运行在大数据集上，处理具有高维特征的输入样本，在不降维的情况下进行数据运算；

②能够计算单个特征变量的重要性，得到特征重要性排序，从而结合业务选择重要性靠前的特征，找到与因变量高度相关的特征属性，因此它也可用于特征选择环节；

③因由多个决策树集成，所以在训练时容易并行化，从而提升学习速度。对于

不平衡数据集，也具有较好的抗过拟合效果。但也有实验证明对噪声较大的数据集仍容易过拟合，同样也需要在预处理阶段进行数据质量提升。

（2）算法描述。

随机森林具体算法描述如下。

> 输入：训练数据集 $D = (x_i, y_i)$，样本子集的个数 $T$
> 输出：最终的强分类器 $f(x)$
> ①从原始样本集中随机地抽取 $m$ 个样本点，得到一个训练集。
> ②用训练集，训练一个 CART 决策树，这里在训练的过程中，对每个节点的切分规则是先从所有特征中随机地选择 $k$ 个特征，然后从这 $k$ 个特征中选择最优的切分点再做左右子树的划分。
> ③重复①、②共 $T$ 次，形成 $T$ 个若干样本子集的集合。
> ④如果是分类算法，则预测的最终类别为该样本点所到叶节点中投票数最多的类别。
> ⑤如果是回归算法，则最终的类别为该样本点到叶节点的均值。

4. $K$ 均值算法

无监督学习就是对该类未被标注的训练数据进行分类等模式识别的过程，聚类通常是无监督学习的典型方法，而 $K$ 均值聚类（$K$ - means）又是聚类中的典型代表。当面对同一组数据时，聚类所使用的方法不同时，得到的结果往往会不相同。在实际中会遇到各种各样的问题，且每个问题所涉及的难点各不相同，所以为了有针对性地解决问题，研究学者们提出了许多不同的聚类算法，这些算法各有优势，我们需要从实际问题出发，找到最适合的算法。根据构建思想和研究现状，可以将算法分为以下五类：基于模型的算法、基于密度的算法、基于层次的算法、基于划分的算法和基于网络的算法。$K$ 均值算法是基于划分的算法。

$K$ 均值算法目前是研究最多和使用最广泛的聚类算法，与其类似的还有 $K$ 近邻算法。$K$ 均值算法是以距离为度量的聚类算法，随机选择 $K$ 个类的初始中心，对每一个样本都求解到 $K$ 个中心点的距离，将它归类到距离最短的中心所在的类别。其依据 $K$ 值设定将数据集分为 $K$ 类，对于每一类的描述依据其聚类中心，而聚类中心则为每个类中所有数据的均值，目标是使得每个类中的数据到聚类中心的欧式距离之和最小。每次测算后更新聚类中心，将每个类中的数据样本的均值作为新的聚类中心。判断聚类中心或目标函数值是否改变，如果满足算法的阈值设定或者数值没有变化，则输出结果。$K$ 均值算法具有原理简单、容易实现、能处理大数据集、聚类效果良好、高效和伸缩性较强等优点。$K$ 均值算法是基于样本点间的几何距离来度量聚类的通用目的算法。由于集群围绕在聚类中心，结果会接近于球状并具有相似的大小。

(1) K 均值算法的主要特点。

①原理足够简单且灵活，对于大多数问题都能给出合理的结果，特别是在预处理数据和特征工程做得不太精细的情况下，该算法也能给出较好的聚类效果。

②较难确定 K 值。该方法需要一开始设定 K 值和聚类中心，K 值的设定往往需要进行多次尝试。同时也较适用于球状分布的数据，有时候会出现聚类后的类别具有较大差异的情况。

③对噪声敏感，较容易受离群点的影响从而产生中心点偏移，也意味着初始中心点的设置对聚类效果将产生较大影响。

(2) 算法描述。

K 均值算法具体描述如下。

输入：训练样本 $D = (x_i, y_i)$，簇类别数量 $c$

输出：聚类后的类别

①依据簇类别数量，给各个簇中心 $u_1, \cdots, u_c$ 以适当的初值；

②更新样本 $x_i, \cdots, x_n$ 对应的簇标签 $y_i, \cdots, y_n$；

$$y_i \leftarrow \underset{y \in \{1,\cdots,c\}}{\operatorname{argmin}} \| x_i - u_y \|^2 \quad (i = 1, \cdots, n)$$

③更新各个簇中心 $u_1, \cdots, u_c$：

$$u_y \leftarrow \frac{1}{n_y} \sum_{i: y_i = y} x_i \quad (y = 1, \cdots, c)$$

④重复上述②、③步骤，直到簇标签达到收敛精度为止。

5. 支持向量机

支持向量机（SVM, support vector machine）是由 Vladimir N. Vapnik 等人在统计学理论基础上建立起来的依据 VC 维理论和结构风险最小化原则的模式识别算法。对比其他以经验风险最小化为原则的机器学习算法，支持向量机算法不易陷入过拟合，并且算法的泛化能力强。而且使用核函数的方法可以将一些线性不可分的问题映射到高维空间中，使其转变为线性可分问题。以上支持向量机算法的种种特点，使得支持向量机适合处理高维数、非线性、小样本分类问题。支持向量机常分为线性可分、线性不可分和多分类支持向量机。

实际业务场景中，通常需处理非线性问题，将训练样本从原本的样本空间映射到更高维空间，使得样本在此空间内线性可分。支持向量机使用一个名为核函数的技巧，来将非线性问题变换为线性问题，其本质是计算两个观测数据的距离。支持向量机算法所寻找的是能够最大化样本间隔的决策边界，因此又被称为大间距分类器。使用线性核函数的支持向量机类似于逻辑回归，但更具稳健性。实践中更多的是使用非线性核函数来对非线性决策边界进行建模。常用的核函数有：线性核、多项式核、高斯核［RBF 核（radial basis function kernel）］、sigmiod 核。

(1) SVM 的主要特点。

①支持向量机擅长非线性决策边界建模，可结合实际情况选择合适的核函数。在面对过拟合时，支持向量机有着极强的稳健性，尤其是在高维空间中。

②支持向量机是内存密集型算法，较适合小样本，不太适用于较大的数据集，当数据量很大时，其矩阵存储和计算均耗费大量的计算机内存和算力。

③非线性映射是 SVM 方法的理论基础，SVM 利用内积核函数代替向高维空间的非线性映射。选择正确的核函数需要技巧，但对核的选取并不过于敏感，在应用实践中许多专家学者将同时计算的不同核函数结果进行对比分析。

(2) 算法描述。

SVM 包含若干典型类型的算法，以线性可分支持向量机为例，具体算法描述如下。

输入：原始问题 $\max \tilde{\gamma}$

输出：分类决策函数

① 将原始问题转化为凸优化问题：

$$y_i(w^T x_i + b) = \tilde{\gamma}_i \geq \tilde{\gamma} \ (i = 1, 2, \cdots, n)$$

② 原始问题变形，规定函数间隔最小为 1，原始问题变形为：

$$\varphi(w) = \frac{1}{2}\|w\|^2 = \frac{1}{2}(w \cdot w)$$

$$y_i(w \cdot x_i + b) \geq 1 \ (i = 1, \cdots, l)$$

③ 进行凸优化问题求解，构建拉格朗日函数：

$$L(w, b, \alpha) = \frac{1}{2}\|w\|^2 - \sum_{i=1}^{l} \alpha_i [y_i \cdot (w \cdot x_i + b) - 1]$$

④根据拉格朗日函数的对偶性进行化解：

$$\min_{\alpha} \frac{1}{2} \sum_{i=1}^{n} \sum_{j=1}^{n} \alpha_i \alpha_j y_i y_j [x_i, x_j] - \sum_{i=1}^{n} \alpha_i$$

s.t.

$$\alpha_i \geq 0 (i = 1, 2, \cdots, n)$$

$$\sum_{i=1}^{n} \alpha_i y_i = 0$$

⑤利用 KKT 条件求解，求 $a^*$，常用 SMO 算法求解；

⑥进一步求解 $w, b$：

$$w^* = \sum_{i=1}^{N} \alpha_i^* y_i x_i$$

$$b^* = y_j - \sum_{i=1}^{N} \alpha_i^* y_i (x_i \cdot x_j)$$

⑦得到分类决策函数：

$$f(x) = \text{sign} \left[ \sum_{i=1}^{N} \alpha_i^* y_i (x \cdot x_j) + b^* \right]$$

6. 朴素贝叶斯

朴素贝叶斯是一种基于条件概率和计数的简单算法，是基于贝叶斯定理与特征条件独立假设的分类方法。其本质是一个概率表，通过训练数据更新其中的概率。朴素贝叶斯最核心的部分是贝叶斯法则，而贝叶斯法则的基石是条件概率。它预测新观察值的过程，就是根据样本的特征值在概率表中来寻找最为可能的类别。朴素贝叶斯的过程首先是对实验样本进行分类，分别计算不同条件下其概率；然后输入测试样本，计算不同条件下其概率，比较其概率大小，从而完成对测试样本的分类。

朴素贝叶斯分类器核心方法是使用条件概率实现分类。应用贝叶斯准则可以得到：

$$P(c_i|x,y) = \frac{P(x,y|c_i)P(c_i)}{P(x,y)}$$

式中，$P(c_i|x,y)$ 为给定某个由 $x$、$y$ 表示的数据点，该数据点属于类别 $c_i$ 的概率。

通过贝叶斯准则，定义贝叶斯分类准则为：

如果 $P(c_1|x,y) > P(c_2|x,y)$，那么该数据点属于类别 $c_1$；

如果 $P(c_2|x,y) > P(c_1|x,y)$，那么该数据点属于类别 $c_2$；

……

使用贝叶斯准则，利用已知的几类概率来计算未知的概率。在估计条件概率 $P(X|Y)$ 时出现概率为 0 的情况，容易导致计算结果全为 0 的情况，常引用拉普拉斯平滑系数进行解决。被称为"朴素"的原因，是其核心的特征条件独立性假设，在现实往往过于理想。其常用场景是文本分类领域的词集模型和词袋模型，对于给定文档，词集模型只统计某个词条是否在本文档出现；而词袋模型统计某词条在本文当中出现的频率，除此之外，往往还需要剔除重要性极低的高频词和停用词。因此，词袋模型更精练，也更有效。

（1）朴素贝叶斯的主要特点。

①虽然条件独立性假设很难真正成立，但实践中的朴素贝叶斯算法却能表现得很好。该算法易于实现且能伴随数据集更新。

②算法实现较简单，特别是分类精确度要求不是特别高的情况下，较适合选择该方法，因此，朴素贝叶斯常用于文本识别，如文章分类、垃圾邮件识别等。

③对小规模的数据表现很好，适合多分类任务，适合增量式训练。但对输入数据的表达形式很敏感，如离散、连续、值极大极小等。

（2）算法描述。

朴素贝叶斯具体算法描述如下。

输入：训练数据集 $D = (x_i, y_i)$
输出：分类分别
①假设类别特征属性 $x$，对每个类别计算 $p(y_i)$。
②对每个特征属性计算所有划分的条件概率 $P(x|y_i) p(y_i)$。
③以 $P(x|y_i) p(y_i)$ 最大项作为 $x$ 所属类别。

### 7. 隐马尔可夫模型

隐马尔可夫模型（HMM, hidden Markov model）是一种结构最简单的动态贝叶斯网的生成模型，也是一种著名的有向图模型，常用于在自然语言中处理标注问题。隐马尔可夫模型是关于时序的概率模型，描述由一个隐藏的马尔可夫链随机生成不可观测的状态随机序列，再由各个状态生成一个可观测的随机序列的过程，隐藏的马尔可夫链随机生成的状态序列，称为状态序列；每个状态生成一个观测，而由此产生的观测随机序列，称为观测序列。序列的每个位置又可以看作是一个时刻，具体序列模型如图 3 – 10 所示。

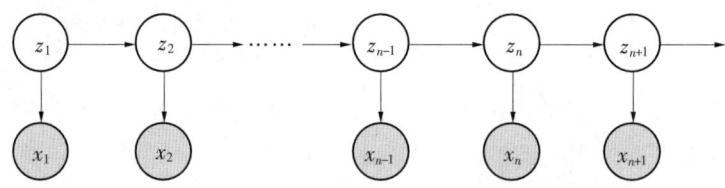

图 3 – 10  HMM 序列模型

其中，$z_1, z_2, \cdots, z_n$ 是不可观测的状态，$x_1, x_2, \cdots, x_n$ 是可观测的序列。

通常情况下，可以定义 HMM 由隐含状态 $S$、可观测状态 $O$、初始状态概率 $\pi$、隐含状态转移概率矩阵 $A$、可观测值转移概率矩阵 $B$（又称为混淆矩阵，confusion matrix）。$\pi$ 和 $A$ 决定状态序列，$B$ 决定观测序列，因此三元符号可以用于 HMM 的表示，称为 HMM 的三元素：

$$\lambda = (A, B, \pi)$$

隐马尔可夫模型由初始的概率分布、状态转移概率分布以及观测概率分布确定。通常情况下，定义：

$S$ 是所有可能的状态集合：$S = \{s_1, s_2, \cdots, s_n\}$

$O$ 是所有可能的观测集合：$O = \{o_1, o_2, \cdots, o_n\}$

$I$ 是长度为 $T$ 的状态序列：$I = \{i_1, i_2, \cdots, i_T\}$

$Q$ 是对应的观测序列：$Q = \{q_1, q_2, \cdots, q_T\}$

$A$ 是隐含状态转移概率矩阵：

$$A = [a_{ij}]_{n*m} = \begin{bmatrix} a_{11} & a_{12} & \cdots & a_{1m} \\ a_{21} & a_{22} & \cdots & a_{2m} \\ \cdots & \cdots & \cdots & \cdots \\ a_{n1} & a_{n2} & \cdots & a_{nm} \end{bmatrix}$$

其中，$a_{ij}$是在时刻$t$处于状态$S_i$的条件下，时刻$t+1$转移到状态$S_j$的概率。

$B$是可观测值转移概率矩阵：

$$B = [b_{ij}]_{n*m} = \begin{bmatrix} b_{11} & b_{12} & \cdots & b_{1m} \\ b_{21} & b_{22} & \cdots & b_{2m} \\ \cdots & \cdots & \cdots & \cdots \\ b_{n1} & b_{n2} & \cdots & b_{nm} \end{bmatrix}$$

其中，$b_{ij}$是在时刻$t$处于状态$S_i$的条件下生成观测值$O_{ij}$的概率。

$\pi$是初始状态概率：

$$\pi = (\pi_i)_{1*n} = (\pi_1, \pi_2, \cdots, \pi_n)$$

其中，$\pi_i$是在时刻$t=1$处于状态$S_i$的概率。

隐马尔可夫模型有三个基本问题。一是概率计算问题：给定模型和观测序列，计算在该模型下观测序列出现的概率。二是学习问题：一直观测序列，估计模型参数，使得在该模型下观测序列概率最大，用极大似然估计的方法估计参数，也叫参数估计问题。三是预测问题：已知模型和观测序列，求对给定观测序列条件概率最大的状态序列，即给定观测序列，求最有可能的对应的状态序列。这三个基本问题，也常称为识别问题、学习问题和解码问题。隐马尔可夫模型很好地解决了一些识别、学习以及预测场景问题，并广泛应用在语音识别、生物信息、自然语言处理、数字通信等领域。

（1）隐马尔可夫模型的主要特点。

①隐马尔可夫模型是马尔可夫模型的改进，是在标准的马尔可夫模型上引入观察状态，以及其与隐藏状态间的概率关系。

②虽然隐马尔可夫模型的状态序列反映隐含关系，但其实际操作中较容易进行人工干预，它可以利用概率表的调整，从而达到较好的识别效果。

③虽然隐马尔可夫模型适用于自然语言识别，但如果单纯采用HMM阶数的提升来提高词器的识别准确率，是很难做到的，也就是它不能单纯靠提高转移概率矩阵的复杂度来提升模型的准确率。应结合场景选择其适合的阶数，然后再辅助其他改进策略。

（2）算法描述。

隐马尔可夫模型针对不同的问题通常有不同的算法，以常用的Viterbi算法为例，其具体算法描述如下。

输入：路径初始状态

输出：最佳路径

①设置初始值，路径最大概率估计受状态之间相互影响：
$$\delta_1(i) = \pi_i b_{iy_1}, \psi_0(i) = 0$$

②迭代：
$$\delta_{n+1}(i) = \pi_i b_{iy_{n+1}} \max_j [\delta_n(j) \alpha_{ji}], \psi_n(j) = \text{argmax}_k [\delta_{n-1}(k) \alpha_{kj}]$$

③当 $n = T$ 时终止：
$$i_T^* = \text{argmax}_k \delta_T(k)$$

④利用回溯方法得到最佳路径值：
$$i_{n-1}^* = \psi_n(i_n^*)$$

### 3.5.3 深度学习模型

深度学习的概念由 Hinton 等于 2006 年正式提出，它源于 20 世纪五六十年代神经网络的研究，当时也称为感知机，拥有输入层、输出层和一个隐含层。而深度学习则包含多隐层的多层感知器结构，它通过组合低层特征形成更加抽象的高层表示属性类别或特征，以发现数据的分布式特征表示。深度学习是机器学习中一种基于对数据进行表征学习的方法。观测值可以使用多种方式来表示，如每个像素强度值的向量，或将观测值更抽象地表示成一系列边、特定形状的区域等。

深度学习方法也有监督学习与无监督学习之分。不同的学习框架下建立的学习模型具有不同的特点。例如，卷积神经网络（CNN，convolutional neural networks）就是一种深度的监督学习下的机器学习模型，自编码网络（auto encoders）是无监督学习，而深度置信网络（DBN，deep belief networks）既可以用于无监督学习，也可以用于监督学习。深度学习里面的基本模型大致分为三类：多层感知机模型、深度神经网络模型和递归神经网络模型。其代表分别是深度置信网络（DBN）、卷积神经网络（CNN）、递归神经网络（RNN）。

基于深度置信网络（DBN）提出非监督贪心逐层训练算法，为解决深层结构相关的优化难题带来希望，随后提出多层自动编码器深层结构。DBN 由若干层神经元构成，组成元件是受限玻尔兹曼机（RBM，restricted boltzmann machine）。RBM 是一种神经感知器，由一个显层和一个隐层构成，显层与隐层的神经元之间为双向全连接。DBN 不仅可用于分类识别，也可以生成数据，它是一个概率生成模型，与传统的判别模型的神经网络相对，生成模型是建立一个观察数据和标签之间的联合分布。通过训练其神经元间的权重，可以让整个神经网络按照最大概率来生成训练数据。

卷积神经网络（CNN）主要由输入层、卷积层、激活函数、池化层、全连接层、损失函数组成，表面看比较复杂，其实质就是提取特征以及推断决策。卷积的作用就是提取特征，因为一次卷积提取的特征可能比较粗糙，所以须多次卷积，以及层层纵深卷积、层层提取特征（区别于多次卷积，因为每一层里含有多次卷积）。卷积层的参数包含一系列过滤器（filter），每个过滤器训练一个深度，有几个过滤器输出单元就具有多少深度。激活函数的作用是将线性分布转化为非线性分布，能更逼近我们的真实场景。池化的目的就是在后续操作时降低运算，降低特征图的维度。

递归神经网络（RNN）是一种具有固定的权值、外部的输入和内部的状态的神经网络，可将其看作以权值和外部输入为参数的、关于内部状态的行为动力学。RNN源自前馈神经网络，可以使用其内部状态（内存）来处理可变长度的输入序列，其核心仍然是输入层、隐藏层、输出层三层结构，节点之间的连接形成一个有向图沿时间序列，这使其具有时间动态行为。因为神经网络的输入层单元个数是固定的，因此必须用循环或者递归的方式来处理长度可变的输入，递归神经网络可以把一个树/图结构信息编码为一个向量，也就是把信息映射到一个语义向量空间中。递归神经网络包括时间递归神经网络（recurrent neural network）、结构递归神经网络（recursive neural network）。时间递归神经网络的神经元间连接构成有向图，而结构递归神经网络利用相似的神经网络结构递归构造更为复杂的深度网络。

深度学习的主要特点：

①深度学习具备很强的学习能力，在图像识别、面部识别、音频、NLP等领域的表现尤为突出。但在训练过程中，无法通过局部补救来修正学习结果，修改参数时需进行重新训练；

②深度学习的"深度"并没有固定的定义——在语音识别中4层网络就能够被认为是"较深的"，而在图像识别中20层以上的网络屡见不鲜；

③深度学习需要大量的数据进行训练，同时依赖于数据标签的质量，所以也不是一个通用目的算法。深度学习高度依赖数据，数据量越大，它的表现就越好。

### 3.5.4 算法优化

算法优化是机器学习算法模型表征达到良好效果不可或缺的部分，机器学习算法与模型要在学习过程中达到良好效果，就需对算法与模型的各项参数进行设置。部分参数可来源于经验数据的初始值设置，然后在每次训练过程中进行调参和优化。优化算法主要包括损失函数、正则化、EM算法、梯度下降、随机梯度下降、反向传播、梯度验证、Momentum、Adagrad、Adam等。部分算法与模型也存在超参数据，超参数据调试与优化可采用网格搜索、随机搜索、贝叶斯优化等算法，使得目标函数在一定的搜索范围内达到最大化或最小化。

不同的模型和算法往往采用不同的优化方法，其思路是通常将实际面临的参数估计问题转化为凸优化问题和非凸优化问题，而参数的求解又通常关联各类损失函数。

凸优化问题是所有的局部极值都是全局极值，而此类问题一般认为是比较容易求解的问题，可以通过二阶导数进行求解，比如常见的逻辑回归优化、支持向量机、线性回归等对应的就是凸优化问题。除了凸优化问题外，其他都是非凸优化问题，比如主成分分析优化问题等。一般来说非凸优化问题较难求解，除主成分分析可以借助SVD直接得到全局极值外，其他需要通过给出一些限定域、放弃一些约束条件、修改目标函数等方式求解全局最优解。

损失函数用于评价模型的预测值和真实值不一样的程度，损失函数越好，通常模型的性能越好。不同的模型使用的损失函数一般也不一样。损失函数分为经验风险损失函数和结构风险损失函数。经验风险损失函数指预测结果和实际结果的差别，结构风险损失函数是指经验风险损失函数加上正则项。常见的损失函数有0-1损失（zero-one loss）函数、绝对值损失函数、log对数损失函数、平方损失函数、指数损失（exponential loss）函数、Hinge损失函数、感知损失（perceptron loss）函数、交叉熵损失（cross-entropy loss function）函数等。

### 3.5.5 测试与模型评估

产品进行智能化模型构建和算法编码，对学习效果的评价与模型的训练同等重要。通常我们对结合业务所搭建并训练出来的模型进行测试，然后采用各类评价指标进行定量的计算，从而较客观地反映出所训练模型的优良程度。同时也可以采用评价指标进行反馈，进一步优化我们的模型。然而，不同的评价指标往往有不同的定义，并不是所有评价指标都可以客观地反映机器学习的效果，针对分类、回归、预测等不同的机器学习问题，评价指标的选择也有所不同。

1. 模型的评估方法

模型评估就是对数据集$D$进行适当的处理，得到训练集$S$和测试集$T$，并在$T$中对模型进行验证，得到模型的好坏，常用的方法包括留出法、交叉验证法、自助法。

（1）留出法（hold-out）。

留出法就是将数据集分为两个互斥的集合，一个作为训练集$S$，另一个作为测试集$T$。其中，训练集$S$用于训练模型，测试集$T$用于评估模型的误差或精度，即模型的好坏。在以往的实验验证中，训练集$S$的比例占数据集$D$的三分之二或五分之四。划分数据集$D$时，$S$与$T$中数据的分布必须与原数据一致，以猫狗二分类任务为例，若数据集$D$中猫狗的比例为7∶3，则在$S$和$T$中，猫狗的比例也应该是7∶3。留出法通俗易懂，但存在两个较为明显的缺陷：一是留出法的验证结果与数据集的划分有关，不同的划分可能会导致不同的误差，结果不稳定；二是留出法必须留出一部分数据用于验证，使得训练模型用的数据少于原数据集$D$，因而可能存在训练不充分问题。针对第一个缺陷，可用交叉验证法解决；针对第二个缺陷，可用自助法解决。

（2）交叉验证法（cross validation）。

交叉验证法是将原数据集$D$划分成$k$个不相交且相等大小的集合，每个集合与原数据集同分布,每个集合称为一个"折叠"。由于有 $k$ 个集合,因此,交叉验证法也称"$k$ 折交叉验证"($k$-fold cross validation),$k$ 常见的取值是 5、10、20。交叉验证法的具体流程为:在划分好 $k$ 个集合后,进行 $k$ 次训练,每一次训练取 1 折作为验证集,其余的 $k-1$ 折作为训练集,当重复 $k$ 次后,可以得到 $k$ 个正确率,通过取 $k$-models 验证数据集的平均精度。交叉验证法的优点之一是能够通过取平均值获得较为稳定的结果,然而仍存在训练数据集小于原数据集的问题,交叉验证法的一种特殊情况是"留一法"(leave-one-out),假设数据集 $D$ 的大小是 $n$,则将数据集分为 $n$ 个子集合,每个集合中只有一个元素,每一次的测试集也只有一个元素,训练集有 $n-1$ 个元素,可缓解训练集数据量减少的问题。

(3) 自助法 (bootstrapping)。

自助法(bootstrapping、bootstrap method),又称自助抽样法,是一种从给定训练集中有放回的均匀抽样,简单来说,每选中一个样本,它将等可能地被再次选中并被再次添加到训练集中。自助法由 Bradley Efron 于 1979 年在 *Annals of Statistics* 上发表。当样本来自的总体能以正态分布来描述,其抽样分布为正态分布;但当样本来自的总体无法以正态分布来描述,则以渐进分析法、自助法等来分析。对于小数据集,自助法效果很好。假设数据集为 $D$,大小为 $m$,自助法可以获得与数据集大小一样的训练集 $S$,方法是:每次从 $D$ 中随机抽取一个样本,将其加入 $S$,再将该样本放回数据集 $D$ 中,这样重复 $m$ 次,即可得到一个大小为 $m$ 的集合 $S$,测试集 $T = D - S$。采用自助法得到的训练集与原数据集的分布不一致,很可能会包括重复元素,可以简单估计一下 $S$ 中不同的样本数:对于 $D$ 中任意的一个元素,选择某个样本的概率为 $1/m$,那么不选择该样本的概率为 $1 - (1/m)$,在进行 $m$ 次抽样以后,其不被抽中的概率为 $\lim_{m \to \infty}(1 - 1/m)^m = 1/e \approx 0.368$,即意味着训练集 $S$ 中只包含约 63.2% 的元素。自助法解决了训练集减小的问题,但是数据的分布发生了变化,自助法一般在数据量较少、难以有效划分训练集和测试集时使用。当数据量足够多时,一般采用留出法或交叉验证法。

2. 分类模型性能评估指标

在机器学习中,建立好分类模型之后,想了解通过机器学习而得到的分类模型是否有效,需要对分类模型的性能进行评估。对分类模型的性能进行评估比较,是数据挖掘中最重要的步骤之一。常用的分类器性能评估指标有:混淆矩阵(confusion matrix)、准确率(accuracy)、精确率(precision)、召回率(recall)、$F_1$ 分数($F_1$ Score)、ROC 曲线、AUC 曲线和 PR 曲线。

(1) 混淆矩阵。

混淆矩阵,是分类模型在测试集上的预测结果,是表示精度评价的一种标准格式,用 $n$ 行 $n$ 列的矩阵形式来表示。混淆矩阵的每一行表示数据的真正类别,每一行数据总数表示真正属于该类别的样本总数;混淆矩阵的每一列表示数据的预测类别,每一列数据总数表示预测为该类别的样本总数。对于二类分类器来说,混淆矩阵一般形式如表3-1所示。

表中，TP（true positive）为正确预测的实际阳性，称为真阳性，即一个实例是正类并且也被分类器模型判定成正类；FN（false negative）为被错误预测为阴性的实际阳性，称为假阴性，即一个实例是正类却被分类器模型判定成假类；TN（true negative）为正确预测的实际阴性，称为真阴性，即一个实例是假类并且也被分类器模型判定成假类；FP（false positive）为被错误预测为阳性的实际阴性，称为假阳性，即一个实例是假类却被分类器模型判定成正类。根据以上四个定义，可求得真正率、假正率、假负率、真负率。真正率（TPR，true positive rate）：TPR = TP/（TP + FN），即被预测为正的正样本数/正样本实际数。假正率（FPR，false positive rate）：FPR = FP/（FP + TN），即被预测为正的负样本数/负样本实际数。假负率（FNR，false negative rate）：FNR = FN/（TP + FN），即被预测为负的正样本数/正样本实际数。真负率（TNR，true negative rate）：TNR = TN/（TN + FP），即被预测为负的负样本数/负样本实际数。

表3-1 混淆矩阵一般形式

| 真实值 | | 预测值 | |
|---|---|---|---|
| | | $P'$ | $T'$ |
| 真实值 | $P$ | 真阳性（TP） | 假阴性（FN） |
| | $T$ | 假阳性（FP） | 真阴性（TN） |

（2）准确率。

准确率表示正确预测的实例与数据集中所有实例之间的比值。准确率是最常用的分类性能指标，可理解为正确预测的正反例数/总数。

$$Accuracy = (TP + TN) / (TP + FN + FP + TN)$$

（3）精确率。

精确率容易与准确率混为一谈。精确率是指正确分类的阳性样本占分类为阳性样本的比例，是针对预测结果而言的评估指标，可理解为查准率。预测为阳性有两种情况，一种就是把阳性样本预测成阳性样本（TP），另一种就是把阴性样本预测为阳性样本（FP），所以阳性样本的精确率为：

$$P_p = TP/ (TP + FP)$$

类似地，阴性样本的精确率为：

$$P_N = TN/ (TN + FN)$$

（4）召回率。

召回率是指正确分类的阳性样本占实际阳性样本的比例，是针对原来的样本而言的评估指标，表达式为：

$$R_p = TP/ (TP + FN)$$

(5) $F_1$ 分数。

当精确率和召回率出现矛盾的时候,就需要综合考虑它们,最常用的方法就是计算 $F_1$ 分数,它是精确率和召回率的调和平均数,更接近于两个数较小的那个,所以当精确率和召回率接近时,$F_1$ 值最大。很多推荐系统的评测指标就是用 $F_1$ 值。

$$F_1 = \frac{2 \cdot TP}{2 \cdot (TP+FP+FN)} = 2 \cdot \frac{precision \cdot recall}{precision + recall}$$

式中,$F_1$ 在 [0,1] 的范围内,当 TP = 0 时为最小值,当 FP = FN = 0 时为最大值,以此实现完美的分类。$F_1$ 分数独立于 TN,且对于类交换来说是不对称的。

(6) ROC 曲线。

逻辑回归里面,对于正负例的界定,通常会设一个阈值,大于阈值的为正例,小于阈值的为负例。如果我们减小这个阈值,更多的样本会被识别为正例;提高正类的识别率,也会使得更多的负例被错误识别为正例。为了直观表示这一现象,引入 ROC(receiver operating characteristic),它代表接收者操作特征。根据分类结果计算得到 ROC 空间中相应的点,连接这些点就形成 ROC 曲线,横坐标为假正率,纵坐标为真正率。一般情况下,这个曲线都应该处于 (0,0) 和 (1,1) 连线的上方,如图 3-11 所示。

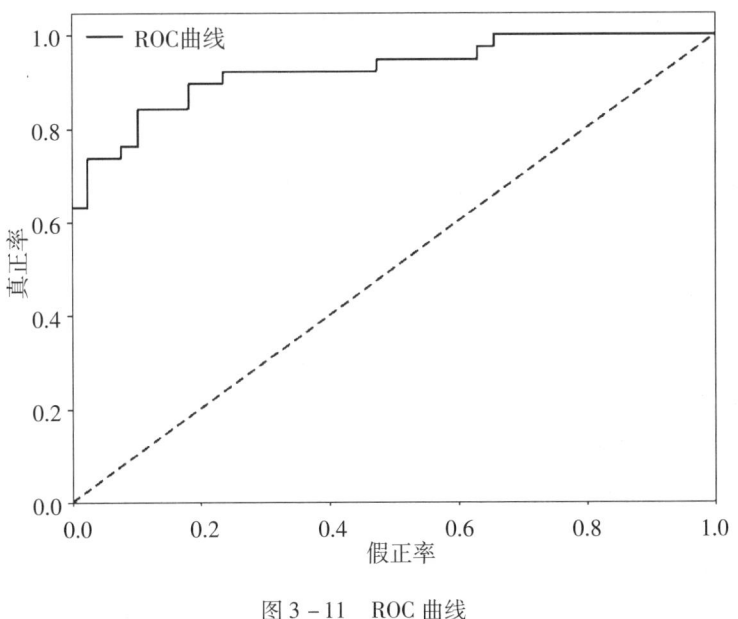

图 3-11 ROC 曲线

其中,ROC 曲线中的四个点和一条线分别代表着不同的含义。点 (0,1) 为假正率 FPR = 0,真正率 TPR = 1,意味着 FN = 0 且 FP = 0,将所有的样本都正确分类;点 (1,0) 为假正率 FPR = 1,真正率 TPR = 0,为最差的分类模型,避开了所有正确答案。点 (0,0) 为 FPR = TPR = 0,FP = TP = 0,分类模型把每个实例都预测为负类;点 (1,1) 为分类模型把每个实例都预测为正类。总而言之,ROC 曲线越接近左上角，该分类模型的性能越好，且一般来说，如果 ROC 曲线是光滑的，那么基本可以判断没有太大的过拟合。

（7）AUC 曲线。

AUC（area under the curve）被定义为 ROC 曲线下的面积（ROC 的积分），它表示一个正例预测为正的概率值比预测为负的概率值还要大的可能性。AUC 给出的是分类模型的平均性能值，在样本不平衡的情况下，仍然能够对分类模型作出较为合理的评价。根据 AUC 的值，分类模型的性能可以分为三种情况：当 AUC = 1 时，分类模型是理想的情况；当 AUC ≤ 0.5 时，分类模型已经失效；当 AUC > 0.5 时，分类模型有效。通常来说，一个完美的分类模型的 AUC 值为 1.0，而随机猜测的 AUC 值为 0.5。

（8）PR 曲线。

PR 曲线称为准确率 – 召回率曲线，又称为查准率 – 查全率曲线。与 ROC 曲线相比，PR 曲线作为另一种直观的图形，在不均衡数据集中表现出更好的性能。PR 曲线的横坐标是精确率 $P$，纵坐标是召回率 $R$。评价标准和 ROC 一样，先看平滑不平滑。PR 曲线用于计算平均精度，即精确度和召回率曲线下的面积。对于 PR 曲线而言，平均精度越高，性能越好。

有时候并不能单一地评价模型性能的好坏，选择模型需要结合具体的使用场景。下面是两个场景的示例。

①地震的预测。

对于地震的预测，我们希望的是召回率非常高，也就是希望每一次地震都被预测出来。这个时候我们可以牺牲精确率，宁愿发出 1000 次警报，把 10 次地震都预测正确，也不要预测 100 次，对了 8 次且漏了 2 次。此时，只有召回率 = 99.9999% 时的精确率是有意义的参考指标，其他指标是无意义的。

②嫌疑人定罪。

基于不错怪一个好人的原则，我们希望对嫌疑人的定罪是非常准确的。即使有时候放过了一些罪犯（召回率低），也是值得的。

在正负样本数量差距不大的情况下，ROC 曲线和 PR 曲线的趋势是差不多的，但是在正负样本分布极不均衡的情况下，PR 曲线比 ROC 曲线更能真实地反映出实际情况。即使 ROC 曲线效果看起来似乎很好，但是在 PR 曲线上的效果一般。

3. 预测性能评估指标

预测模型与分类模型相比，有一些共同之处，也有一些特别需要注意的评估标准。相同之处在于，这两类模型均需考察其准确性，分类模型考察分类准确率，预测模型考察预测准确率。同时，从另一角度理解，预测模型也是特殊的分类，比如预测某科研机构在考核评估中是否达到优秀，其实也是对多机构分类的结果。因此，部分预测问题也可直接采用分类问题一致的评估指标。当预测问题中存在大量的回归问题，则无法用混淆矩阵等分类指标，可以采用一些统计分析的方法进行测试与评估，这些指标也往往较为直观、易理解。以下式子中，$y^*$ 为实际值，$\hat{y}$ 为预测值，$y_i^*$ 为第 $i$ 个样本实际值，$\hat{y}_i$ 为第 $i$ 个样本预测值。

（1）平均绝对误差。

平均绝对误差（MAE，mean absolute error）又被称为 L1 范数损失（L1-norm loss），用于衡量预测值与真实值之间的绝对差异，是最简单的回归误差度量方法之一，平均绝对误差值越接近 0，表示模型越完美，表达式为：

$$\text{MAE}(y^*,\hat{y}) = \frac{1}{n}\sum_{i=1}^{n} |y_i^* - \hat{y}_i|$$

（2）均方误差。

均方误差（MSE，mean squared error）又被称为 L2 范数损失（L2-norm loss），为预测值与真实值对应点误差平方和的均值，该指标反映了预测值偏离实际的程度，其值越小，数据离散度越好，表达式为：

$$\text{MSE}(y^*,\hat{y}) = \frac{1}{n}\sum_{i=1}^{n} (y_i^* - \hat{y}_i)^2$$

（3）均方根误差。

均方根误差（RMSE，root mean squared error）为预测值与真实值的对应点误差平方和与预测值次数 $n$ 比值的平方根，用于衡量预测值与真实值之间的偏差，表达式为：

$$\text{RMSE}(y^*,\hat{y}) = \sqrt{\frac{\sum_{i=1}^{n}(y_i^* - \hat{y}_i)^2}{n}}$$

RMSE 虽然广为使用，但是存在一些缺点。因为它是使用平均误差，而平均值对异常点较敏感，如果回归模型对某个点的回归值很不理性，那么它的误差则较大，从而对 RMSE 的值有较大影响，即平均值是非鲁棒的。

（4）可解释方差。

可解释方差（explained variance）是根据误差的方差计算得到的。可解释方差并不意味着解释了方差，而是意味着使用一个或多个变量来预测事物，表达式为：

$$\text{Explained variance} = 1 - \frac{\text{Var}(y_i^* - \hat{y}_i)}{\text{Var}(y_i^*)}$$

（5）决定系数。

决定系数（coefficient of determination，$R^2$）用于表征模型的精度，反映定量分析模型效果的稳定性，用于表示回归线与观测值的拟合程度，反映了因变量的全部变异过程能利用回归关系被模型自变量所解释的比例。如 $R^2 = 0.7$ 则表示模型回归关系可以解释因变量 70% 的变异，表达式为：

$$R^2 = 1 - \frac{\sum_{i=1}^{n}(y_i^* - \hat{y}_i)^2}{\sum_{i=1}^{n}(y_i^* - \bar{y}^*)^2}$$

式中，$\bar{y}^*$ 为实际值的平均值。

4. 聚类性能评价指标

(1) 兰德指数。

兰德指数（rand index，RI）是一种被广泛使用的聚类算法评价指标，用于衡量两个数据划分之间的相似性，其标准公式为：

$$RI = \frac{\sum_{\substack{a,b \in X_i; \\ a,b \in Y_j}} |(a,b)| + \sum_{\substack{a \in X_i, b \notin X_i; \\ a \in Y_j, b \notin Y_j}} |(a,b)|}{C(2,n)}$$

式中，$\{X_i\}$ 和 $\{Y_j\}$ 为两种数据划分，$(a,b)$ 为数据集中的任意一点，$|(a,b)|$ 为表示满足条件的二元组的数量。RI 取值范围为 [0，1]，值越大意味着聚类结果与真实情况越吻合。对于随机结果，RI 并不能保证分数接近零。

为了让读者更好地理解 RI 的含义，对标准公式进行简化。给定一个包含 $n$ 个数据点的数据及其对应的两个划分，使用 $X$ 表示真实分区划分，使用 $Y$ 表示算法生成的划分，则 RI 的定义为：

$$RI = \frac{a+b}{a+b+c+d}$$

式中，$a$ 是在真实分区划分 $X$ 和算法生成的划分 $Y$ 中属于同一类簇的节点对应的数量；$b$ 是在真实分区划分 $X$ 和算法生成的划分 $Y$ 中被划分在不同簇的节点对应的数量；$c$ 是在真实分区划分 $X$ 中被划分在同一子簇的节点对应的数量；$d$ 是在真实分区划分 $X$ 中被划分在不同子簇，而在算法生成的划分 $Y$ 中被划分为相同子簇的节点对应的数量。RI 值越大意味着聚类结果与真实情况越吻合，从广义的角度来讲，RI 衡量的是两个数据分布的吻合程度。

(2) 互信息。

互信息（MI，mutual information）也是用来衡量两个数据分布的吻合程度，主要根据两种数据划分上的熵来计算。当给定包含 $n$ 个节点的数据集及 $\{X_i\}$ 和 $\{Y_i\}$ 为两种数据划分，其表达式为：

$$MI = \sum_{X_i, Y_j} \frac{|X_i \cap Y_j|}{n} \log \frac{\frac{|X_i \cap Y_j|}{n}}{\frac{|X_i|}{n} \cdot \frac{|Y_j|}{n}} = \frac{1}{n} \sum_{X_i, Y_j} |X_i \cap Y_j| \log \frac{n|X_i \cap Y_j|}{|X_i| \cdot |Y_j|}$$

利用基于互信息的方法来衡量聚类效果需要实际类别信息，MI 取值范围为 [0，1]，值越大意味着聚类结果与真实情况越吻合。

(3) 轮廓系数。

轮廓系数（SC，silhouette coefficient）适用于实际类别信息未知的情况，是一种针对无标签数据聚类的评价指标。对于单个样本，设 $a$ 是与它同类别的其他样本的平均距离，$b$ 是与它距离最近的不同类别的样本的平均距离，轮廓系数为：

$$SC = \frac{b-a}{\max(a,b)}$$

对于一个样本集合,它的轮廓系数是所有样本轮廓系数的平均值。轮廓系数取值范围是[-1,1],同类别样本距离越近且不同类别样本距离越远,值越大。

## 参考文献

[1] 刘晓晨,王卓昊. 基于大数据环境的科技管理数据集成平台研究[J]. 情报学报,2021,40(9):953-961.

[2] 鲍佳琪. 面向科技资讯领域的数据采集系统的设计与实现[D]. 北京:中国科学院大学,2022.

[3] 程思博. 基于大数据的科技管理数据集成平台探讨[J]. 科技风,2022(35):63-65.

[4] 余侃. 云计算时代的数据中心建设与发展[J]. 信息通信,2011(6):116-102.

[5] 赵吉志,李金,姚萃南. 云计算数据中心及标准化发展[J]. 信息技术与标准化,2011(3):30-34.

[6] 陈志峰,王洁萍,李海波,等. 云计算数据中心参考架构及标准研究[J]. 信息技术与标准化,2013(5):39-41.

[7] 邹佳利,山红梅. 基于云计算的科技资源共享问题研究[J]. 科技管理研究,2013(6):186-189.

[8] 戴国强. 加强科技平台建设,推动科技资源共享[J]. 科研信息化,2013(4):468-475.

[9] 何亮,周琼琼. 大数据时代我国科技资源领域发展探析[J]. 科技进步与对策,2014(2):21-23.

[10] 陈伟,马严,肖波,等. 资源整合打造高效数据中心[J]. 中国教育网络,2011(2):58-60.

[11] 钱琼芬,李春林,张小庆,等. 云数据中心虚拟资源管理研究综述[J]. 计算机应用研究,2012(7):2411-2415.

[12] 黄大川. 云计算数据中心网络的关键技术[J]. 邮电设计技术,2011(10):14-18.

[13] 李晨,许辉阳. 云计算数据中心组网技术研究[J]. 电信网技术,2012(6):10-13.

[14] HARRINGTON P. 机器学习实战[M]. 李锐,李鹏,曲亚东,等译. 北京:人民邮电出版社,2013.

[15] 大卫·福赛斯. 机器学习应用视角[M]. 北京:机械工业出版社,2020.

[16] 陈兵旗. 机器视觉技术[M]. 北京:化学工业出版社,2018.

[17] 李航. 统计学方法[M]. 北京:清华大学出版社,2018.

[18] 林珠,罗亮,李海威,等. 机器学习之应用实践[M]. 广州:华南理工大学出版社,2022.

# 第4章 科技管理与大数据技术

科技管理与大数据技术息息相关，对科技资源、科技平台、科技项目进行创新管理均依赖于对数据的整合分析和反馈决策。随着大数据技术的发展，科技大数据通过关联挖掘和知识发现，也为各行业领域提供了更具专业性的智能化创新服务，成为行业发展的重要推动力。科技管理与大数据技术的融合路径，基本遵循了"研发核心技术—搭建大数据服务平台—开展行业规模化应用"三步走战略，首先，围绕大数据核心处理技术和大数据处理方法开展研究，大数据处理技术是"器"，大数据处理方法是"道"；其次，在有了技术和方法后，充分发挥平台利于协作、创新的优势，搭建大数据协同创新平台，在平台上促进与行业应用的深度融合，并将融合成果以平台的形式推广，大规模复制，形成新产品、新产业。在具体推进大数据发展过程中，强调技术和方法要与行业领域特点紧密结合。

科技管理数据是国家科技战略发展和科技管理改革的重要基础资源，科技管理数据的有效治理和利用，对优化科技管理决策、合理配置科技资源以及加强科技服务社会能力具有重要意义。在科技管理与大数据技术融合过程中，需以业务驱动促进创新发展，所有技术、方法、产品的价值与应用均立足在满足用户的需求之上，所采用的大数据技术应以业务作为驱动源头。具体的数据分析、建模过程都始终采取工作流程由业务需求开始，并在流程的关键节点按照需求进行管控的方式，保证最终结果是与需求吻合的。

## 4.1 大数据概述与核心组件

### 4.1.1 大数据处理系统

相较于传统的数据，人们将大数据的特征总结为5个V，即体量大（volume）、速度快（velocity）、模态多（variety）、难辨识（veracity）和价值密度低（value）。但大数据的主要难点并不在于数据量大，因为通过对计算机系统的扩展可以在一定程度上缓解数据量大带来的挑战。其实，大数据真正难以对付的挑战来自于数据类型多样、要求及时响应和数据的不确定性。因为数据类型多样使得一个应用往往既要处理结构化数据，同时还要处理文本、视频、语音等非结构化数据，这对现有数据库系统来说难以应付。在快速响应方面，在许多应用中时间就是利益。在不确定性方面，数据真伪难辨是大数据应用的最大挑战。追求数据高质量是对大数据的一项重要要求，最好的数据清理方法也难以消除某些数据固有的不可预测性。为了应对大数据带来的上述困难和挑战，以 Google，Facebook 等为代表的互联网企业近几年推出了各种不同类型的大数据处理系统。借助于新型的处理系统，深度学习、知识计算、可视化等大数据分析技术也得以迅速发展，已逐渐被广泛应用于不同的行业和领域。目前，人们对大数据的处理形式主要是对静态数据的批量处理、对在线数据的实时处理，以及对图数据的综合处理。其中，在线数据的实时处理又包括对流式数据的处理和实时交互计算两种。

1. 批量数据处理系统

利用批量数据挖掘合适的模式，得出具体的含义，制定明智的决策，最终做出有效的应对措施实现业务目标是大数据批量处理的首要任务。大数据的批量处理系统适用于先存储后计算、实时性要求不高、同时数据的准确性和全面性更为重要的场景。

由 Google 公司于 2003 年研发的 Google 文件系统 GFS 和 2004 年研发的 MapReduce 编程模型以其 Web 环境下批量处理大规模海量数据的特有魅力，在学术界和工业界引起了很大反响。虽然 Google 没有开源这两项技术的源码，但是基于这两篇开源文档，2006 年 Nutch 项目子项目之一的 Hadoop 实现了两个强有力的开源产品：HDFS 和 MapReduce。Hadoop 成为了典型的大数据批量处理架构，由 HDFS 负责静态数据的存储，并通过 MapReduce 将计算逻辑分配到各数据节点进行数据计算和价值发现。Hadoop 顺应了现代主流 IT 公司的一致需求，之后以 HDFS 和 MapReduce 为基础建立了很多项目，形成了 Hadoop 生态圈。

MapReduce 编程模型之所以受到欢迎并迅速得到应用，在技术上主要有三方面的原因。第一，MapReduce 采用无共享大规模集群系统。集群系统具有良好的性价比和可伸缩性，这一优势为 MapReduce 成为大规模海量数据平台的首选创造了条件。第二，MapReduce 模型简单、易于理解、易于使用。它不仅可用于处理大规模数据，而且能将很多繁琐的细节隐藏起来（比如自动并行化、负载均衡和灾备管理等），极大地简化了程序员的开发工作。而且，大量数据处理问题，包括很多机器学习和数据挖掘算法，都可以使用 MapReduce 实现。第三，虽然基本的 MapReduce 模型只提供一个过程性的编程接口，但在海量数据环境、需要保证可伸缩性的前提下，通过使用合适的查询优化和索引技术，MapReduce 仍能够提供很好的数据处理性能。

Hive 是基于 Hadoop 的一个数据仓库工具，可以将结构化的数据文件映射为一张数据库表，并提供简单的 SQL 查询功能，可以将 SQL 语句转换为 MapReduce 任务运行。其优点是学习成本低，可以通过类 SQL 语句快速实现简单的 MapReduce 统计，不必开发专门的 MapReduce 应用，十分适合数据仓库的统计分析。

2. 流式数据处理系统

Google 于 2010 年推出了 Dremel，引领业界向实时数据处理迈进。实时数据处理是针对批量数据处理的性能问题提出的，可分为流式数据处理和交互式数据处理两种模式。在大数据背景下，流式数据处理源于服务器日志的实时采集，交互式数据处理的目标是将 PB 级数据的处理时间缩短到秒级。流式数据处理已经在业界得到广泛的应用，典型的有 Twitter 的 Storm、Facebook 的 Scribe、Linkedin 的 Samza、Cloudera 的 Flume、Apache 的 Nutch Berkeley 和 Spark 的 Spark Streaming。

Storm 是一套分布式的、可靠的、可容错的用于处理流式数据的系统。其流式处理作业被分发至不同类型的组件，每个组件负责一项简单的、特定的处理任务。Storm 集群的输入流由名为 Spout 的组件负责。Spout 将数据传递给名为 Bolt 的组件，后者将以指定的方式处理这些数据，如持久化或者处理并转发给另外的 Bolt。Storm 集群可以看成一条由 Bolt 组件组成的链（称为一个 Topology）。每个 Bolt 对 Spout 产生出来的数据做某种方式的处理。

Linkedin 早期开发了一款名叫 Kafka 的消息队列，广受业界的好评，许多流式数据处理系统都使用了 Kafka 作为底层的消息处理模块。Kafka 的工作过程简要分为 4 个步骤，即生产者将消息发往中介（broker），消息被抽象为 Key-Value 对，broker 将消息按 topic 划分，消费者向 broker 拉取感兴趣的 topic。2013 年，Linkedin 基于 Kafka 和 YARN 开发了自己的流式处理框架——Samza。Samza 与 Kafka 的关系可以类比为 MapReduce 与 HDFS 的关系。Samza 系统由 3 个层次组成，包括流式数据层（Kafka）、执行层（YARN）、处理层（Samza API）。一个 Samza 任务的输入与输出均是流。Samza 系统对流的模型有很严格的定义，它并不只是一个消息交换的机制。流在 Samza 的系统中是一系列已划分的、可重现的、可多播的、无状态的消息序列，每一个划分都是有序的。流不仅是 Samza 系统的输入与输出，它还充当系统中的缓冲区，能够隔离相互之间的处理过程。Samza 利用 YARN 与 Kafka 提供了分步处理与划分流的框架。Samza 客户端向 YARN 的资源管理器提交流作业，生成多个 task runner 进程，这些进程执行用户编写的 stream tasks 代码。该系统的输入与输出来自于 Kafka 的 broker 进程。

Spark Streaming 是 Spark 核心的扩展 API，允许使高通量、容错实时数据流的流处理。数据可以从许多来源摄取，如 Kafka、Flume、Twitter、ZeroMQ 或普通 TCP 套接字和使用复杂的算法表达式处理的高级函数，如 Map、Reduce、Join 和 Window 的数据，最后处理过的数据可以放到文件系统、数据库和可视化仪表板上。

3. 交互式数据处理

与非交互式数据处理相比，交互式数据处理灵活、直观，便于控制。系统与操作人员以人机对话的方式一问一答——操作人员提出请求，数据以对话的方式输入，系统便提供相应的数据或提示信息，引导操作人员逐步完成所需的操作，直至获得最后处理结果。采用这种方式，存储在系统中的数据文件能够被及时处理修改，同时处理结果可以立刻被使用。交互式数据处理具备的这些特征能够保证输入的信息得到及时处理，使交互方式继续进行下去。交互式数据处理系统的典型代表系统是 Berkeley 的 Spark、Cloudera 的 Impala 和 Google 的 Dremel。

Spark 是一个基于内存计算的可扩展的开源集群计算系统。针对 MapReduce 的不足，即大量的网络传输和磁盘 I/O 使得效率低效，Spark 使用内存进行数据计算以便快速处理查询，实时返回分析结果。Spark 提供比 Hadoop 更高层的 API，同样的算法在 Spark 中的运行速度比 Hadoop 快 10～100 倍。Spark 在技术层面兼容 Hadoop 存储层 API，可访问 HDFS、HBase、SequenceFile 等。Spark-Shell 可以开启交互式 Spark 命令环境，提供交互式查询。Spark 高效处理分布数据集的特征使其有着很好的应用前景，现在四大 Hadoop 发行商 Cloudera、Pivotal、MapR 以及 Hortonworks 都提供了对 Spark 的支持。

Impala 是 Cloudera 公司主导开发的新型查询系统，它提供 SQL 语义，能查询存储在 Hadoop 的 HDFS 和 HBase 中的 PB 级大数据。已有的 Hive 系统虽然也提供了 SQL 语义，但由于 Hive 底层执行使用的是 MapReduce 引擎，仍然是一个批处理过程，难以满足查询的交互性。相比之下，Impala 的最大特点也是最大卖点，就是它的快速。Impala 不需要把中间结果写入磁盘，省掉了大量的 I/O 开销。省掉了 MapReduce 作业启动的开销。MapReduce 启动 task 的速度很慢（默认每个心跳间隔是 3 秒钟），Impala 直接通过相应的服务进程来进行作业调度，速度快了很多。Impala 完全抛弃了 MapReduce 这个不太适合做 SQL 查询的范式，而是像 Dremel 一样借鉴了 MPP 并行数据库的思想另起炉灶，因此可做更多的查询优化，从而省掉不必要的 shuffle、sort 等开销。通过使用 LLVM 来统一编译运行时代码，避免了为支持通用编译而带来的不必要开销。

Dremel 是 Google 研发的交互式数据分析系统，专注于只读嵌套数据的分析。Dremel 可以组建成规模上千的服务器集群，处理 PB 级数据。传统的 MapReduce 完成一项处理任务，最短需要分钟级的时间，而 Dremel 可以将处理时间缩短到秒级。Dremel 是 MapReduce 的有力补充，可以通过 MapReduce 将数据导入到 Dremel，使用 Dremel 来开发数据分析模型，最后在 MapReduce 中运行数据分析模型。

4. 图数据处理系统

由于自身的结构特征，图可以很好地表示事物之间的关系，在近几年已成为各学科研究的热点。图中点和边的强关联性，需要图数据处理系统对图数据进行一系列的操作，包括图数据的存储、图查询、最短路径查询、关键字查询、图模式挖掘以及图数据的分类、聚类等。随着图中节点和边数的增多（达到几千万甚至上亿数），图数据处理的复杂性给图数据处理系统提出了严峻的挑战。下面主要阐述图数据的特征和典型应用以及代表性的图数据处理系统。现今主要的图数据库有 GraphLab、Giraph（基于 Pregel 克隆）、Neo4j、HyperGraphDB、InfiniteGraph、Cassovary、Trinity 以及 Grappa 等。下面介绍 3 个典型的图数据处理系统，包括 Google 的 Pregel、Neo4j 和微软的 Trinity。

Pregel 是 Google 提出的基于 BSP（bulk synchronous parallel）模型的分布式图计算框架，主要用于图遍历（BFS）、最短路径（SSSP）、PageRank 计算等。BSP 模型

是并行计算模型中的经典模型，采用的是"计算—通信—同步"的模式。它将计算分成一系列超步（superstep）的迭代。从纵向上看，它是一个串行模式，而从横向上看，它是一个并行模式，每两个超步之间设置一个栅栏，即整体同步点，确定所有并行的计算都完成后再启动下一轮超步。Pregel 的设计思路是以节点为中心计算，节点有两种状态：活跃和不活跃。初始时每个节点都处于活跃状态，完成计算后每个节点主动"vote to halt"进入不活跃状态。如果接收到信息，则激活。没有活跃节点和消息时，整个算法结束。

Apache 根据 Google 于 2010 年发表的 Pregel 论文开发了高可扩展的迭代的图处理系统 Giraph，现在已经被 Facebook 用于分析社会网络中用户间的关系图。

Neo4j 是一个高性能的、完全兼容 ACID 特性的、鲁棒的图数据库。它基于 Java 语言开发，包括社区版和企业版，适用于社会网络和动态网络等场景。Neo4j 在处理复杂的网络数据时表现出很好的性能。数据以一种针对图形网络进行过优化的格式保存在磁盘上。Neo4j 重点解决了拥有大量连接的查询问题，提供了非常快的图算法、推荐系统以及 OLAP 风格的分析，满足了企业的应用、健壮性以及性能的需求，得到了很好的应用。

Trinity 是 Microsoft 推出的一款建立在分布式云存储上的计算平台，可以提供高度并行查询处理、事务记录、一致性控制等功能。Trinity 主要使用内存存储，磁盘仅作为备份存储。

### 4.1.2 大数据处理方法

除了数据处理的系统之外，数据处理还有一个方法论的问题。目前主流的数据处理方法论是数据仓库，数据仓库的主要贡献在于，它提出了数据处理的两种不同的类型：操作型处理和分析型处理，并在实际的应用中将它们区别开来，形成 DB-DW 的主要结构。

1991 年，数据仓库之父 W. H. Inmon 首先提出了数据仓库的概念："数据仓库是一个面向主题的、集成的、稳定的、随时间而变化的数据集合，用以支持企业管理中的决策处理。"数据仓库的提出是以关系型数据库、并行处理和分布式技术为基础的，目的是解决在信息技术发展中存在的拥有大量数据但有用信息贫乏（data rich, information poor）的问题。数据仓库有以下几个基本特征：① "面向主题"是与传统数据库的面向应用相对应的，主题是一个在较高层次将数据归类的标准，每一个主题对应一个宏观分析领域，基于主题的数据被划分为各自独立的领域，每个领域有自己互不交叉的逻辑内涵；② "集成"是指原始数据进入数据库前，必须先经过加工与集成，统一原始数据中的矛盾之处，并将原始数据的结构从面向应用转换到面向主题；③ "稳定"是指数据仓库在某一时刻供用户分析处理而不能进行数据更新操作，而不是说数据仓库在整个生命中数据集合总是不变的。

完整的数据仓库系统，应该有一系列相关方法和技术来支持。这包括：ETL 技术、数据仓库建模方法、联机分析处理技术、数据挖掘技术等。

1. ETL 技术

ETL 是数据抽取、转换和加载的英文简称,是数据仓库获取高质量数据的关键环节,是对分散在各业务系统中的现有数据进行提取、转换、清洗和加载,使这些数据成为商业智能系统需要的有用数据的过程。ETL 是构建数据仓库的第一步,也是构建数据仓库最重要的步骤(3.4.2 节已详细提及)。

在 ETL 过程中,抽取可看作是数据的输入过程,主要解决数据源的异构问题,即从多个数据源中将数据抽取到统一的数据存储中;而数据加载可看作是数据的输出过程,即将处理后的数据从统一的数据存储装载到目标数据仓库中。二者中间的转换和清洗则主要解决数据质量问题,它通过一系列的清洗过程将海量数据中存在的数据冗余、数据错误、数据缺失等问题检测出来并加以改正,并使用默认的或者用户定义的转换规则对数据中的某些字段进行合并、转换等操作,使得数据具有良好的正确性、一致性、完整性和可用性。

2. 数据仓库建模方法

(1) 概念建模,为数据仓库的设计提供了一个高层次的、抽象的视图,从各个方面描述了数据仓库的体系结构,从而完成数据仓库的实施。通常,借助于图形表示法能让设计者和商业用户更方便地对概念模式进行表达、理解和管理。现有的概念建模方法可以分为三类:扩展 ER 模型、扩展 UML 模型、特殊的模型。

(2) 逻辑建模,总体任务是将概念模型转换成逻辑模型。在数据仓库领域,目标数据库系统通常是关系型的,或是多维的。对于关系型的而言,人们普遍采用所谓的星型、星座和雪花模型来处理数据立方体,并且各个厂商也对这些模型提供支持。关于多维模型的实施,人们提出几种有效的多维数据结构,如浓缩数据立方体来管理数据立方体。

(3) 物理建模。根据逻辑模型设计阶段的星型模型或雪花模型能够方便地定义物理数据结构,一般将指标实体转化为物理数据库表,称为事实表。事实表首先包括星型模型中心的指标量,其次应包括星型模型角上的维度实体中层次最低单位的主码。维度实体通常也转化为维数据库表,称为维表,它包括其每一层次的主码和对应的值。维表的关键字是该维度实体对应的详细类别实体的主码。维表和事实表通过维表关键字相关联。

3. 联机分析处理技术

OLA 是数据处理的一种技术概念,是一种归纳型的决策过程。其基本目的是使企业的决策者灵活地操纵企业的数据,以多维的形式从多方面和多角度来观察企业的状态、了解企业的变化,通过快速、一致、交互地访问各种可能的信息视图,帮助管理人员掌握数据中的规律,实现对数据的归纳、分析和处理,帮助组织完成相关的决策。

4. 数据挖掘技术

数据挖掘（data mining，DM）是从大量的、不完全的、有噪声的、模糊的和随机的数据中提取隐含在其中的、人们事先不知道的、但又是潜在有用的信息和知识的过程。下面将以数据挖掘任务为主线来介绍主要的数据挖掘技术。

（1）分类和预测。分类是数据挖掘中一项非常重要的任务，分类的目的是提出一个分类函数或分类模型（称作分类器），该模型能把数据库中的数据映射到给定类别中的某一个。分类可以用于预测，预测的目的是从历史记录中自动推导出对给定数据的推广描述，从而对未来数据进行预测。分类器的构造方法有决策树归纳分类、贝叶斯分类、支持向量机分类、粗糙集分类、人工神经网络分类等。决策树归纳分类中使用最为广泛的决策树方法是 Quinlan 的 ID3 方法，以及其后续版本 c4.5。

（2）聚类分析。聚类和分类不同，聚类是在预先不知道目标数据库到底有多少类的情况下，将数据集划分为若干类的过程，并使得同一个类内的数据对象具有较高的相似度，而不同类中的数据对象是不相似的，相似或不相似的描述是基于数据描述属性的取值来确定的。聚类方法主要分为划分方法、层次方法、基于密度的方法、基于网格的方法和基于模型的方法。划分方法通过优化一个评估函数把数据集分割成多个部分，最著名的是 $K-Means$ 算法；层次方法在不同层次上对数据进行分割，具有明显的层次性；基于密度的方法就是不断增长所获得的聚类直到"邻近"（数据对象）密度超过一个阈值为止，DBSCAN 就是一种典型的基于密度的方法；基于网格的方法将对象空间划分为有限数目的单元以形成网格结构，STING 就是一种基于网格的方法；基于模型的方法就是为每个聚类假设一个模型，然后再去发现符合相应模型的数据对象。

（3）关联规则。关联规则的概念是由 R. Agrawal 提出来的。在数据挖掘领域，关联规则挖掘有着广泛的应用背景。关联规则挖掘的目的就是从大量的数据中挖掘出有价值描述数据项之间相互联系的知识。关联规则的经典算法是 Apriori 算法，它是一种最有影响的挖掘布尔关联规则频繁项集的算法；Apriori 算法通过多次迭代来找出所有的频繁项目集，在第 $k$ 次迭代过程中找出所有的频繁 $k$ 项目集 $L$。为提高 Apriori 算法的效率，人们又提出了许多 Apriori 算法的变形技术，包括：基于散列的技术、事务压缩技术、划分技术、抽样技术、动态项集计数等。此外其他的关联规则挖掘算法还包括：基于频繁模式增长算法（如 FP 增长）、使用垂直数据格式的算法等。

### 4.1.3 大数据平台核心组件

大数据平台核心组件如图 4-1 所示，目前较流行 Cloudera 的企业版包含基于开源 Hadoop 及其生态组件。

# 第 4 章　科技管理与大数据技术

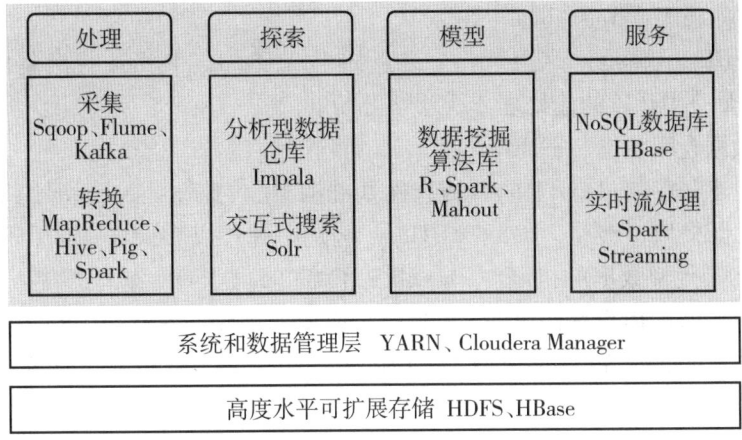

图 4-1　大数据平台核心组件

大数据平台除提供 Hadoop 的核心组件以外，还有其他常见的组件，如：数据接入和共享工具（Apache Flume，Apache Sqoop，Apache Kafka 以及 NFS）、分布式数据存储系统（HDFS）、分布式数据库（HBase）、统一资源管理和调度平台（YARN）、分布式处理引擎（MapReduce）、数据仓库组件（Hive）、交互式 SQL 分析引擎（Impala）、分布式搜索引擎（Cloudera Search）、分布式内存计算引擎（Spark）、流计算引擎（Spark Streaming）、安全管理（Apache Sentry）等。

1. SQL 引擎

常见的 SQL on Hadoop 技术有 Hive、Impala 及 Spark SQL，它们使应用能够通过 SQL 对数据进行关联和统计，支持完整的 SQL92 标准和 SQL2003 的大部分语法，支持常用的 OLAP 函数。每个技术有其擅长的应用场景，应按场景选择合适的 SQL 引擎：Hive/MapReduce/Spark 适用于批处理、Impala 适用于 BI 和 SQL 分析、Spark SQL 适用于开发的流处理或机器学习场景，如图 4-2 所示。

图 4-2　各 SQL 引擎擅长应用场景

其中，基于 MapReduce 或者 Spark 的 Hive 引擎的吞吐量比较大，但是作业延迟时间较长，因此比较适合批处理作业。

Impala 查询性能是 Hive 的 10～100 倍，比较适合对响应时间要求比较高的交互式分析，比如报表或 Dash Board 等。

Spark SQL 比较容易与基于 Spark 开发的 Java、Scala、Python 代码集成，比较适合基于 Spark 应用开发的流处理或机器学习场景。

（1）数据仓库组件——Hive。

Hive 是建立在 Hadoop 上的数据仓库基础构架。它提供了一系列的工具，可以用来进行数据提取、转化、加载（ETL），这是一种可以存储、查询和分析存储在 Hadoop 中的大规模数据的机制。Hive 定义了简单的类 SQL 查询语言，称为 HQL，它允许熟悉 SQL 的用户查询数据。同时，这个语言也允许熟悉 MapReduce 的开发者开发自定义的 mapper 和 reducer 来处理内建的 mapper 和 reducer 无法完成的复杂的分析工作。

用户接口主要有三个：CLI，Client 和 WUI。其中最常用的是 CLI，CLI 启动的时候，会同时启动一个 Hive 副本。Client 是 Hive 的客户端，用户连接至 Hive Server。在启动 Client 模式的时候，需要指出 Hive Server 所在节点，并且在该节点启动 Hive Server。WUI 是通过浏览器访问 Hive。

元数据存储：Hive 将元数据存储在数据库中，如 mysql、derby。Hive 中的元数据包括表的名字、表的列和分区及其属性、表的属性（是否为外部表等）、表的数据所在目录等。

（2）交互式 SQL 分析引擎——Impala。

Impala 是运行于 Apache Hadoop 之上业界领先的大规模并行处理（MPP）SQL 查询引擎。SQL 语法基于 SQL92 标准及 SQL2003 的大部分语法，支持常用的 OLAP 常用函数。Impala 是 Apache-licensed 并且开源的项目。它将时下流行的分布式并行数据库技术与 Hadoop 进行结合，帮助用户直接查询存储于 Hdfs 和 HBase 的数据而不用进行数据迁移或者转变。Impala 设计之初就定位为 Hadoop 生态系统的一部分，因此，Impala 和 MapReduce、Hive、Pig 以及 Hadoop 的其他组件，都享有共同的灵活的文件和数据格式。

Impala 使用了 Hive 的 SQL 接口（包括 SELECT、INSERT、JOIN 等操作），表的元数据信息存储在 Hive 的 Metastore 中。StateStore 是 Impala 的一个子服务，用来监控集群中各个节点的健康状况，提供节点注册、错误检测等功能。Impala 在每个节点运行了一个后台服务 Impalad，Impalad 用来响应外部请求，并完成实际的查询处理。Impalad 主要包含 Query Planner、Query Coordinator 和 Query Exec Engine 三个模块。QueryPalnner 接收来自 SQL APP 和 ODBC 的查询，然后将查询转换为许多子查询；Query Coordinator 将这些子查询分发到各个节点上，由各个节点上的 Query Exec Engine 负责子查询的执行，最后返回子查询的结果，这些中间结果经过聚集之后最终返回给用户。Impala 不需要把中间结果写入磁盘，省掉了大量的 I/O 开销，通过使用 LLVM 来统一编译运行时代码，避免了为支持通用编译而带来的不必要开销，因此，Impala 的查询效率比 Hive 有数量级的提升。

(3) Spark SQL。

Spark SQL，作为 Apache Spark 大数据框架的一部分，主要用于结构化数据处理和对 Spark 数据执行类 SQL 的查询。通过 Spark SQL，可以针对不同格式的数据执行 ETL 操作（如 JSON，Parquet，数据库），然后完成特定的查询操作。使用 Spark SQL 时，最主要的两个组件就是 DataFrame 和 SQLContext。

DataFrame 是一个分布式的，按照命名列的形式组织的数据集合。DataFrame 基于 R 语言中的 data frame 概念，与关系型数据库中的数据库表类似。前版本的 Spark SQL API 中的 SchemaRDD 已经更名为 DataFrame。通过调用将 DataFrame 的内容作为执行 RDD（RDD of Rows）返回的 rdd 方法，可以将 DataFrame 转换成 RDD。

2. 流计算引擎——Spark Streaming

Spark Streaming 是 Spark 接口的一种扩展。它将流式计算分解成一系列短小的批处理作业，并在内部采用统一的基于 RDD（resilient distributed dataset）的处理引擎。具体来说，Spark Streaming 可按照时间窗口，将连续的数据流切分成一段一段的离散数据块，称之为离散数据流（D-Stream），即一组基于时间的 RDD 的集合。而 Spark Streaming 对离散数据流的转换操作在执行过程中会被映射到核心 RDD 的转换操作，并将转换后的操作结果保存在内存中。整个流式计算可以根据业务的需求对中间结果进行叠加抑或在外部设备中永久存储。Spark Streaming 的计算流程框架如图 4-3 所示。

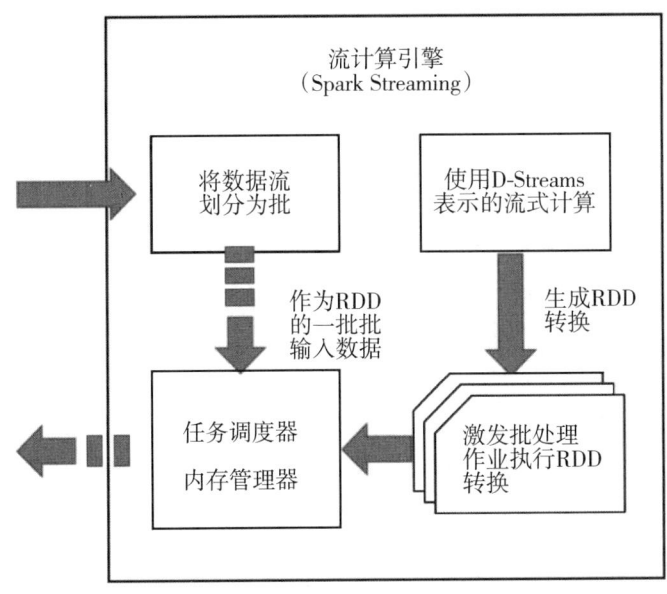

图 4-3　Spark Streaming 的计算流程框架

由此可见，Spark Streaming 的计算实质上是一组微量批处理任务的序列。一般时间窗口选取范围在 0.5～2 秒，延迟要求越高，则窗口时间越短。总体而言，Spark Streaming 能够满足除了对实时性要求非常高（如高频实时交易）之外的所有流式准实时计算场景。

另外，Spark Streaming 的容错性是基于 Spark 核心 RDD 容错机制的。RDD 是只读的分布式数据集，Spark 计算引擎在执行过程中根据运算操作符建立数据关联关系，只要保证输入数据的可靠存储，当任意一个 RDD 分区缺失时，系统可以利用原始输入数据通过转换操作来进行重新计算。而数据关联关系，从另一层面上也解决了一致性语义问题。通过离散化数据流，时间被自然地切分成离散的区间，该框架进而会自动在每个区间所生成的 RDD 与输入结果以及前一个区间所生成的 RDD 之间建立数据关联关系。由此，当一个 RDD 计算前 Spark 计算框架会保证其依赖的所有 RDD 都完成计算，从而保证了"exactly-once"的一致性语义。Spark Streaming 数据流示意如图 4-4 所示。

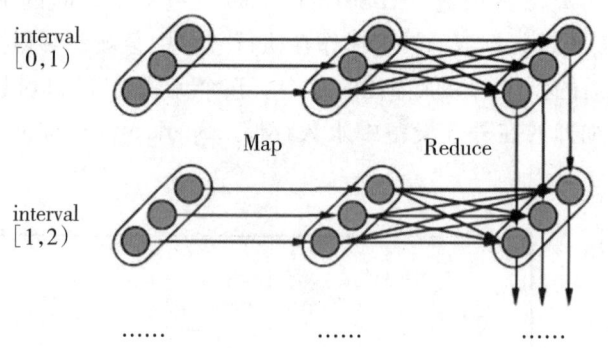

图 4-4　Spark Streaming 数据流示意

其中，图中每个椭圆形表示一个 RDD，每个圆形表示 RDD 的一个分区（partition），每一列的多个 RDD 构成了一个离散数据流，每一行表示了不同分区之间的数据关联关系。最左侧的离散数据流从外部系统读取数据，例如 Flume、Kafka、Http 等；最右侧的离散数据流将最终结果写入到永久化存储介质中，例如 HDFS。当任意分区（圆形）丢失时，系统都可以根据数据关联关系重新计算出来。由于中间 RDD 的计算结果都被有效缓存在内存中，该容错恢复模式的效率很高。

总的来说，Spark Streaming 提供了一个可扩展的流式计算框架：
- 规模可以扩展至 100+个结点；
- 延迟性能在秒级；
- 与 Spark 批处理、交互式处理无缝整合；
- 提供简单通用的编程接口从而有效提高复杂算法实现效率；
- 支持多种实时数据流：Kafka，Flume，ZeroMQ 等。

3. 并行计算框架——MapReduce

MapReduce 是 Hadoop 的核心，是 Google 提出的一个软件架构，用于大规模数据集（大于 1TB）的并行运算。概念"Map"和"Reduce"的主要思想由函数式编程语言发展而来，同时也参考了矢量编程语言的特征。

当前的软件实现是指定一个 Map（映射）函数，用来把一组键值对映射成一组新的键值对；指定并发的 Reduce（化简）函数，用来保证所有映射的键值对中的每一个共享相同的键组。MapReduce 框架如图 4-5 所示。

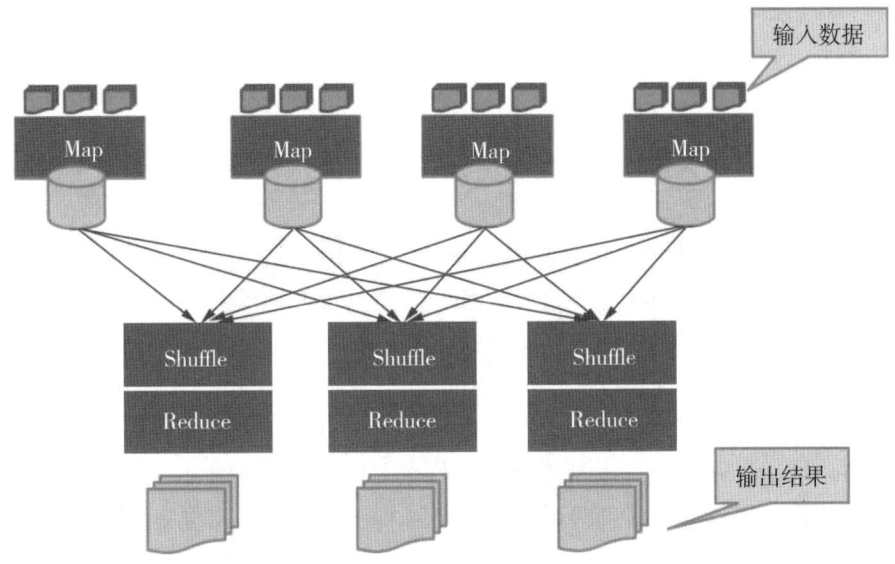

图 4-5　MapReduce 框架

Map 函数接受一组数据并将其转换为一个键值对列表，输入域中的每个元素对应一个键值对。Reduce 函数接受 Map 函数生成的列表，然后根据它们的键缩小键值对列表。MapReduce 起到了将大事务分散到不同设备处理的能力，这样一来，原本必须用单台较强服务器才能运行的任务，在分布式环境下也能完成了。

4. 并行计算框架——Apache Spark

Apache Spark 是一个开源的、通用的分布式集群计算引擎。Apache Spark 的发展历程如图 4-6 所示，它是一个并行数据处理框架，能够帮助用户简单、快速地开发统一的大数据应用，对数据进行协处理、流式处理、交互式分析等。

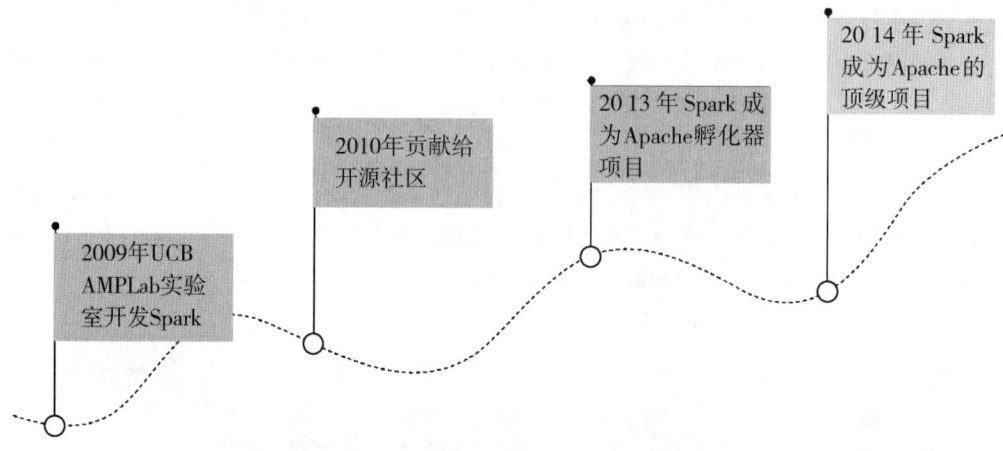

图 4-6 Apache Spark 发展历程

Spark 具有如下特点：
- 快速：数据处理能力比 MapReduce 快 10～100 倍。
- 易用：可以通过 Java、Scala、Python，简单快速地编写并行的应用以处理大数据量，Spark 提供了超过 80 种高层的操作符来帮助用户组件并行程序。
- 普遍性：Spark 提供了众多高层的工具，例如 Spark SQL、MLib、GraphX、Spark Streaming，可以在一个应用中，方便地将这些工具进行组合。
- 与 Hadoop 集成：Spark 能够直接运行于 Hadoop 2.0 以上的集群，并且能够直接读取现存的 Hadoop 数据。尤其是，Spark 与 Cloudera Hadoop 紧密结合，可以通过 Cloudera Manager 部署安装 Spark，并有效管理监控 Spark 集群。
- Spark 提供了一个快速计算、写入以及交互式查询的框架。相比于 Hadoop，Spark 拥有明显的性能优势。Spark 使用 in-memory 的计算方式，通过这种方式可避免一个 MapReduce 工作流中的多个任务对同一个数据集进行计算时的 I/O 瓶颈。Spark 利用 Scala 语言实现，Scala 语言能够在处理分布式数据集时像处理本地化数据一样。

除了交互式的数据分析，Spark 还能够支持交互式的数据挖掘，由于 Spark 是基于内存的计算，处理迭代计算很方便，而数据挖掘的问题通常都是对同一份数据进行迭代计算。除此之外，Spark 能够运行于安装 Hadoop 2.0 YARN 的集群。Spark 之所以能够在保留 MapReduce 容错性、数据本地化、可扩展性等特性的同时，保证性能的高效，并且避免繁忙的磁盘 I/O，是因为 Spark 创建了一种叫做 RDD 的内存抽象结构。

原有的分布式内存抽象，例如 key-value store 以及数据库，支持对于可变状态的细粒度更新，这一点要求集群对数据或者日志的更新进行备份来保障容错性。这样就会给数据密集型的工作流带来大量的 I/O 开销。而对于 RDD 来说，它只有一套受限制的接口，仅仅支持粗粒度的更新，例如 Map、Join 等。通过这种方式，Spark 只需要简单记录建立数据的转换操作的日志，而不是完整的数据集，就能够提供容错性。这种数据的转换链记录就是数据集的溯源。由于并行程序，通常是对一个大数据集应用相同的计算过程，因此之前提到的粗粒度的更新限制并没有想象中大。

同时，Spark 提供了允许用户显示数据转换过程的操作，可持久化到硬盘。数据本地化，是通过允许用户基于每条记录的键值控制数据分区实现的。如果内存的使用超过了物理限制，Spark 将会把这些比较大的分区写入到硬盘，由此来保证可扩展性。

Spark 首先是一个批处理的引擎，图 4-7 给出了一个 Spark 批处理的例子，展示了多个 RDD 以及操作如何被分到不同的转换步骤。

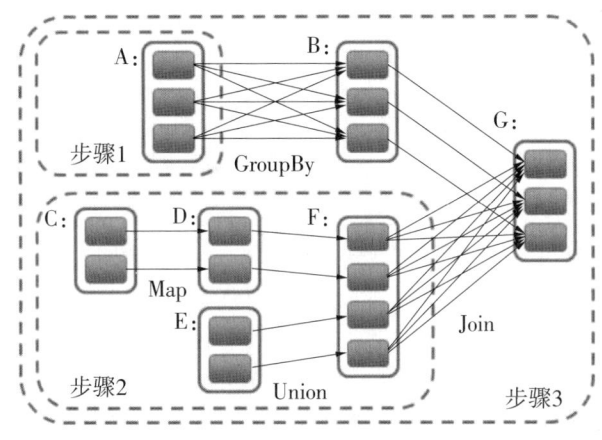

图 4-7 Spark 批处理引擎示意

5. 分布式文件系统——HDFS

HDFS（hadoop distributed file system），是一个分布式文件系统。它具有高容错性的特点，是一个易扩展、高可用和稳定的分布式文件管理系统，可以被广泛部署于廉价的 PC 之上。它以流式访问模式访问应用程序的数据，这大大提高了整个系统的数据吞吐量，能够满足多来源、多类型、海量的数据存储要求，因而非常适用于日志详单类非结构化数据的存储。

HDFS 架构采用主从架构（master/slave）。一个典型的 HDFS 集群包含一个 NameNode 节点和多个 DataNode 节点。NameNode 节点负责整个 HDFS 文件系统中的文件的元数据保管和管理，集群中通常只有一台机器运行 NameNode 实例。DataNode 节点保存文件中的数据，集群中的机器分别运行一个 DataNode 实例。在 HDFS 中，NameNode 节点被称为名称节点，DataNode 节点被称为数据节点，DataNode 节点通过心跳机制与 NameNode 节点进行定时的通信。

HDFS 可以实现大规模数据可靠的分布式读写。HDFS 针对的使用场景是数据读写，具有"一次写、多次读"的特征，而数据"写"的操作是顺序写，也就是在文件创建时的写入或者在现有文件之后的添加操作。HDFS 保证一个文件在一个时刻只被一个调用者执行写操作，而可以被多个调用者执行读操作。

HDFS 主要特性如下：
- 灵活：统一的存储可以存放结构化、半结构化及非结构化数据；
- 可扩展：根据业务需要增加 PC 服务器以实现存储扩容；
- 容错：数据有多个副本以保障数据的可靠性；
- 开放：基于开源的存储格式，避免被厂商锁定。

6. 分布式数据库——HBase

HBase 是一个高可靠性、高性能、面向列、可伸缩的分布式存储系统，它利用 Hadoop HDFS 作为其文件存储系统，利用 Hadoop MapReduce 来处理 HBase 中的海量数据，利用 Zookeeper 作为协同服务。HBase 不是一个关系型数据库，其设计目标是解决关系型数据库在处理海量数据时的理论和实现上的局限性。HBase 从一开始就是为从 Terabyte 到 Petabyte 级别的海量数据存储和高速读写而设计的，这些数据要求能够被分布在数千台普通服务器上，并且被大量并发用户高速访问。

存储在 HBase 中的表的典型特征：
- 大表（big table）：一个表可以有上亿行，上百万列；
- 面向列：面向列（族）的存储、检索与权限控制；
- 稀疏：表中为空（null）的列不占用存储空间；
- SQL on HBase 的支持。

其中，Cloudera Hadoop 企业版支持 SQL on HBase 特性，支持对数据表建立 Local Index 和 Global Index，执行速度远远超过原生 HBase API，同时提供完善的 SQL 接口供客户端使用。在 HBase 对象存储方面，Cloudera Hadoop 支持 HBase 的大对象存储（LOB）功能，可将 HBase 进化为文档数据库，特别适合存储单个大小为数十千字节至数十兆字节的非结构化文档，即使对于十亿级别的 LOB 文档数据表仍能做到毫秒级增删改查操作。Cloudera Hadoop 同时支持所有 HBase 原生特性，与上层 HBase 应用 100% 兼容。

7. 工作负载管理——YARN

为了实现一个 Hadoop 集群的集群共享、可伸缩性和可靠性，并消除早期 MapReduce 框架中的 Job Tracker 性能瓶颈，开源社区引入了统一的资源管理框架 YARN。YARN 将集群资源按预先设定的策略进行合理分配，使整个系统吞吐量和资源使用率达到最大化。YARN 分层结构的本质是 Resource Manager。这个实体控制整个集群并管理应用程序向基础计算资源的分配。Resource Manager 将各个资源部分（计算、内存、带宽等）精心安排给基础 Node Manager（YARN 的每个节点代理）（图 4-8）。Resource Manager 还与 Application Master 一起分配资源，与 Node Manager 一起启动和监视它们的基础应用程序。在此上下文中，Application Master 承担了以前的 Task Tracker 的一些角色，Resource Manager 承担了 Job Tracker 的角色。

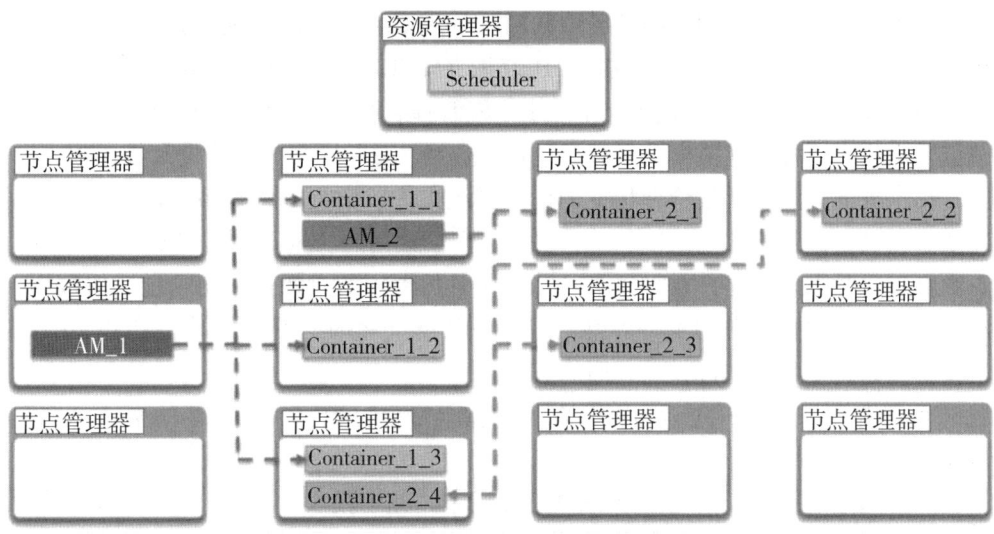

图 4-8　YARN 集群分配示意图

Application Master 管理一个在 YARN 内运行的应用程序的每个实例。Application Master 负责协调来自 Resource Manager 的资源,并通过 Node Manager 监视容器的执行和资源使用(CPU、内存等的资源分配)。从 YARN 角度讲,Application Master 是用户代码,因此存在潜在的安全问题。YARN 假设 Application Master 存在错误,甚至是恶意的,因此将它们当作无特权的代码对待。

Node Manager 管理一个 YARN 集群中的每个节点。Node Manager 提供针对集群中每个节点的服务,从监督一个容器的终身管理到监视资源和跟踪节点健康。MRv1 通过插槽管理 Map 和 Reduce 任务的执行,而 Node Manager 管理抽象容器,这些容器代表着可供一个特定应用程序使用的针对每个节点的资源。

## 4.2　数据准备与质量管理

### 4.2.1　数据准备与处理

1. 数据获取

在对科技管理相关数据进行处理过程中,通常会结合业务功能建立数据仓库,以进行全面的业务梳理,改进业务流程。业务模型建设的阶段能够帮助科技管理部门对科技管理业务进行全面的梳理。通过业务模型的建设,使科技管理部门全面了解该单位的业务架构图和整个业务的运行情况,同时,帮助其在科技管理工作过程中进一步优化业务的流程,提高业务效率。

数据仓库中的数据是在对原有分散的数据库数据进行抽取、清理的基础上经过系统加工、汇总和整理得到的。数据处理过程中对正在使用的业务系统的数据库结构、数据模型、业务应用、前端展示和门户管理等数据源进行统一管理，实现主流BI工具元数据的自动获取，并支持手工获取XML/Excel文件中的元数据。同时，系统支持SQL脚本自动解析功能，可通过对SQL脚本的词法、语法和语义的分析，生成满足数据仓库标准规范要求的数据处理元数据，支持对数据的管理和描述。

另一方面，站在科技管理相关的信息系统角度，数据输入是系统的入口，包括系统参数的设定及日常表、证、单、书的录入。数据的质量管理也应该从源头开始。在数据进入数据仓库前，在数据录入端引入对数据项的有效性校验功能，对数据进行清洗，消除源数据中的不一致性，以保证数据仓库内的信息的准备性和完整性。对要进入系统的数据进行如下方面的校验：

- 数据格式校验，进行格式控制，如日期数据、数字、金额等的格式、长度、数据格式；
- 逻辑关系校验，审核数据间的平衡关系，如申报表的表内、表间关系，相关时间项的先后顺序；
- 资格校验，只有在数据描述对象具有某种资格时，某些数据才是有效的；
- 时效性校验，判别某些数据是否在当前有效。

2. 数据同步

为了更好发挥数据的作用，在数据处理过程中需采用同步的方式，对业务系统产生的数据进行同步更新，包括所有库表结构的更新。当业务系统产生数据更新后，科技管理相关的信息系统需同步数据变化的部分，采用高实时性及稳定性的同步方式，提高数据同步效率。在进行数据同步的同时，还必须保证业务系统的正常运行，在数据同步的基础上还需采用流量控制策略。当数据仓库中相关业务数据发生变化的时候，科技管理相关的信息系统中的数据也要随之同步更新；同样的，当相关管理元数据发生变化的时候，科技管理相关的信息系统中的数据也应同步更新。而当数据仓库中的相关库表结构发生变化的时候，科技管理相关的信息系统应通过自动调度任务的方式来实现库表结构元数据的同步维护。

3. 数据整备

元数据是提高数据质量的基础，元数据的知识库能够保存对数据的各种约束条件，并利用其从根本上提高科技管理数据的质量，实现数据整备的目的。为了实施数据质量管理，需要业务数据的有关统计口径、数据来源、数据约束关系等元数据的支撑。这些静态元数据是进行数据稽核诊断的标准参照物。另一方面，在业务系统和数据仓库建设过程中，如数据源分析、ETL过程（数据获取）、数据仓库等阶段，均会产生数据处理的中间结果和相应的运行信息。为了及时发现数据的问题，可以在这些处理过程的关键点上设置质量监控点，实时捕捉系统运行的状况信息，形成系统的动态元数据。通过对静态元数据和动态元数据的检查稽核，可以有效诊断数据质量问题。

元数据不仅可以将采集、维护、应用、加工复制的各种信息进行整合、定义、管理，而且可以将数据质量管理的机制、规范、指标、方法进行元数据的固化，元数据将其数据环节、数据质量、数据标准、管理机制等进行统一的定义、评估、管理。数据分析基于数据分层的理念划分数据获取层、数据管理层和数据使用层，元数据管理将三层元数据集成统一管理，使得数据指标统一、维度统一、口径统一，最终获得的信息无歧义。

4. 数据主题

在科技管理相关的信息系统中，相关联的元数据可以组合成业务主题，帮助科技管理工作人员非常方便地找到所需要的数据。元数据是描述数据仓库内数据的结构和建立方法的数据，可分为技术元数据和业务元数据。技术元数据是存储关于数据仓库系统技术细节的数据，是用于开发和管理数据仓库使用的数据。业务元数据是从业务角度描述数据仓库中的数据，它提供了介于使用者和实际系统之间的语义层，使不懂计算机技术的科技管理人员也能够"读懂"数据仓库中的数据。

元数据主题的管理，最主要的内容是将业务元数据与技术元数据转换后的业务主题信息提取出来进行主题划分。每个主题有特定的元数据存储范围和特定的作用。相关联的元数据可以组合成业务主题，提供一定业务领域元数据检索支持，并且自动为业务部门提供基础的数据访问。数据主题之间可存在依赖关系，以表示主题内的某些实体是从别的主题的某些实体继承而来的，或者是主题内的实体与别的主题的实体有关系。

5. 数据字典

数据字典对数据的数据项、数据结构、数据流、数据存储、处理逻辑、外部实体等进行定义和描述，其目的是对数据流程图中的各个元素做出详细的说明。科技管理相关的信息系统通过元数据同步形成数据资源目录，在系统工作过程中，对数据库或应用程序结构进行修改时，数据字典的内容可以自动做出相应的更新。科技管理各环节的业务人员均可使用数据字典，为业务开展、数据分析、系统设计提供依据。

6. 数据关系

通过对业务内容的理解，可在科技管理相关的信息系统中录入业务与数据之间的关系描述，再挖掘出元数据之间的关联关系。

科技管理相关的信息系统可以以图形化的方式映射出元数据之间的关系，并支持表或字段级别的任意关系组合，如表与表、表与表字段、表与文件、表与文件字段、文件与文件、文件字段与文件、文件字段与文件字段等的映射关系；还可以维护 ETL 流程之间的先后调用关系。

科技管理相关的信息系统可实现对元数据之间的关系查询，即通过图像化的方式展现元数据之间的关系；关系管理是指对元数据关系进行维护，包括增加、删除和修改。

## 4.2.2 实时元数据管理方法

现有数据仓库的元数据管理事实上是一种滞后的、事后补录的文档系统，不能保证与生产数据完全一致，对于无法进行管理的增量数据，只能定期补录，大大影响了元数据对数据治理、数据分析的支撑作用。

实时元数据管理通常是开发人员进行信息系统构建时的常用手段，有助于保障信息系统的规范化，同时便于与其他信息系统互联互通。

元数据获取分两类：

（1）技术元数据的获取，将技术元数据作为应用程序的输入参数独立出来，开发人员只需完成参数的填充（如表名、表字段、表处理 SQL）即可完成应用程序技术部分的开发。

（2）业务元数据的获取，将业务元数据作为应用程序的附加属性独立出来，开发人员需要完成业务元数据的填充才能完成开发。分两种方式，一是强制填写，配套检查机制；二是系统自动生成。

①强制填写，配套检查。提供业务元数据填写检查机制，如业务元数据未填写或填写不符合规则，则该程序开发不能完成提交；同时定期输出业务元数据填充情况，将业务元数据的填充责任落实到人员身上，谁开发谁负责。

②系统自动生成。由系统自动补充业务元数据，包括但不限于：模型所属需求编号、模型开发人员、模型创建时间、修改时间、模型业务口径（部分可通过 SQL 翻译生成）等。

为确保元数据能够真实反映系统现状，需要注意保障一致性，包括业务元数据与技术元数据、技术元数据与技术实现、元数据关联与数据调度等一致性。首先，是业务元数据与技术元数据的一致性保障，有机制检查出业务元数据与技术元数据的不一致性，并加以修正；其次，是技术元数据与技术实现的一致性保障，有机制保障技术元数据与技术实现的一致性；再次，是元数据关联与数据调度的一致性，有机制保障元数据关联与数据调度的一致性。

为更好地对元数据进行维护和管理，通常在科技管理系统中提供可视化界面，将科技管理常用的元数据进行展现，实时更新，保障用户看到的信息即生产环境的真实信息。提供对外接口，将元数据信息供外部系统调用，调用方式分两种：一是外部系统定期获取；二是实时推送平台自身检测数据的变更情况。实时元数据管理使得业务元数据、技术元数据和生产数据实现了 100% 的一致性，在此基础上，通过表级、字段级数据关联，实现数据的纵向溯源。

为了方便用户在科技管理系统中迅速准确查找到元数据相关信息，通常情况下，科技管理类的信息系统也可提供元数据的一站式检索。一站式检索系统通过资源调度，可以满足检索、整合各种异构数字资源的需求。一框式搜索提供一个搜索框，只需在搜索框内输入关键字，系统即可进行模糊搜索或精确搜索任一模式，即刻返回相应的搜索结果。一站式检索的功能包括多关键词搜索、关键词过滤搜索、自定义分词搜索、关键词智能补全等搜索功能，以及搜索历史管理等系统功能内容。

### 4.2.3 基于 MDA 的数据开发方法

MDA 是由国际对象管理集团（OMG，object management group）于 2001 年提出来的。其核心思想是抽象出与实现技术无关、完整描述业务功能的核心平台无关模型（PIM，platform independent model），然后针对不同实现技术制定多个转换规则，通过这些转换规则及辅助工具将 PIM 转换成与具体实现技术相关的平台相关模型（PSM，platform specific model），最后将经过充实的 PSM 转换成代码。数据分析建模过程涉及业务、数据与 IT 技术，但是懂得这些的复合型专家是极其稀缺的。而让科技管理人员能够自助完成整个数据分析、生产的过程，摆脱对技术人员、建模人员的依赖也是提高效率的必要手段。数据实验室要能够实现科技管理人员自助建模并完成数据处理，输出结果数据，整个过程不需要代码开发。通过 MDA 技术，科技管理人员在建模工具中可建立与技术无关的模型。

数据仓库在大数据时代是过时的理论，其定义数据仓库是一个面向主题的、集成的、稳定的、随时间而变化的数据集合，是比尔·恩门在 1991 年提出的，用于当时的决策分析系统。而目前大数据系统的概念早已超越了早期决策分析系统的范畴，但却缺少如数据仓库一样的相匹配的数据处理方法论。目前国际数据仓库学术界正在讨论哪一种方法能够代替数据仓库，但还没有得出结论。Gartner 提出了一种逻辑数据仓库（logical DW）的概念，但并没有实际产品填充这个空白。

通过 MDA 技术，业务人员可在建模工具中将技术弱耦合的模型，直接转换成开发模板，即与技术有关的模型；能够实现自助建模并完成数据处理，输出结果数据。整个过程不需要代码开发，技术人员只需填充开发模板里面的代码，即可完成整个数据开发。

## 4.3 数据模型应用与推广研究

基于大数据平台核心技术和新的数据处理方法，结合行业应用需求，能够开发出高价值数据结果，包括结果数据以及数据加工模型，但这些只是产品，只有当产品销售出去，并且最大限度地标准化、通用化，提高复用率，才能取得合理的经济效益，才能进一步支撑大数据技术和研发，进入良性循环。

科技管理与大数据技术相结合时，需注重服务封装技术可以让数据的加工结果为外部所用，模型复用技术让训练的指标模型的知识产品直接为用户所用，在此基础上研究合理的收费模式，促进大数据交易与产业生态的形成。

### 4.3.1 数据流程管理工具

大数据处理过程由采集、清洗、分析、处理、验证等一系列环节组成，因此通常采用流程管理工具进行实现。如何以最快速度设计、实施数据流程？须围绕数据流展开，实现数据全生命周期的业务化透明化、数据生产过程的管控及数据质量的管控，实现数据标准及规范的严格执行，实现可视化可追溯的调度管控，满足数据应用的管理需求和个性化应用。

其中最关键的是数据流对象方法，将数据流本身当成处理对象，模仿面向对象OOP的工程思想，使数据流对象具备属性、方法，可以继承、引用从而快速建立复杂庞大的数据流程，适应大型数据处理的逻辑抽象。

1. 采用内存计算提升数据处理速度

围绕科技大数据不断进行数据探索，创建性能最好的指标和模型，是一个数据实验过程，涉及大量数据处理工作。

在所有的大数据平台组件中，能够显著提升数据处理速度的是Spark和Impala。Spark是一个基于内存计算的可扩展的开源集群计算系统。针对MapReduce的不足，即大量的网络传输和磁盘I/O使得效率低效，Spark使用内存进行数据计算以便快速处理查询，实时返回分析结果。Spark提供比Hadoop更高层的API，同样的算法在Spark中的运行速度比Hadoop快10～100倍。Impala的最大特点也是最大卖点就是它的快速。Impala不需要把中间结果写入磁盘，省掉了大量的I/O开销，省掉了MapReduce作业启动的开销。MapReduce启动task的速度很慢（默认每个心跳间隔是3秒），Impala直接通过相应的服务进程来进行作业调度，速度快了很多。Impala完全抛弃了MapReduce这个不太适合做SQL查询的范式，而是像Dremel一样借鉴了MPP并行数据库的思想另起炉灶，因此可做更多的查询优化，从而省掉不必要的shuffle、sort等开销。通过使用LLVM来统一编译运行时代码，避免了为支持通用编译而带来的不必要开销。Hive适合于长时间的批处理查询分析，而Impala适合于实时交互式SQL查询，可以先使用Hive进行数据转换处理，之后使用Impala在Hive处理后的结果数据集上进行快速的数据分析。以某对比实验为例，利用Java API在HBase中产生约1000万条测试数据，然后运用Impala、Hive加载HBase数据，其性能对比如表4-1所示。

表4-1 Impala与Hive在执行SQL时的性能对比

| 处理类型 | 执行语句 | Impala耗时 | Hive耗时 |
| --- | --- | --- | --- |
| count | select count (1) from impala_hbase; | 28.58s | 255.412s |
| group by | select dn, count (1) from impala_hbase group by dn; | 60.13s | 257.453s |

2. 采用列数据库提升点查询速度

在HBase中，表格的Rowkey按照字典排序，Region按照Rowkey设置split point进行shard，通过这种方式实现的全局、分布式索引，成为了其成功的最大砝码，因此 Rowkey 的设计是提升效率的关键。

每一个索引建立一个表，然后依靠表的 Rowkey 来实现范围检索。Rowkey 在 HBase 中是以 B + tree 结构化有序存储的，所以 scan 操作会更有效率。单表以 Rowkey 存储索引，以 column value 存储 id 值或其他数据，这就是 HBase 索引表的结构。

提升速度最好从 Rowkey 入手，ColumnValueFilter 的速度是很慢的，HBase 查询速度还是要依靠 Rowkey，所以根据业务逻辑把 Rowkey 设计好，之后所有的查询都通过 Rowkey 就会非常快。批量查询最好是用 scan 的 startkey endkey 来做查询条件。

Rowkey 是 HBase 中很重要的一个设计，加上 Rowkey，HBase 可以快速地定位到具体的 Region 去获取所需要的数据，否则就会"满山遍野"地找数据。

HBase 设计原则主要如下。

（1）长度越短越好。

Rowkey 是一个二进制码流，Rowkey 的长度被很多开发者建议设计在 10～100 个字节。但笔者建议越短越好，不要超过 16 个字节。原因如下：

①数据的持久化文件 HFile 中是按照 KeyValue 存储的，如处理 100 个字节、1000 万列数据，仅 Rowkey 就要占用 10 亿个字节，将近 1G 数据，这会极大地影响 HFile 的存储效率。

②MemStore 将缓存部分数据到内存，如果 Rowkey 字段过长，内存的有效利用率则会降低，系统将无法缓存更多的数据，这会降低检索效率。

③目前操作系统都是 64 位系统，内存 8 字节对齐。控制在 16 个字节，8 字节的整数倍可利用操作系统的最佳特性。

（2）散列原则。

如果 Rowkey 是按时间戳的方式递增，不要将时间放在二进制码的前面。建议将 Rowkey 的高位作为散列字段，由程序循环生成，低位放时间字段，这样将提高数据均衡分布在每个 RegionServer 以实现负载均衡的概率。如果没有散列字段，首字段直接是时间信息，将产生所有新数据都在一个 RegionServer 上堆积的热点现象，这样在做数据检索的时候负载将会集中在个别 RegionServer，降低查询效率。

## 4.3.2 数据服务封装与模型复用

1. 服务封装技术

科技管理面向不同的用户时在具体服务功能上具有一定的共性，不同区域对科技管理的业务需求会有相似的关注点，在机构和个人层面，科技管理所涉及的数据也往往具有相同的类型，因此，对科技管理大数据模型的开发需注重服务封装技术，减少重复的配置和开发，实现面向相似需求时能灵活提供、调用和处理数据。

基于元数据驱动的数据生产管理提供元数据模型驱动的数据服务封装和调用。对于数据处理的成果，用户可在 Web 前端将其快速封装成服务，提供给内外部系统调用，保证元数据与实际系统一致，使得生产成果快速高效地对外提供服务，增强数据用户的体验。数据封装技术如图4-9所示。

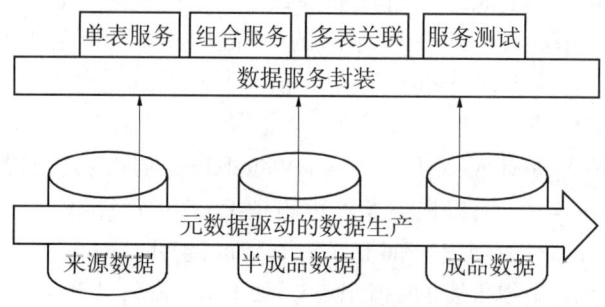

图4-9 数据封装技术示意图

数据封装结果可在界面查看接口参数及样例。通过rest api，用户可以访问结果数据。某数据产品封装后如图4-10所示。

图4-10 数据产品封装后示意

2. 模型复用技术

为提升国家层面、区域层面、机构层面的科技管理大数据处理和服务功能的复用，需要对模型进行通用化研究和构建，形成面向科技大数据的相关功能产品，从而提高模型复用率。因此，在进行科技管理大数据处理时，需要关注标准化模型开发与模型组件化，用标准化模型模板进行模型开发，并将数据分析模型组件化。组件可以在不同企业的平台上导出导入，即插即用。标准化模型模板如图4-11所示。

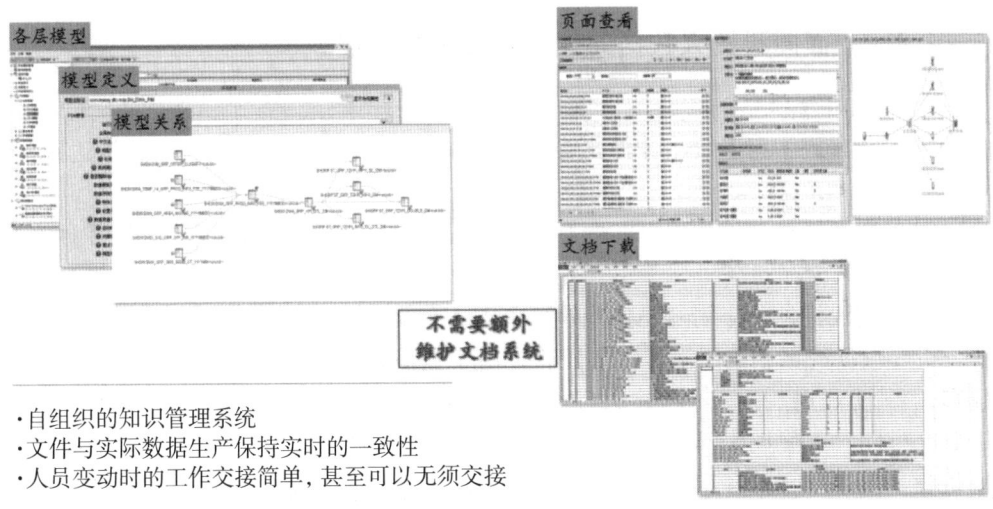

· 自组织的知识管理系统
· 文件与实际数据生产保持实时的一致性
· 人员变动时的工作交接简单，甚至可以无须交接

图4-11　标准化模型模板示意

### 4.3.3　业务与技术松耦合的数据流程管理方法

科技管理与大数据结合，在相关业务系统开发时，科技管理人员可自助建模并执行数据处理，将数据处理中的业务逻辑独立出来，形成数据流程，并独立管理。这样业务逻辑与具体的数据存储和计算的架构无关，科技管理人员并不需要关心数据在 Oracle、Teradata 还是 Hadoop 上运行，只需要定义与业务逻辑相关的数据流程模型。系统自动按照数据流程模型生成相应代码，在具体的平台上运行，如图4-12 所示。

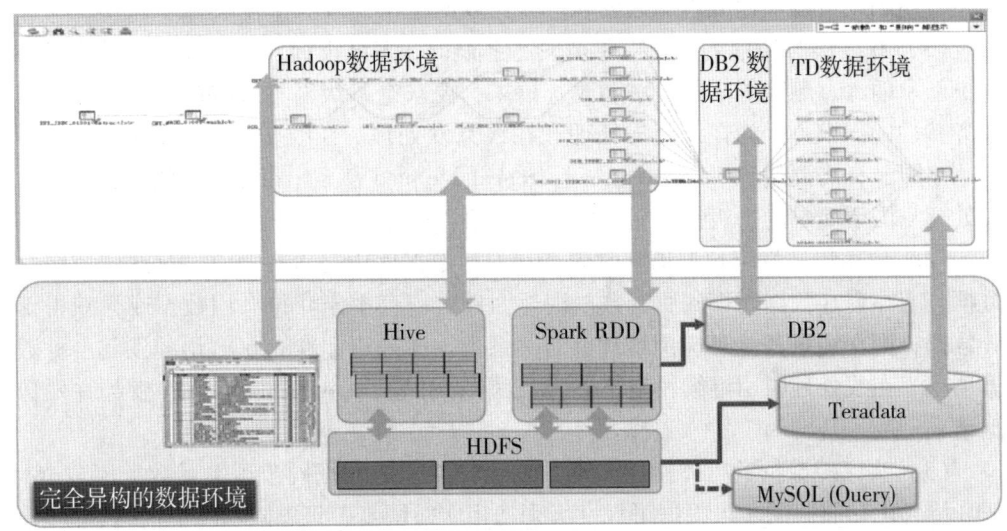

图4-12　数据流程管理示意图

### 4.3.4 面向科技大数据处理时须关注的内容

1. 离线批处理

（1）分布式采集系统从各种数据源中抽取等半/非结构化数据，数据量达到 TB 级至 PB 级。

（2）数据经过预处理后以文件形式加载进入分布式文件系统，必要时可对数据进行压缩以减少存储空间。

（3）离线批处理应用主要包括信息聚类、分类，时间序列回归、预测，数据关联分析等数据挖掘、机器学习和图计算。由于数据量巨大，计算逻辑复杂、迭代次数多，一般采用后台离线方式。这类应用采用 Map、Filter、Combine、Partition、Reduce、Join 等算子进行函数式编程，以批处理方式提交作业，批处理引擎通过数据切分、任务调度和内部通信完成处理。图计算是一类特殊的批处理，其编程模型基于图（如顶点、边、权值等）的数据模型及相应的函数（权值变换、顶点通信、图结构变化等）。

（4）基于内存计算的批处理和图处理在第一次处理或首次迭代时从分布式文件系统获得处理数据，处理完成后将中间结果缓存在内存中，以便下次处理或迭代时复用。

2. 在线实时处理

（1）数据经过预处理后，若属于存储结构化特征强、模型驱动的、需要强一致性事务保证的数据，则批量加载进入关系数据库；若属于存储结构化特征较弱、主要考虑存取性能和可扩展性的数据，则批量加载进入 NoSQL 数据库。

（2）在后台进一步对数据进行准备，形成数据索引、过滤器、维表、中间结果等经常使用或可以加速处理的数据导入内存数据库。

（3）在线实时处理类应用主要是关键字查询、多维查询、模糊查询以及少量数据更新、插入、删除等高并发增删改查请求，要求毫秒级至秒级响应时间，根据对事务特性的需求可分为在线交易处理和在线并发处理。在线交易对 ACID 事务特性有严格限制，需要达到 committed read、repeatable read 甚至串行化隔离级别；在线并发处理只需要简单的行级锁或 check and set 语义以保障读写一致性。

（4）应用层在发起数据请求时先查看内存数据库中是否有索引、过滤器或缓存数据，若在内存数据库得到所有数据则返回；若内存中未获得有用数据或只获得部分数据，则在线事务处理应用继续针对关系数据库采用标准的 SQL 语句发起各种数据请求，在线处理应用继续针对 NoSQL 数据采用基于 key/value 的 API 发起并发数据请求。

（5）为保障数据的可靠性，内存数据库将变化的数据同步到关系数据库或 NoSQL 持久化存储。同步可根据可靠性级别选用实时同步、日志同步和定期同步机制。

3. 流数据处理

（1）分布式采集系统从各种数据源中实时采集的数据。

(2) 由于数据流的无限性,流式处理主要面向基于时间窗口的查询、统计和分析,以及异常事件报警和数据实时清洗转换等应用,流处理应采用由多种算子组成的函数式编程模型。

(3) 在运行时,数据以持续、不间断的数据流形式进入处理系统,驱动预定义的处理逻辑连续进行计算,其区别于批处理之处为没有数据积攒成批、阶段同步、持久化延迟。流处理系统将处理逻辑定义为由多个算子组成的多阶段处理网络,在数据处理的多个阶段采用异步流水线方式,在同一阶段采用节点间并行、节点内多线程方式以提高实时处理性能。

(4) 流处理结果最终输出到持久化存储或直接发送到应用层实时告警或展示页面。

### 4.3.5 大数据平台技术选型研究

大数据平台软件是数据服务平台未来的核心基础,承载着存储层与文件系统、资源及数据管理、计算引擎、高级封装及工具等,须紧密结合应用需求,综合考虑存储规模、计算能力、数据治理、安全管理、长远发展等因素,进行合理选择。

1. 开放性——开源软件的核心价值

(1) 核心组件要开源开放。

大数据平台软件应基于开源的 Hadoop,并能随着开源版本的升级同步升级。为避免出现版本分裂被开源主流孤立,要求核心 Hadoop 组件必须开源公开,且与社区版本严格兼容。

第一,保证程序接口与开源版本兼容,用户切换发行商无须改动代码。

第二,保证数据存储格式与开源版本兼容。安装其他第三方 Hadoop 生态圈的模块,能读取已经存储在 HDFS 的文件数据,无须格外数据格式转换或拷贝。

第三,程序包与开源版本二进制兼容。基于开源社区版本生成的程序包,能直接运行无须重新编译。用户或第三方可以下载社区中的 Patch 并直接覆盖使用,无须厂家干预,从而快速提供补丁修复和实现功能增强,也使得第三方运维变得可行,防止被厂家技术锁定。

(2) 关注发行商是否能引导开源代码的开发,能否长期保障技术主流。

我们要从两个角度看 Hadoop 发行商是否有能力和资源保障其未来技术升级,能否保护目前的技术投资长期有效。

第一是要求发行商保证私有改动同步到开源基线版本的代差不超过半年。

第二是通过发行商历史上对 Hadoop 社区的贡献量来衡量厂商是否有能力做私有改动并将其提交和认证。常见的 Hadoop 开源项目如表 4-2 所示。

表4-2 常见的Hadoop开源项目

| 项目名称 | 简介 | 发起和主导者所在公司 |
| --- | --- | --- |
| Core Hadoop（HDFS/MapReduce） | Hadoop的核心部分，3.0在存储方面会增加HDFS ErasingCode纠错码，有效减少存储空间 | Cloudera |
| HBase | Columnfamily的操作型非结构化数据库 | Cloudera |
| Hive | 类SQL的数据操作接口，可选择Hive-on-Spark，避免无效I/O，执行效率更高 | Cloudera |
| Spark | 完整的基于内存的分布式计算框架，包含流处理、SQL引擎、机器学习库 | Databricks, Cloudera, IBM |
| Impala | 不基于MapReduce的高效并行处理SQL引擎，适合高并发的交互式查询分析 | Cloudera |
| Phoenix | 基于Apache HBase的关系型数据库层 | Salesforce |
| Drill | 以Dremel为基础实现的数据查询层，不依赖Hadoop，支持schema free的数据查询 | MapR |
| Tez/Stinger | 基于Hive的性能优化和提升，效率一般 | Hortonworks |
| Lucene/Solr | 分布式搜索引擎 | Cloudera |
| Lily | 基于HBase的分布式索引，加速灵活的实时查询 | Cloudera |
| OOZie | 异步工作流框架 | Facebook, Cloudera |
| Livy | Spark的任务提交接口和任务调度器 | Cloudera, Microsoft |
| Hue | 可视化开发接口 | Cloudera |
| Sentry | 基于角色的统一安全授权机制 | Cloudera |
| RecordService | 细化到记录一级的数据访问控制服务 | Cloudera |
| Pig | 基于Hadoop的大规模数据分析平台，它提供的类SQL语言会把SQ分析请求转换为一系列经过优化处理的MapReduce运算 | Hortonworks |
| Pandas | Hadoop上的Python脚本运行引擎 | Cloudera |
| Mahout | Hadoop上的非实时数据挖掘和机器学习算法库 | Cloudera |
| Oryx | Hadoop上大规模的实时机器学习、实时分析框架，可在大规模数据流中快速实现协同过滤/推荐、分类/回归、聚类/集群等算法，并通过HTTP REST API提供实时的查询 | Cloudera |
| ZooKeeper | Hadoop分布应用的管理维护工具，提供的功能包括：配置维护、域名服务、分布式同步、组服务等 | N/A |

续表

| 项目名称 | 简介 | 发起和主导者所在公司 |
|---|---|---|
| Flume | 分布的、可靠的、高可用的海量日志聚合的工具，可用于日志数据收集、处理和传输 | Cloudera |
| Sqoop | 将 Hadoop 和关系型数据库中的数据相互转移的工具，可以将关系型数据库（MySQL，Oracle，Postgres 等）中的数据导入 HDFS 中，也可以将 HDFS 的数据导入到关系型数据库中 | Cloudera |
| Ambari | Hadoop 分布应用的安装配置工具 | Hortonworks |
| Falcon | 元数据管理框架 | Hortonworks |
| YARN | 分布式资源调度框架 | Cloudera |
| Parquet | 列式存储的优化数据文件存储引擎 | Cloudera |
| Avro | 基于二进制的高性能数据传输的序列化工具，可以将数据结构或对象转化成便于存储或传输的格式 | Cloudera |
| BigTop | Hadoop 上的工程化系统开发、打包和交互式测试工具 | Cloudera |
| Whirr | 一套运行于云服务的类库（包括 Hadoop），可提供高度的互补性。Whirr 可支持 Amazon EC2 和 Rackspace 等的服务，用于云服务的接口 | Cloudera |

（3）周边增强功能标准公开且能与第三方工具集成。

为了能更好地释放大数据平台的潜力，除核心平台组件及功能以外，企业还需要其他数据管理工具。比如最典型的是数据安全管理、数据治理和平台管理的工具，此类成熟的管理工具作为发行商的商业价值和核心竞争力，要求其标准公开，能方便地与第三方发行商进行集成。周边商业组件中，提供平台级别的集群管理功能和数据管理功能为必需组件，并且要求有标准服务托管接口，包括：和管理工具的集成、和 BI 工具的集成、和 ETL 工具的集成、和分析工具（比如 SAS）的集成。

（4）重大代码修改要能够得到开源社区认证。

对核心代码的功能性、稳定性、性能等进行增强改动，或根据客户实际部署特点进行平台定制化开发，发行商应保证能将私有改动持久固化到 Hadoop 的基线版本，从而保护技术投资，保证未来主流技术的一致兼容，避免被 Hadoop 开源社区发展所淘汰。不能被开源社区所接受的定制开发最终会被抛弃或替代，无法与新版本 Hadoop 兼容，使得无论是使用还是维护都面临极大风险。如业界有数个 HDFS NameNode 的 HA 实现逐渐退出使用；再如某些发行商的 HBase 二级索引、HDFS 中的 ErasingCode 纠错码等各种不同的私有修改，当核心社区确立了某个方向之后会直接影响未来的核心版本升级。

## 2. 安全性与可靠性

社区 Hadoop 产品没有统一的安全管理方案，在企业实际环境中直接部署和配置开源组件就能做到保护用户数据是不可能的。这要求发行商应该具有统一的中心化安全解决方案，用于管理分散的众多 Hadoop 组件，整体保障企业数据安全，从用户身份认证、授权、加密、审计等提供全方面的技术方案。

（1）安全管理。

产品应该具有用户身份认证、授权、加密、审计等集中统一的中心化安全解决方案，提供便捷的可视化安全管理工具，统一管理分散的众多 Hadoop 组件。这要求提供基于数据运行的统一安全访问控制，一旦对相应的域/列定义了访问规则，用户无论是使用 HDFS 还是 HBase 或 Hive 等不同组件皆遵守该统一安全访问规则。可视化向导界面支持 Kerberos 集成，支持 Active Directory、OpenLDAP 兼容服务器以及 SAML，并能对数据集进行统一权限设置。

（2）安全审计。

平台必须具备较强审计功能，能记录所有数据以及任务执行，以供审查。维护完整的数据访问、数据操作审计历史以满足合规需求。同时帮助系统管理员快速验证用户/用户组在 Hadoop 集群中对数据集合的访问权限（permission）正确性。要求无论通过工具、界面和原生命令行执行的数据访问、任务提交和元数据修改等都能透明地被平台捕捉，内容包括用户、日期、任务描述等信息。

（3）统一的集群管理。

企业内部大数据平台的未来架构是基于数据池的单一平台多功能组件的架构。大数据平台采用中心化部署方案，要求数据只保留一份 HDFS 文件，既节省空间，又避免数据不一致，同时简化数据处理逻辑和架构。要求发行商基于此同一份数据，提供多样化的处理组件，向上包装为不同的计算能力，满足不同的应用需求。需要提供的组件包括并不限于：内存计算框架（Spark）；批处理框架（MapReduce）；结构化处理框架（Hive）；类 MPP 架构的 OLAP 框架（Impala）等。要求提供工具，能将传统标准 SQL 查询语句迁移到 Hadoop 平台。

## 3. 海量的多源数据管理

（1）元数据管理。

元数据管理是根据使用数据资产的方式来管理数据资产的流程，帮助数据管理者集成、链接和集中管理多个来源的元数据，便于在整个组织内妥善维护、分析、消费和解释数据。当从业务元数据和技术元数据中得出数据的含义时，可以更有效地汇总和集成数据。只有有效管理元数据，海量的、格式各异的大数据才会更有价值。

（2）数据关联管理。

Hadoop 集群作为成为数据管理的核心，负责存储、整合、合并及转换多个文件和数据源的数据，因此确定特定数据可能的来源或怎样得出一定结论变成一个非常具有挑战性的任务。判断数据之间的相关性是了解衍生数据集的分析报告结果的不同、安全移动或删除数据等工作的前提。

使用过程中要求平台提供透明的数据管理能力，无须应用层的特殊配置或要求，能自动通过监视和分析任务提供追踪数据在系统中演变过程的功能，允许用户回溯数据源头，验证数据有效性，进而提供完善的数据生命周期管理。对于使用 Hive 或 Impala 等服务，系统能自动发现其来源表结构、字段对应关系以及任务语句执行情况。系统需要提供可视化 Web 界面工具展现并追溯相关文件和表格的所有转换、处理、汇总和修改。

4. 运维管理的简易性

商业产品与开源版本的核心区别之一就是其运维保障能力。对于产品选型，要求其运维平台符合企业数据中心日常运维现实的基本要求。

Hadoop 作为开源软件，尤其在大规模部署下或多或少会遇到产品缺陷或运行故障。作为核心系统，保障其正常服务能力的稳定性以及保证出现问题后的快速恢复是最重要的指标之一，必须提供系统故障提前预防、及早发现、及早消除的运维能力。

（1）集中统一管理。

要求系统具有完善的 Web 可视化集群统一管理工具界面，包括安装配置、指标监控（要求同一监控指标能按系统级、服务级、节点级、用户级和任务级分维度提供）、任务管理、资源管理、报警（要求支持 SNMP）等。要求产品有参数审计和自动巡查功能，能够自动监视参数和环境变动并自动诊断参数合理性。要求产品具有智能的配置管理功能，能根据社区已有经验，自动发现并修复集群配置问题，甚至提高性能优化能力。

（2）集群无宕机升级。

要求系统所有服务能 7×24 小时运行，任何角色不存在单点故障，消除 IT 施工工作对于集群正常服务造成的影响。要求集群核心服务如 HDFS、YARN 和 HBase 等在进行版本升级前后以及过程中，对正在运行以及对未来提交的任务无影响，集群数据能正常读写。在进行版本升级后原有客户端代码无需修改，程序包无需重新编译，程序实例无需重启且能继续正常运行。

（3）集群配置的回滚和时间线控制。

集群运行过程中可能需要反复调整，因此要求运维管理工具能够直观地展现每次参数调整之后对系统主要参数的影响，同时允许运维人员随时按照时间调整集群的配置参数。

（4）统一日志管理。

Hadoop 集群的每个组件在运行过程中都会存储日志，并且散落在每个节点的不同目录。对于一个大规模的集群，日志的查看和检索非常麻烦，需要一个个节点、一个个目录、一个个文件去进行查看。这为故障发生后的诊断排查增加了难度、降低了效率。而平均故障恢复时间（MTTR）直接影响了集群在线服务时间指标。发行商需要针对这种情况，提供日志的收集功能，通过统一的界面，用户可查看集群中每台机器、各项服务的日志，并且根据关键字、日志级别等不同的条件进行检索。

（5）市场主流和开发者占有率。

对于好的产品和服务，市场自己会说话。产品在开发者中的流行度不仅间接印证了产品的质量，同时也保障了未来技术发展的有效性并使获得开发者资源更为容易。另外，其部署经验和最佳实践保障了其提供运维和咨询服务的能力，能为大数据平台的稳定运行以及未来的发展提供帮助。最后，高市场占有率也降低了发行商未来改变经营策略或退出大数据市场的风险，保证了大数据部署的生命力和可持续性。

# 第 5 章　科技管理与机器学习

在科研管理中，为减少专家评定的人为主观因素、提高科研管理水平和绩效评价公平性，机器学习算法和数据挖掘技术已引起国内外学者的关注。本章节采用 CiteSpace 软件，分析基于机器学习的科研管理研究热点可视化结果，通过运用知识图谱可视化和文献计量法分析当前机器学习应用于科研管理领域的研究现状、研究热点及未来发展趋势，为推动我国科研管理智能化发展提供借鉴。

## 5.1　方法与数据来源

### 5.1.1　研究方法

CiteSpace 知识图谱由陈超美教授开发，是一种非常流行的科学文本挖掘工具，具有合作网络分析、共现网络分析和共被引分析等功能，侧重于绘制和可视化研究领域的研究热点及发展趋势。本章节采用 CiteSpace 5.8. R3 软件，对中国知网（CNKI）和 Web of Science（WoS）数据库的文献进行分析并绘制知识图谱。

中文文献的数据来源于中国知网（CNKI），为保证文献具有较高的参考价值，选择 EI、CSSCI、CSCD 和北大核心等来源期刊和硕博士论文。Web of Science（WOS）是一个高质量的文献数字数据库，包含如标题、作者、机构、国家、关键词、参考文献等信息，因其具有高质量标准而从全球众多文献数字数据库中脱颖而出，并获得国际研究人员的认可。因此本章节使用 CNKI、WOS 核心合集数据库分析基于机器学习的科研管理研究热点。

### 5.1.2　数据

在中国知网（CNKI）的高级检索中输入：主题"科研绩效 + 科研绩效评估 + 科研绩效评价"；OR 主题"科研管理"；AND 全文"机器学习"。时间不限，剔除会议、图书、报纸等类型，保留学术期刊和学位论文，共有 121 篇文献。在 Web of Science 中选择数据库 Web of Science 核心合集：主题"scientific research performance" OR "scientific performance evaluation" OR "scientific performance appraisal"；OR 主题"scientific research management"；AND 主题"data mining" OR 主题"machine learning"。时间不限，共有 529 篇文献。检索时间均为 2022 年 4 月。

## 5.2　描述性统计

文献发文量在某段时间内的变化能直观反映在该段时间内研究热点的变化，是衡量发展趋势的重要指标之一。为更加准确地分析科研管理领域文献增长所处的阶段，需掌握全体年份的文献发文量特征。因此，分别将 CNKI/WOS 数据库检索的文献进行整理，使用 Excel 软件进行统计，结果如图 5-1 所示。1996—2015 年期间，CNKI 年度文献年均发文量低于 6 篇；从 2016 年开始呈现逐步上升趋势，并在 2020 年达到年发文量 21 篇的峰值。在 1999—2008 年，WOS 文献年均发文量低于 8 篇；在 2008—2011 年出现小高峰，在 2012—2021 年呈现逐步上升趋势，并在 2021 年达到年发文量 131 篇的峰值。总体而言，中英文文献发文量呈现逐年上升趋势，该研究方向尚处于发展阶段。

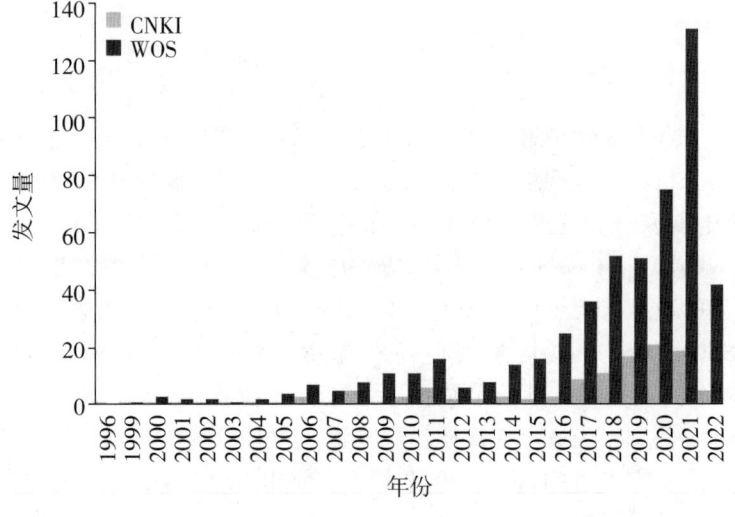

图 5-1　文献发文量

## 5.3　研究热点及趋势

对中英文文献关键词进行聚类分析，CiteSpace 提供了 3 种聚类分析算法，分别是潜在语义索引算法（latent semantic indexing，LSI）、对数似然算法（likelihood ratio test，LLR）、互信息（mutual information，MI），选择 LLR 算法进行聚类。其中模块度（modularity $Q$）>0.3 表示聚类结构显著、加权平均轮廓值（weighted mean silhouette $S$）>0.5 表示聚类合理，该值越接近 1 说明聚类内部相似度越大、主题越清晰明了。CNKI 文献关键词聚类可视化结果如图 5-2 所示。选取前 6 个聚类标签，列出每个聚类的主要关键词，如表 5-1 所示。

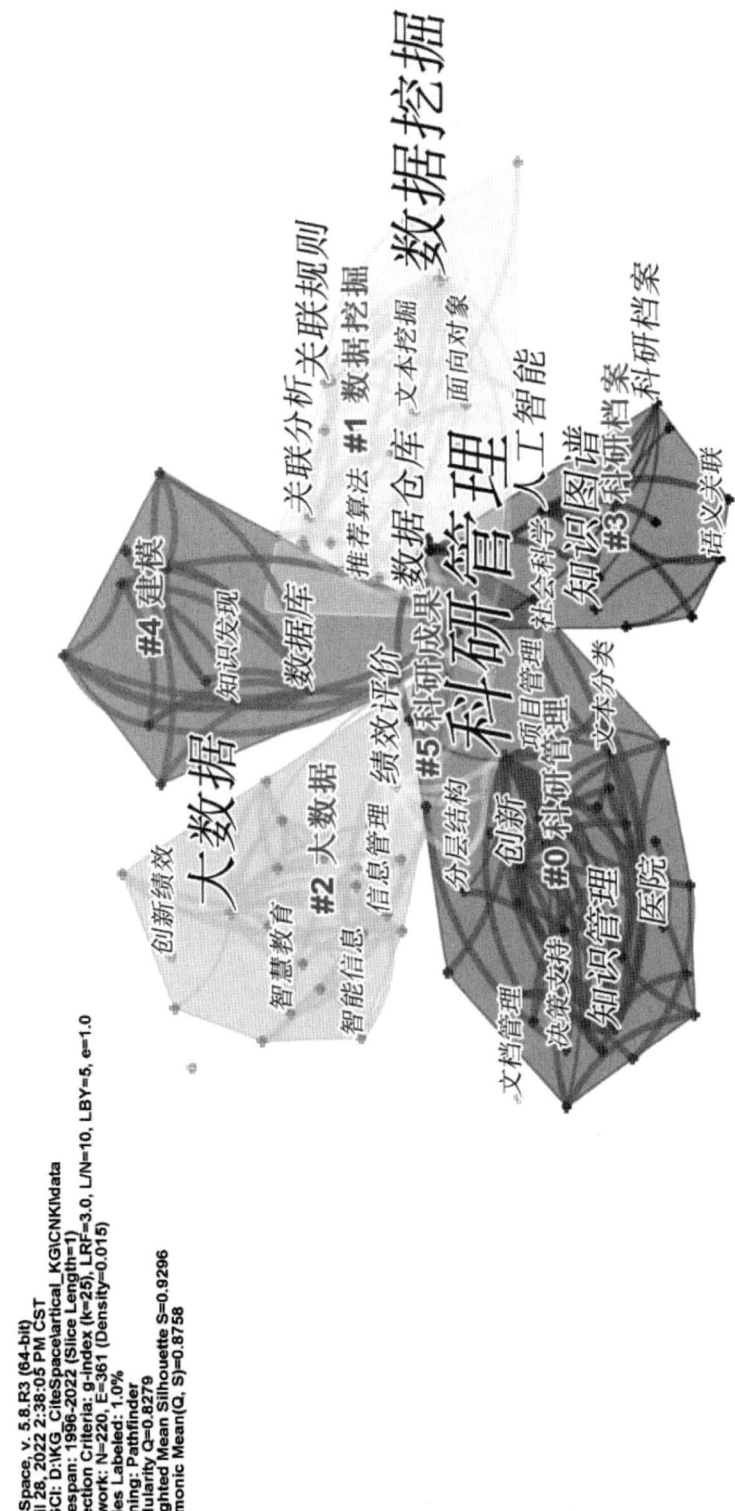

图 5-2　CNKI 文献关键词聚类

表 5-1  CNKI 文献关键词聚类表

| 编号 | 容量 | 同质性 | 主要年份 | 聚类标签 |
| --- | --- | --- | --- | --- |
| #0 | 41 | 0.966 | 2014 | 科研管理；知识管理；项目管理；项目评价；创新管理；工科院校；决策支持；分类算法；文本分类；文本聚类 |
| #1 | 23 | 0.930 | 2011 | 数据挖掘；数据仓库；文本挖掘；关联规则；关联分析；聚类分析；科研考核；决策支持系统 |
| #2 | 22 | 0.975 | 2017 | 大数据；临床科研；数据利用；政府数据中心；资源整合；绩效；科研经费；信息管理；云平台 |
| #3 | 13 | 0.962 | 2019 | 科研档案；智能管理；知识图谱；语义关联；图像识别；文本分析；人工智能 |
| #4 | 11 | 0.970 | 2003 | 数据库；知识发现；抽象模型；建模；可视化；信息化；多维分析 |
| #5 | 8 | 1.000 | 2011 | 科研成果；绩效评价；评价系统；区间法；粗糙集；决策方法 |

聚类#0 包括科研管理、项目管理、项目评价、分类算法、文本聚类等关键词。这一聚类主要研究如何优化科技管理流程和提高项目质量，使得科研管理更规范化、信息化、科学化，是一个研究范围较为广泛的聚类。

聚类#1 包括数据仓库、数据挖掘、关联规则、聚类分析、决策支持系统等关键词。主要研究大数据时代下，使用数据挖掘技术挖掘有价值的信息，为科研管理决策提供科学保障。近年来，科研数据不断累积，半自动化与专家评审的方式已无法处理海量的科研数据并进行有效的分析。苏文波等（2016）使用机器学习与数据挖掘框架-Mahout，通过采用 $K-Means$ 算法、逻辑回归、支持向量机等分类算法，得到不同研究方向的同行簇，实现相似性、研究热点分析，并对项目结题进行预测，构建的决策性系统提升了科研管理效率。同样的，陈浩（2021）、刘选会等（2017）将数据挖掘应用于科研绩效评价中，并取得较好的效果。目前，多将数据挖掘与机器学习的某些算法应用于科研管理以提供更科学的决策支持，但所涉及的算法较为基础。

聚类#2 包括大数据、数据利用、政府数据中心、科研经费、云平台等关键词。主要研究方向为科研管理数据中心建设。大数据技术包含如深度机器学习、自然语言处理、聚类等技术。突破各个部门的数据瓶颈，数据整合建设已成为政府、企业和高校共同推动和建设的目标，未来对大数据获取、整合和算法等的研究仍具有较大的潜力。

聚类#3 包括科研档案、智能管理、知识图谱、图像识别等关键词。主要研究方向为知识图谱下的科研档案管理。科研档案包括科学数据、专利、技术等，并以文字、图表、图像等方式存储,将人工智能和知识图谱应用于科研档案管理,为建设信息化、智能化的创新型科研档案管理提供新思路。对科研档案进行实体识别、构建关联模型、知识融合,并通过文本挖掘、自然语言处理(卷积神经网络、循环神经网络、长短期记忆网络)、机器学习算法(隐马尔可夫、最大熵、支持向量机、条件随机场)等将现有的文本资料转化为数据,研究考核指标、项目成果之间的数据关联。

聚类#4 包括数据库、抽象模型、建模、可视化、多维分析等关键词。主要研究科研管理系统构建与可视化。通过筛选数据库的信息,将有用数据归类,结合机器学习(决策树、遗传算法)、统计学(回归分析、贝叶斯判别、聚类分析)等相关技术,以图表等直观的可视化形式展示,有利于科研工作者快速寻找相应模块,了解科研项目动态进展,及时进行在线监控和对未来走向进行预测。

聚类#5 包括科研成果、绩效评价、评价系统、区间法、粗糙集、决策方法等关键词。主要研究现有绩效评价方法与基于机器学习的绩效评价方法之间的差异。科研成果包括论文、专利、著作、获奖、项目完成情况等,对科研成果进行公平的评价能极大地激发科研工作者的热情,提高科研水平。当前绩效评价方法包括模糊综合法、德尔斐法等。为更简便地得出绩效评价结果,可采用支持向量机(SVM)、神经网络和粒子群优化等算法对科研评价体系的指标进行考核,国内学者多研究不同的机器学习算法以减少预测值与真实值之间的误差,使科研绩效评价更准确无误。

WOS 文献关键词聚类可视化结果如图 5-3 所示。选取前 6 个聚类标签,列出每个聚类的主要关键词,如表 5-2 所示。

聚类#0 包含数据挖掘、优化算法、关联规则、数据仓库、科学项目等关键词。主要研究科研管理中数据挖掘技术的瓶颈问题。由于大数据增长以及计算机技术的发展,借助于数据挖掘技术,提取隐藏在大数据中的信息,科研人员能在有限时间内进行信息检索,有助于形成具有成本效益的解决方案。其中,特征学习是数据挖掘的一项重要技术,然而现有特征选择大多数局限于批量学习,与之相比,在线学习代表了一系列适用于高效、可扩展的机器学习算法。在线特征选择的关键挑战在于如何用少量的特征对科研管理中的实际应用例子进行准确预测。这也是当前数据挖掘技术面临的挑战。

聚类#1 包含贝叶斯网络、随机森林、支持向量机、特征选择、管理技术、精准农业。2021 年和 2022 年农业管理成为突出的管理领域分支,并形成一个聚类,而农业管理的思路和方法能为科研管理提供很好的借鉴思路。因此在前期论文收集阶段并未去除相关的文献。利用机器学习技术对图像进行分类,旨在改善管理,用于实时检测。探索管理领域机器学习技术已然是大势所趋。通过识别和提取图像、表格中的原始数据,然后通过特征提取和分类步骤创建针对某特定模块的信息。其中,常用方法为聚类分析和主成分分析。同时为了处理管理中产生的结构化和非结构化数据,深度学习算法如人工神经网络、卷积神经网络等被应用。通过使用深度学习

图 5-3 WOS 文献关键词聚类

表5-2　WOS文献关键词聚类表

| 编号 | 容量 | 同质性 | 主要年份 | 聚类标签 |
| --- | --- | --- | --- | --- |
| #0 | 51 | 0.996 | 2011 | data mining; apriori algorithm; association rule; data warehouse; scientific projects; wavelet thresholding; clustering; decision tree classification; e-learning |
| #1 | 45 | 0.794 | 2017 | precision agriculture; identification; bayesian network; random forest; support vector machine; feature selection; business intelligence; management technology |
| #2 | 37 | 0.745 | 2018 | machine learning; artificial intelligence; natural language processing; decision support; predictive analytics; deep learning; text analysis; algorithm analysis; image classification |
| #3 | 36 | 0.715 | 2017 | text mining; network analysis; information science; management; science policy; information retrieval |
| #4 | 31 | 0.992 | 2007 | performance evaluation; evaluation system; risk assessment; adaptive data fusion; random sets; information metrics; decision support system |
| #5 | 29 | 0.773 | 2018 | internet of things; wireless sensor networks; data analytics; deep learning; convolutional neural network; task analysis |

算法，机器可以在先前经验的基础上学习未知的信息，提供逻辑思维，从而模拟人类的决策。

聚类#2包含机器学习、人工智能、自然语言处理、决策支持、预测分析、图像分类等关键词。要将神经网络、K近邻算法、决策树和关联分类等技术应用于管理领域，科研管理中需要解决的问题有：采用哪种机器学习技术进行管理？用于管理中的机器学习技术的评估指标是什么？将机器学习技术应用于管理的数据集有哪些？管理中使用机器学习技术解决了哪些问题？根据文献分析可得，至少有一种或多种机器学习算法，或几种算法进行融合的思想被应用于科研管理研究的论文中；目前在该领域尚未形成系统的评估指标和公开的大型数据集；将机器学习技术应用于管理领域能解决分类、预测、评估等问题。

聚类#3包括文本挖掘、网络分析、信息科学、管理、信息检索等关键词。主要研究结合机器学习算法来预处理和分析管理系统相关的文本数据。文本挖掘方法被应用于如专利数据的技术趋势分析、审查、反馈等各类型的文档中。近几年的研究集中于机器学习算法应用于文本数据分析，如使用聚类算法识别未知类别的文档。

聚类#4包括绩效评价、评价体系、风险评估、自适应性数据融合、决策支持系统等关键词。自适应融合和融合管理等融合策略的出现，旨在进行多源数据融合以便科学性地评估项目的初步研究结果。为构建科学的评价模型，对熵权（EW）、反向传播神经网络和随机森林、逻辑回归、Cubist 等模型进行训练，模拟指标之间的复杂关系，比较精度、召回率、$F_1$ 评分等指标，输出项目质量评价结果，丰富和完善质量评价的指标体系和方法研究，为制定合理有效的决策提供理论依据和技术支持。基于早期决策的科研管理系统在降低成本、提高质量、减少浪费和错误决定方面具有巨大的潜力，能帮助政府和企业推断科研人员的倾向，制定相应的策略。

聚类#5 包括物联网、无线传感器网络、数据分析、深度学习、卷积神经网络等关键词。在过去 10 年中，物联网发展迅速。物联网的发展为管理技术提供新的视觉体验和技术手段。物联网及数据驱动的应用程序不仅在远程监测方面发挥着关键的作用，而且可以迅速执行指导方针和行政命令。主要应用之一是通过物联网传输数据，采用机器学习方法对数据和信息进行清洗和管理。

## 5.4 研究主体力量分析

### 5.4.1 合作机构分析

利用 CiteSpace 软件中合作网络分析的 Institution 分析合作机构。图 5-4 和图 5-5 分别为中、英文文献机构合作共现图谱。表 5-3 展示了主要发文机构。

在 CNKI 文献机构合作共现图谱中，显示文献发表量超过 2 篇的机构，同时显示有合作的机构。分析图 5-4 可得，在科技管理领域采用机器学习方法的机构大多数为"＊＊研究所""＊＊科研处"。机构合作关系呈现多种结构，多为同一机构内部的合作，例如"中国科学院大学经济与管理学院"与"中国科学院大学人文学院"的合作，"中国农业科学院农业信息研究所"与"中国农业科学院农业经济与发展研究所"的合作等；也有部分研究所与高校开展合作，例如"广东省科技基础条件平台中心广东省高性能计算实验室"与"广东工业大学自动化学院"的合作，"国家工业信息安全发展研究中心"与"重庆广播电视大学"的合作等；还有实验室与公司的合作，例如"长白山历史文化与 VR 技术重构吉林省重点实验室"与"信银理财有限责任公司"的合作等。总体而言，不同性质的机构间的合作呈现多元化，但近 5 年内才出现相互合作的关系。随着该领域的不断发展，未来机构合作强度有望加深。

在 WOS 文献机构合作共现图谱中，显示文献发文量超过 3 篇的机构。从图 5-5 可得，Chinese Academy of Science（中国科学院）、Duke University（杜克大学）、Tsinghua University（清华大学）、Lawrence Berkeley National Laboratory（劳伦斯伯克利国家实验室）等科研机构或高校的发文量相对多，主要形成五大聚类。其中，杜克大学与 University Miami（迈阿密大学）、University Toronto（多伦多大学）等高校

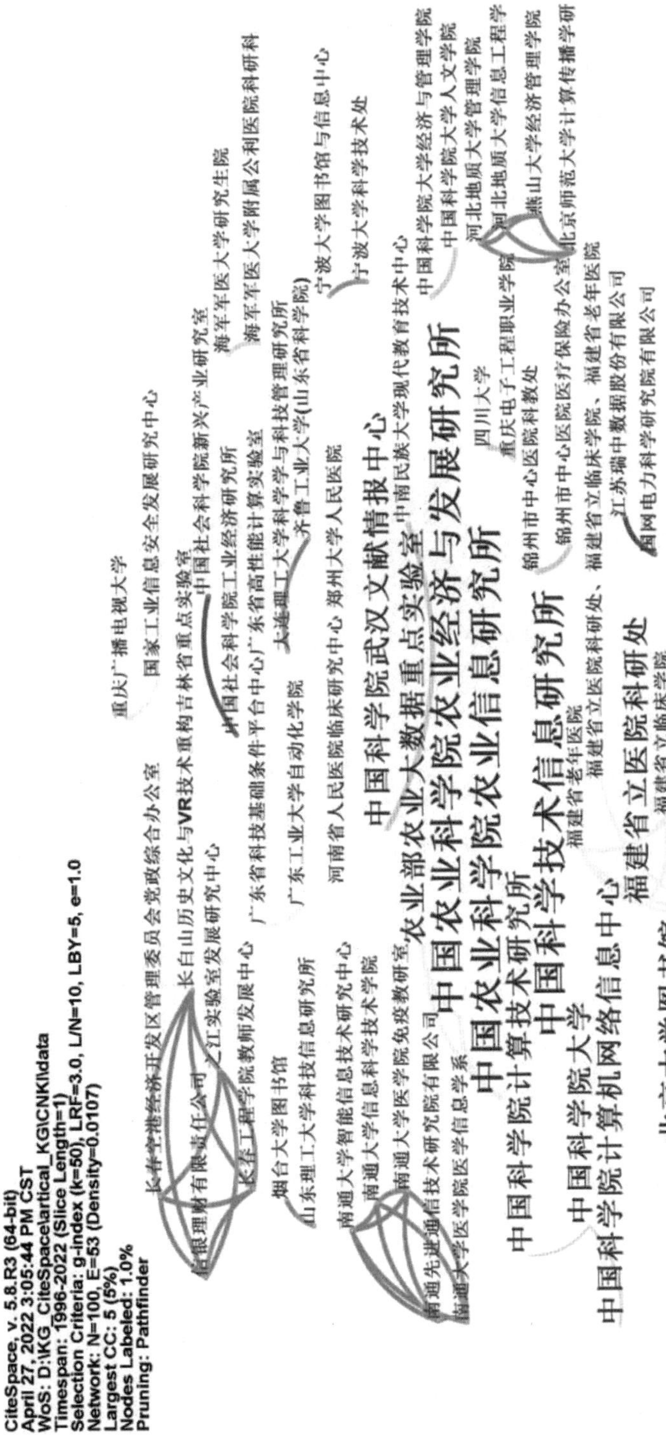

图 5-4　CNKI 文献机构合作共现图谱

有合作关系，形成高校合作圈。劳伦斯伯克利国家实验室与 Australian National University（澳大利亚国立大学）、Wuhan University（武汉大学）等科研机构或高校形成合作圈。Valent Bio Sci LLC（瓦伦特生物科学有限责任公司）与 Tianjin University（天津大学）、University of California Irvine（加利福尼亚大学尔湾分校）、Yela University（耶鲁大学）等形成了高校与公司之间的合作关系，出现跨国、跨机构性质的合作趋势。总体而言，2016—2022 年，不同高校之间的合作日益紧密；跨机构性质，如研究所、公司、高校等的合作关系逐渐明朗，但尚未形成大聚类。

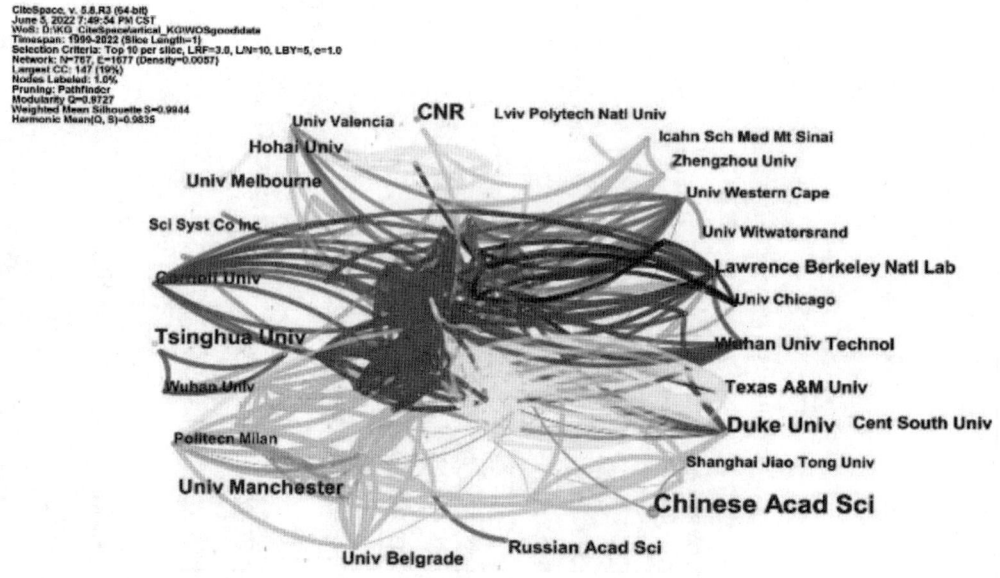

图 5-5　WOS 文献机构合作共现图谱

表 5-3　CNKI/WOS 文献主要发文机构发文量

| CNKI 文献发文机构 | 发文量/篇 | WOS 文献发文机构 | 发文量/篇 |
| --- | --- | --- | --- |
| 中国农业科学院农业信息研究所 | 3 | Chinese Acad. Sci. | 9 |
| 中国农业科学院农业经济与发展研究所 | 3 | Duke Univ. | 6 |
| 中国科学技术信息研究所 | 3 | CNR | 6 |
| 中国科学院计算机网络信息中心 | 2 | Tsinghua Univ. | 6 |
| 北京大学图书馆 | 2 | Univ. Manchester | 5 |
| 中国科学院武汉文献情报中心 | 2 | Cent. South Univ. | 4 |
| 中国科学院计算技术研究所 | 2 | Lawrence Berkeley Natl. Lab. | 4 |
| 福建省立医院信息管理中心 | 2 | Hohai Univ. | 4 |
| 农业农村部农业大数据重点实验室 | 2 | Texas A&M Univ. | 4 |
| 中国科学院大学 | 2 | Russian Acad. Sci. | 4 |

## 5.4.2 国家地域分析

利用 CiteSpace 软件中合作网络分析的 Country 分析 WOS 文献的国家合作网络图谱，如图 5-6 所示。WOS 发文量排名前十的国家如表 5-4 所示。其中，研究该领域的国家主要集中在中国、美国、德国、印度、意大利、英国等发文量较多的国家，各国之间的合作关系也逐步凸显。值得注意的是，尽管中国发文量高于美国，然而从首次发文时间可知中国学者的研究时间相对滞后。

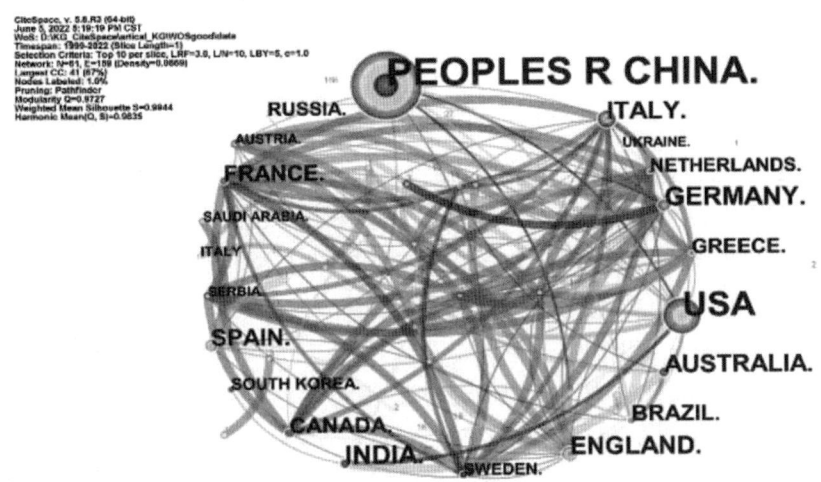

图 5-6 WOS 文献国家合作图谱

表 5-4 WOS 发文量排名前十的国家

| 国家 | 发文量/篇 | 首次发文时间/年 |
| --- | --- | --- |
| 中国 | 168 | 2008 |
| 美国 | 93 | 1999 |
| 德国 | 32 | 2007 |
| 印度 | 28 | 2014 |
| 意大利 | 27 | 2009 |
| 英国 | 27 | 2007 |
| 澳大利亚 | 24 | 2011 |
| 西班牙 | 22 | 2009 |
| 加拿大 | 16 | 2015 |
| 巴西 | 16 | 2013 |

## 5.5 演化分析

使用 Timeline View 进行关键词时态分析，可得关键词研究热点时间线谱图，能直观展示研究热点变化趋势。为展示更清晰的图谱，将"Max Number of Node Labels per Year"设置为 2，CNKI 文献设置 Text Rotate 0 Degree，WOS 文献设置 Text Rotate 30 Degrees。

从 CNKI 文献关键词研究热点变化趋势可得：科研管理与数据挖掘、大数据的交叉线最多。在 1996—2004 年，智能信息管理研究为关注热点，尤其是基础研究、质量管理和项目管理；2005—2011 年科研管理与知识库构建为关注热点，并将数据挖掘技术引入科研管理领域，使用文本聚类、文本分类、文本挖掘和算法设计对科研项目进行智能化评价，这一阶段是机器学习应用于科研管理领域的初步发展阶段；2012—2015 年，管理系统开发与应用开始出现在高校、研究所，由此形成在线科研模式，对管理流程可视化和信息化，逐步形成区别于人工管理模式的创新型在线科研管理模式；2016—2022 年，对科研信息进行分类、主题识别，使用智能推荐、辅助决策、集成学习、知识图谱、机器学习等方法进行科研管理与决策，并进行科研考核和绩效预测，在此基础上交叉平台建设正逐渐引起国内学者关注。

从 WOS 文献关键词研究热点变化趋势可得：data mining（数据挖掘）、text mining（文本挖掘）、artificial intelligence（人工智能）的交叉线最多。在 1999—2004 年，研究热点为将自适应数据融合、数据集成、数据挖掘等技术应用于科研管理、绩效评价领域；2005—2011 年，研究热点为在已构建的数据仓库中挖掘有用知识，构建数据化管理系统，使用决策树算法，并构建支持决策系统，应用于政府科技管理决策。2012—2022 年，大量涌现应用于科技项目管理和绩效评价的机器学习算法、智能算法，如决策树分类、随机森林、神经网络、深度学习、关联规则、人工智能、模糊推理等。

为了解现有科学且规范的科研管理与绩效评价研究进展，本章节采用 Citespace 软件，分析当前机器学习应用于科研管理领域的研究热点、研究主体力量（合作机构和国家地域）及未来演化趋势。所得结论如下：

（1）机器学习算法和深度学习算法如决策树、随机森林、支持向量机、$K$ 均值、条件随机场、BP 神经网络、卷积神经网络、长短期记忆网络等被应用于科研管理与决策，不同的机器学习算法在减少预测值与真实值之间的误差的过程中逐步形成区别于人工管理模式的创新型在线科研管理模式；

（2）高校走在了科研管理研究的前列，形成了高校合作圈，初步展现了高校与科研机构、企业的合作形式趋势，跨机构性质的合作有望加强；

（3）尽管机器学习、深度学习、知识图谱、数据挖掘等技术被应用于科研管理领域，然而数据准确性不高、管理系统不完善、所构建的模型较为单一及缺乏实际应用等问题使得机器学习在科研管理领域的全部潜力尚未被完全激发。

## 参考文献

[1] 刘星，韩婷婷，王胜金，等. 我国高校科研项目数据高质量管理的挑战与应对分析：以哈尔滨工业大学为例［J］. 研究与发展管理，2021，33（5）：161-167.

[2] ZHENG D. Research on the evaluation model of educational management theory based on data mining from the perspective of neural network［J］. Wireless Communications and Mobile Computing，2021，7260806：10.

[3] 迟睿，苏翔，滕瑜. 基于 RBF 神经网络的科研绩效评价建模研究［J］. 江苏科技大学学报（自然科学版），2017，31（4）：525-530.

[4] ZHANG G. Evaluation of scientific and technological achievements in colleges based on machine learning and image feature retrieval［J］. Journal of Intelligent and Fuzzy Systems，2020（11）：1-11.

[5] QIAO G，DING L，ZHANG L，et al. Accessible tourism：a bibliometric review（2008—2020）［J］. Tourism Review，2021（7）：25-26.

[6] MAGALY G，MERIGÓ J，HUGO B. Knowledge management：a global examination based on bibliometric analysis［J］. Technological Forecasting and Social Change，2018：S0040162517304055.

[7] MERIGÓ J，MAS-TUR A，ROIG-TIERNO N，et al. A bibliometric overview of the Journal of Business Research between 1973 and 2014［J］. Journal of Business Research，2015，68（12）：2645-2653.

[8] 苏文波. 基于 Mahout 的科研管理决策支持系统的设计与实现［D］. 武汉：华中科技大学，2016.

[9] 陈浩，谢为群，汪建. 高校科研管理系统建设的思考：以上海大学的实践为例［J］. 中国高校科技，2021（S1）：41-44.

[10] 刘选会，钟定国，陈曦. 大数据时代的科研管理研究：基于绩效信息使用理论的视角［J］. 科技管理研究，2017，37（6）：180-184.

[11] SANTANA L，FERRAZ G，TEODORO A，et al. Advances in precision coffee growing research：a bibliometric review［J］. Agronomy，2021，11（1557）：1-16.

[12] MAROLI A，NARWANE V，GARDAS B. Applications of IoT for achieving sustainability in agricultural sector：a comprehensive review［J］. Journal of Environmental Management，2021（298）：113488.

# 下　篇　应用探索篇

科技管理智能化探索可结合业务特点，从简化用户工作任务和提升用户决策精准等角度出发，围绕数据、算法、计算等要素展开研究。本篇主要面向科技管理中的典型业务，在信息化的基础上，将云计算、大数据、机器学习等方法进行融合，提出一系列智能化的创新方法，以期在资源层面能够更好地推荐、在项目层面能够更好地查重、在绩效层面能够更好地评估、在机构层面能够更好地管理、在知识层面能够更好地表达。希望这些探索，能为广大科技工作者提供启示与参考。

# 第6章 科技管理与信息化系统

## 6.1 科技管理信息系统概述

### 6.1.1 信息化系统

信息化系统包含了信息化和系统化两层概念，是指通过信息化手段更有效地记录、采集、统计、分析，进而得到业务过程中所需要的功能及管理和决策信息，从而形成相互联系、相互依赖、相互作用的事物或过程，构成具有整体功能和综合行为的统一体。

1948年，美国科学家"信息论之父"香农（Claude E. Shannon）提出了信息的概念，人们通常将香农于1948年10月发表于《贝尔系统技术学报》上的论文 *A Mathematical Theory of Communication*（通信的数学理论）作为现代信息论研究的开端。在深入研究通信理论的基础上，人们对信息的研究迅速增加，形成了一个新的学科——信息论。信息论将信息的传递作为一种统计现象来考虑，给出了估算通信信道容量的方法。信息化的主体因面向业务不同而不同，它可以包括政府、企业、事业、团体和个人。在国家层面，信息化的核心是要通过全体社会成员的共同努力，在经济和社会各个领域充分应用基于现代信息技术的先进社会生产工具，创建信息时代社会生产力，并推动生产关系和上层建筑的改革（表现为法律、法规、制度、规范、标准、组织结构等），使国家的综合实力、社会的文明素质和人民的生活质量得到全面提升。在企业层面，信息化是运用通信技术、信息技术对业务过程进行设计与再组织，使企业的业务处理效率、资源配置和管理决策效能得到提升和优化。国家信息化体系六要素如图6-1所示，其中，信息化体系六要素中，信息技术应用是龙头，信息资源是关键，信息网络是手段，信息化政策法规和标准规范是根本保障，信息技术和产业是基础，信息化人才是成功之本。

系统是由相互联系、相互依赖、相互作用的事物或过程组成的具有整体功能和综合行为的统一体。研究系统的一般理论和方法，称为系统论，系统是系统论的主要研究对象。信息系统的生命周期可以简化为系统规划、系统分析、系统设计、系统实施、系统运维五个阶段。为了便于论述针对信息系统的项目管理，信息系统的生命周期还可以简化为立项（系统规划）、开发。开发阶段不仅包括系统分析、系统设计、系统实施，还包括系统运维等工作。信息系统的生命周期如图6-2所示。

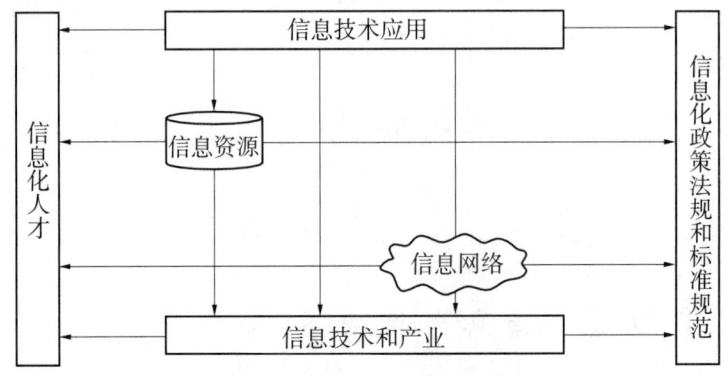

图 6-1 信息化体系六要素

图 6-2 信息系统生命周期

常用的信息化系统开发方法包括结构化方法、面向对象方法、原型化方法、面向服务方法等。信息化系统开发方法如图 6-3 所示。

1. 结构化方法

结构化方法经常被称为生命周期法,是一种传统的信息系统开发方法。它是指将开发周期划分为规划、分析、设计、实施、维护等阶段,进行自顶向下、逐步求精和模块化设计,从而达到工作阶段化和目标清晰化的开发效果。该方法是一种面向数据流的开发方法,比较注重功能的分解与抽象,适合于数据处理领域的问题,常适用于开发规模较小、功能较简单的信息化系统开发。

2. 面向对象(OO)方法

面向对象(OO)方法认为客观世界是由各种对象组成的,任何事物都是对象,对象由属性和操作组成,对象可按其属性进行分类,对象之间的联系通过传递消息来实现,对象具有封装性、继承性和多态性。与结构化方法类似,面向对象方法也

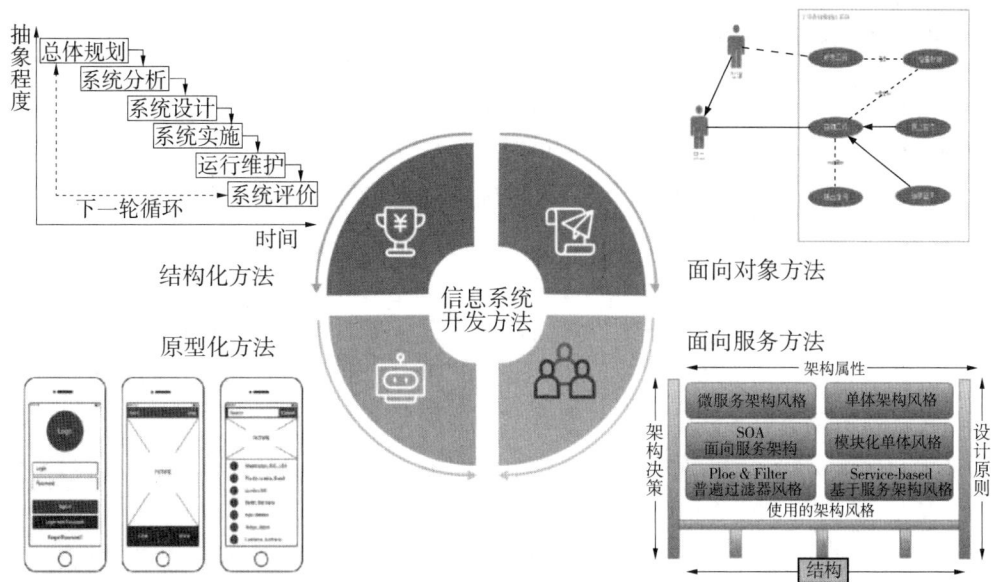

图 6-3 信息化系统开发方法示意

划分阶段，但其中的系统分析、系统设计和系统实现三个阶段之间已经没有明显"缝隙"。也就是说，这三个阶段的界限变得不明确，以体系结构为中心，迭代地和渐增式地进行开发。面向对象方法可适用于复杂对象和大型系统开发，也有部分大型信息系统开发将结构化方法和面向对象方法结合，使用结构化方法进行自顶向下的整体划分，然后自底向上地采用面向对象方法开发。

3. 原型化方法

原型化方法也称为快速原型法，或者简称为原型法。它是一种根据用户初步需求，利用系统开发工具，快速地建立一个系统模型展示给用户，在此基础上与用户交流，最终实现用户需求的信息系统快速开发方法。因此，对于需求不明确的系统开发，原型化方法具有明显优势，它可以运用原型与用户进行多次沟通与互动，使用户不断明确自己的开发功能。

4. 面向服务（SO）方法

面向服务方法是在面向对象方法的基础上扩展的构建系统的思想和方法。如何使信息系统快速响应需求与环境变化，提高系统可复用性、信息资源共享和系统之间的互操作性，成为影响信息化建设效率的关键问题，而面向服务的思维方式恰好满足了这种需求。面向服务方法关注的是企业业务，它直接映射到业务，强调 IT 与业务的对齐，以服务为核心元素来封装企业的业务流程和已有应用系统。服务的粒度更大，更加匹配企业级应用中的业务，可以实现更高级别的应用。

### 6.1.2　科技管理信息系统

科技管理信息系统的建设需面向用户主体，结合具体的业务需求而设计合理的管理系统，面向不同的业务梳理信息化管理的目标，结合实际工作流程和涉及的信息处理制定相关的功能，从而进一步实现辅助机构管理和决定的目的。常见的科技管理信息系统包括科研项目管理系统、科技资源管理系统、科技成果管理系统、科技人才管理系统，当然，也有一些将所有相关业务进行集成的共享服务平台等。通过科技管理信息系统建设的推进，提高科技信息管理工作效率；科技信息管理者可跟踪科研人员信息的进展，可查看其人员及科研单位的信息动态，从而实现关于科研信息的实时动态管理和收集。一方面，科技信息管理者可利用科技管理信息系统加强与科研人员的互动。另一方面，这个管理平台还可以有效地实现科研人员与外界保持实时通信，便于准确地掌握相关行业技术的最新趋势。

当前，建设国家科技管理信息系统是实施国家科技计划管理改革的重要任务。中国科学技术信息研究所从大数据治理视角对"十四五"时期国家科技管理信息系统进行建设思考，提出"十四五"期间国家科技管理信息系统建设的主要任务包括适应新型科技计划管理组织模式、支撑科技计划管理全流程、支撑对重大科技事项和问题的科学决策、提升科研人员服务体验等。为贯彻落实《北京市促进科技成果转化条例》，推动科技成果转化应用，加强北京市科技成果信息系统的管理和使用，北京市科委、中关村管委会制定了《北京市科技成果信息系统管理和使用办法》。湖南省科学技术信息研究所根据地方科技主管部门对科技管理工作的实际需求分析，采用SSH（struts + spring + hibernate）框架技术和MVC模式设计和实现了一套可维护、易扩展的科技管理信息系统。吉林省科技发展计划项目管理信息系统于2013年开始试运行至今，包括指南编制发布、项目申报、立项管理、实施过程管理、验收、成果评价六个子系统；并配合系统功能的实现，建立了专家管理、信用管理两个基本数据库。科技计划项目管理信息系统可实现对省科技计划的指南发布→项目申报→项目评审→项目立项→实施过程管理→项目验收→成果跟踪与绩效评价全过程的网上管理。

## 6.2　科技管理信息系统研究现状

随着信息化水平的不断提高，科技管理信息系统不仅在业务流程上不断进行规范和优化，也在技术上不断运用较先进和流行的软件开发框架进行性能的提升。魏春锋（2020）对我国科技管理体制的现状、发展方向、创新方面进行了思考，提出要从目标、数据库、人员培训和规章制度等方面建设和运行合理的科技管理信息系统。杨高均（2020）分析了我国基于大数据的科技专家库管理系统构建现状及存在的问题,并提出了构建和优化基于大数据的科技专家库管理系统的方法。陈永光等(2023)依托快速敏捷开发模型关键技术,设计了 Jet 低代码快速开发平台,完成了"陕西煤业科技管理信息系统"的需求调研、系统设计、软件开发和测试全流程。弓秋丽等(2022)提出一种针对科技管理系统的项目管理方法,对科技项目进行全过程、全周期管理,同时结合线上线下的管理模式提高管理效率。

## 6.3 基于 SOA 与 JFinal 架构的科技资源服务平台建设

科技平台是科技服务业的载体和实现形式,通过科技平台汇聚科技基础条件资源,并将汇聚的资源整合利用,为社会各界提供资源服务;通过科技平台展现各类科技服务,将科技服务更加具体化、形象化。平台能够有效承载各种科技服务,包括在线提供一些服务功能或是离线实现某些科研项目,都将有效地促进科技服务业的发展。建设科技基础条件资源服务平台,能够有效提升科技服务业的质量水平,使科技服务由抽象变为具体、由集中变为宽泛。"一站式"科技基础条件平台需要将各类资源进行统一整合,面向社会提供多样化的资源服务,具有跨机构、跨平台和跨组织的业务特点。为更好地面向广大科技工作者提供开放式的资源服务,扩展兼容更多的信息系统,参考企业总线模式,提出面向科技资源服务的总线设计,以便于整合分布式的资源,并统一对社会开放共享。

### 6.3.1 科技管理平台架构

面向服务的架构(SOA)是为了适应需求的多变而提出的一个系统架构理念,是一种构造分布式系统的方法,它将 IT 系统的功能以服务的形式提供给用户或其他服务,以适应不断变化的需求。项目基于 SOA 架构设计开发,其基于服务及组件的开发思维有助于平台开发出移植性和适应性较强的系统,可以满足科技资源中众多资源类别以及资源异构性的特点。同时,Web2.0 特性有助于提升用户体验。

平台采用 J2EE 框架进行开发实现,技术选型主要考虑轻量级、易扩展、支持 Restful、开发极速灵活及良性运行的特点,并遵循 MVC 架构。JFinal 是基于 Java 语言的极速 Web 开发框架,现阶段已得到广泛应用,并在 2016 年中国开源软件排行榜位居榜首。SSB 实现过程最终结合该框架进行开发,采用 ORM + JFinal + SHIRO + Freemaker + HTML 5 的模式进行。框架由 Handler、Interceptor、Controller、Render、Plugin 五大部分组成。JFinal 架构十分简单,顶层是一个责任链模式变种,Action Handler 内部结构也十分简单,是一个 Command 模式变种。其架构如图 6 - 4 所示。

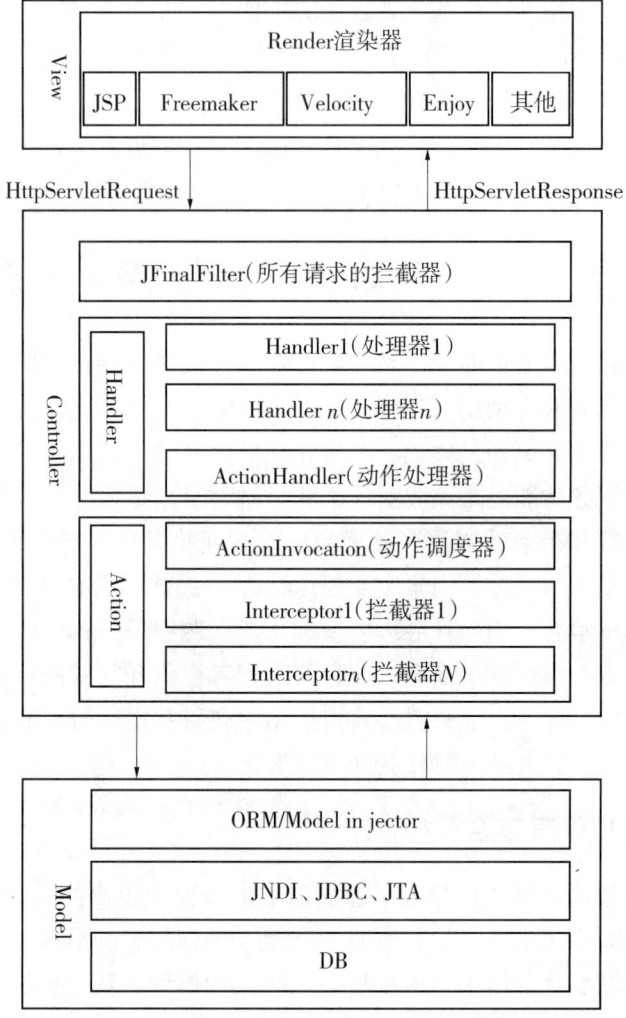

图 6-4　JFinal 技术框架

  SOA 应用体系架构下的软件开发模式（programming model）基于组件，并以组装（assembly）为方法。组装出的业务组件（composite）是 SOA 服务的来源。资源服务总线与企业服务总线类似，采用相同的技术实现，同样基于组件的开发思维，解决其异构性和多样性，并用于构造更为高层和更粗粒度的资源应用模块的软件架构。

  在数据整合方面，架构将采用自建数据库与外在数据有机结合的方式。对于可以整合归类的科技资源，直接存储于平台进行统一管理；对于各类企业自主管理的资源，采用数据交换平台的形式接入资源服务总线。资源服务总线面向资源数据采用消息服务封装、EJB 服务封装等多种封装形式，以保证总线的可适应和可扩展性。为保证进入服务总线的数据安全，采用安全审计、Cache 机制、通信机制等多种企业总线的机制。架构在整合科技资源并进行管理后,提供各种服务的应用,但这些应用均采用 Web Service 服务和 Rest 服务,因为这两种服务模式更易于灵活扩展。现阶段该服务总线已经提供了统一认证、综合搜索、UI 控件、服务统计、服务评价、服务监管等应用。

### 6.3.2 科技资源服务总线优势及关键技术

现阶段尚没有围绕科技资源进行资源服务总线建设,但随着大数据技术和云计算技术的发展,也有企业提出建设资源服务总线。

传统的资源服务总线主要是运用于本地进行信息共享传输,为集合本地资源,以请求、服务的形式帮助本地实现跨应用、跨区域的信息共享,其核心技术仍然采用企业服务总线的建设思路,解决企业本身各系统间的信息共享问题。

科技资源服务总线将企业服务总线的思想运用于科技资源数据整合和应用中,除了行业应用的不同之外,其核心技术与传统的服务总线相比也有创新之处。首先在数据的采集和整合过程中,传统的服务总线一般运用于本地的资源整合,而在科技资源服务总线中,SSB 将采用本地与异地相结合的方式进行存储和管理,异地异质数据库将通过数据交换平台最终纳入资源服务体系架构。其次在服务接口上,虽然同样将服务作为接口,但传统的服务总线通常在各个第三方应用与服务总线之前直接采用 Web Service 接口进行数据的访问和应用的调用,而科技资源服务总线在第三方应用和服务总线之间添加管理工具,包括适配器和统一认证技术,不仅每一次的访问调用均需要授权和认证,保障数据的安全,而且在 SSB 中通过认证的用户,在访问其他第三方应用时可以实现单点登录,使服务更加方便快捷。

### 6.3.3 科技资源服务总线应用

基于 SOA 和 JFinal 架构的科技资源服务总线应用于科技资源服务平台中,可实现的功能主要有:资源监管、资源服务统计、服务评价。具体的功能模块如图 6-5 所示。

资源服务统计主要针对平台的资源服务进行统一整理,形成可供参考的数据格式和模型,以供管理机构作为决策依据。其主要内容包括资源数量统计、资源质量统计和统计报表。服务评价是指交易结束后资源提供方和资源使用方进行互评,主要功能包括使用方评价、提供方评价和评价处理。资源监管是指对资源进行审核及监督,保证资源服务的正常运营及服务质量的提高。其主要功能包括资源信誉、资源审核、资源数据准确性监管、资源服务响应性监管。

资源服务统计技术主要通过第三方软件与服务总线相结合的方式实现,在架构实现了科技资源数据整合的基础上,通过统一认证的用户可以直接通过接口调用数据统计插件。该插件主要集成了 EChart 开源图形统计软件,以及自主研发的统计分

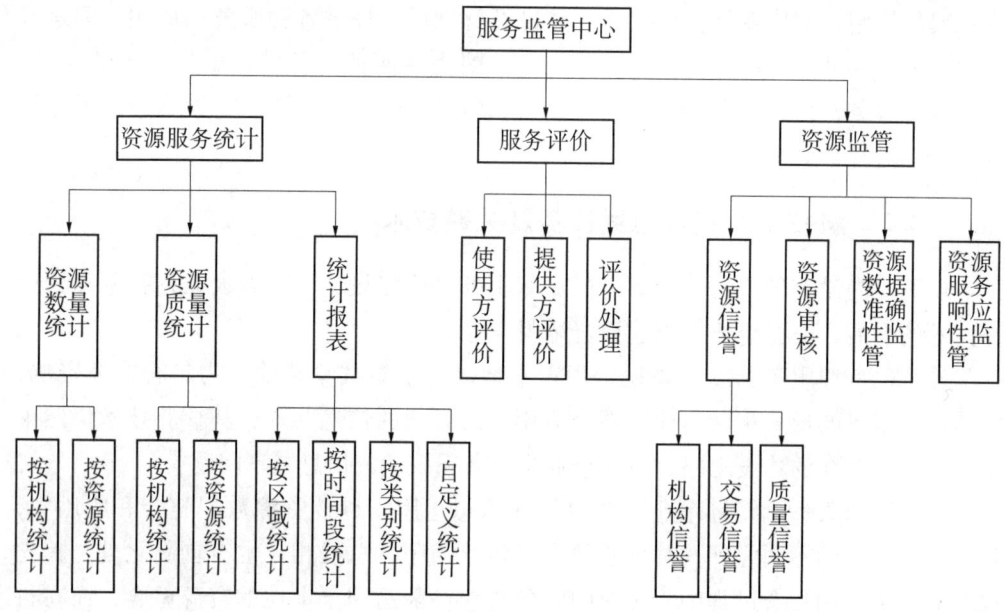

图 6-5 服务监管中心功能结构

析算法，包括多维度关系分析、高性能分析引擎等，可将数据根据需求展示给用户。自建的服务评价功能通过基于 SOA 的接口适配技术实现服务总线内订单记录的双方评价及评价处理。数据与用户的交互通过适配器进行接收和传送，适配器将数据转换成 XML 文件，并打包成 SOAP 消息，通过服务总线消息队列统一管理和发送。

通过建设面向科技资源的服务总线，提出了资源服务总线的技术架构和基本特征，并采用 SOA 和 JFinal 技术进行实现，最后运用于科技资源服务平台的建设。服务总线的建设能够满足科技资源中众多资源类别以及资源异构性的特点。通过科技资源服务总线开展科技资源的整合与应用，达到开放共享与服务的目的，将闲置的科技资源与科研工作需求结合在一起，为中小微企业科技创新活动提供资源与技术服务，为科研院校、青年科技工作者等的科研工作提供基础支撑，为政府科技资源配置提供数据支撑，为社会民生发展提供科技资源专题化服务，以实现深远的社会效益。

## 6.4 基于云计算的物联网数据网关的建设研究

随着电子技术和信息技术的发展与创新，物联网产业与互联网紧密结合并快速发展，对建设新型智慧城市起到积极的推动作用。物联网数据网关设备，作为解决物联网的数据传感和数据传输的关键领域，具有广泛的用途。物联网数据网关有效解决的物联网发展的数据链路问题，其市场需求必将随着物联网的发展而不断增加，其产业化前景非常美好。

## 6.4.1 数据网关主要解决的功能和问题

数据网关,既是多种传感设备的通信控制网关,也是大量移动传感设备的数据接收网关,利用云计算的服务模式在物联网时代架起感知网络和信息网络间传输通信的"桥梁",是软硬件一体化集成设计实现的数据交换中间件。数据网关提供图形化的数据流程定义工具,方便应用且无须复杂开发,并支持多种接口协议(如 SMS、RFid、IM、Mail),支持常见数据库(如 Oracle、SQL Server、DB2),支持消息队列(如 MS MQ、IBM MQ),并可随时扩充协议、数据适配器接口。

如图 6-6 所示,本节研究开发的数据网关参考 Restful 架构,将通过各种有线和无线的协议标准(如 Longwork、RuBee、串口、并口、电力线载波、蓝牙、Zigbee、其他无线载波)连接多个物联网设备,进行数据的采集和设备的控制。多个物联网数据网关可以通过各种网络通信协议(如有线无线宽带 Internet、3G、GPRS、WIFI)级联构造成物联网通信的骨架。各种智慧城市物联网数据通过该网关构成的通信架构汇总到云计算平台中进行存储和处理,然后以云服务的方式进行发布,供各种应用程序使用,使得应用程序可以在统一的调用接口下透明地进行智慧城市物联网数据的采集和设备的管理。

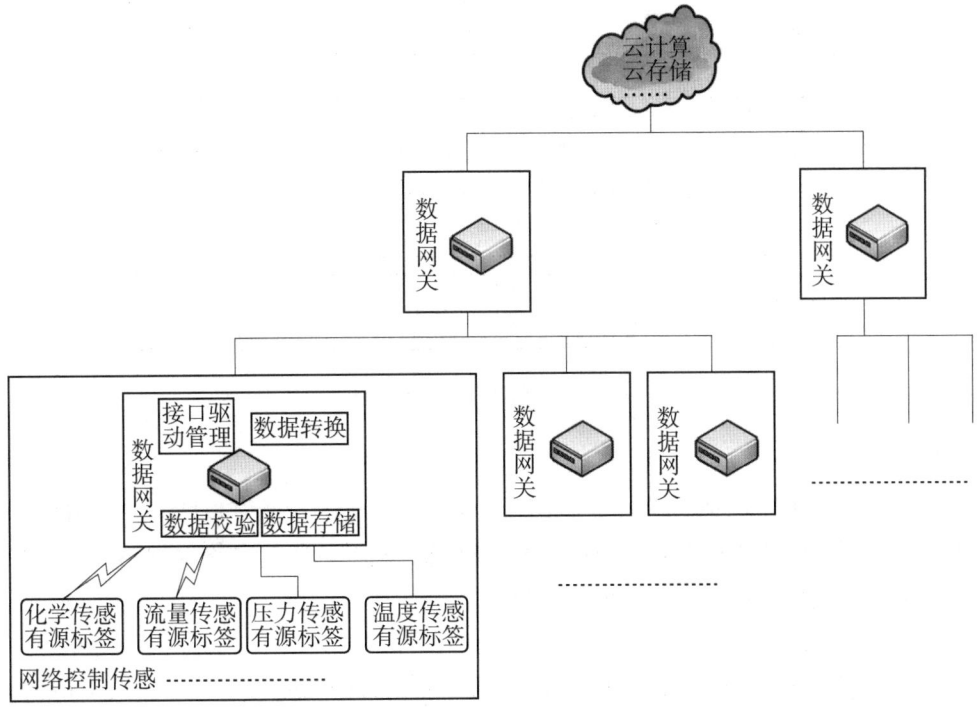

图 6-6 数据网关示意图

数据网关要解决物联网技术标准和通信协议的多样性、海量数据采集处理、系统的实时性等问题，使应用程序可透明地访问传感网络设备采集到的信息。现阶段的各种信息网络如果通过数据网关，则可以得到进一步的延伸与扩展，能够构建包括骨干网、接入网、移动通信网、近程感知网等各类网络在内的整体性网络架构，将不同时空不同应用的感知网络和信息网络结合在一起，因此，数据网关便成为各网络之间的关联节点。

### 6.4.2 数据网关的技术架构

数据网关采用分层架构实现，如图6-7所示。

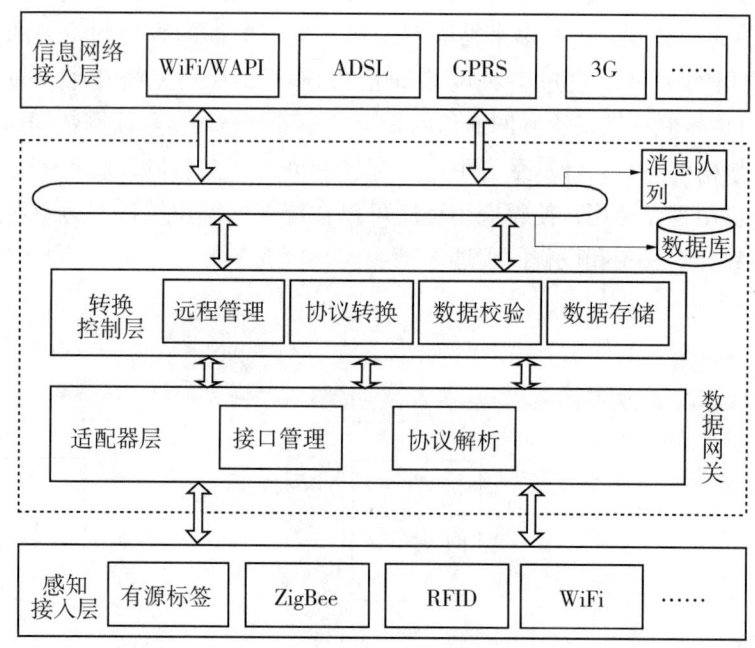

图6-7 数据网关技术架构图

1. 感知接入层

感知接入层主要包括有源标签、RFID、ZigBee、WiFi等感知设备和感知网络。主要支持外插拔模块进行多种协议的解析并感觉各类型网络，最终根据不同的场景选择不同的特定协议，达到感知网络的目的。

2. 适配器层

适配器层主要包括接口管理和协议解析，用于管理感知接入层所收集的标准接口。通过适配器处理不同的数据协议，最终实现各类数据和指令标准化。

3. 转换控制层

转换控制层主要包括远程管理、协议转换、数据校验、数据存储等功能。其将下层的感知网络、适配器两层的数据进行统一封装，将上层的物联网管理平台进行通信对接，实现管理协议在上下层之间的相互转换和通信。这一层还提供数据的校验、存储功能，可以将数据存储在数据库中，也可以发送到消息队列，由消息队列进行后续处理。

4．信息网络接入层

信息网络接入层支持多种接入方式，数据网关采集的数据可以通过信息网络传送到上层管理平台，为数据统计分析、行业应用开发提供统一的数据来源。

### 6.4.3 数据网关所采用的关键技术

1．数据网关处理技术

利用高性能、高并发服务器的开发技术，使得数据网关具备较大的吞吐量数据接收处理服务的能力和并发移动传感设备接入的能力，实现并发处理多事件的应用程序，主要包括以下两种。

（1）多线程模型。

此模型简单易用，主要采用能够隐式地运行和维护堆栈状态信息和历史的阻塞型I/O等同步操作进行程序编写，其为每一个链接创建一个线程。特别是对于少量并发连接的情况，该模型能够很好地通过创建相应的线程数进行处理，普通的PC机均能胜任。如果需要处理特别多并发数据，达到千万级别的连接数量时，就需要采用高性能计算机器进行并行计算。

（2）事件驱动的单线程模型。

与多线程模型相比，该模型具有扩展性高、通用性强的特点。其主要由一个主线程和多个异步操作组成，并由主线程统一调度和管理，当出现多任务阻塞时可以自动转化为异步操作，这些异步操作均由主线程发起并处理相应的结果。该模型通常具有较好的性能，因为主线程的主要任务是处理实际的计算任务，节省了多线程的调度所损耗的时间。但由于需要将阻塞任务转化为异步操作，因此编程较复杂。

半异步模式将多线程模型与事件驱动的单线程模型相结合，使系统既有异步处理又有同步处理。利用异步处理改善系统的性能，使用多线程即同步处理简化开发人员的编程难度，使数据网关在处理应用程序时达到一定的平衡，提高数据处理的综合能力。基于云计算的数据网关结合实现异步服务通信层和同步服务通信层，将需要多线程处理的应用分配给同步处理通信层，将需要提高性能的应用分配给异步处理通信层，但两层之间能够相互通信和进行数据交换，知道各层之前的应用处理情况。

值得注意的是，基于云计算的数据网关为更好地利用云计算技术，达到数据网关弹性配置和综合应用的目的，在同步通信层和异步通信层之间增加了一个交互层，用于协调两层服务之间的通信，在独立线程或进程中同步地处理高层服务（如耗时长的数据库查询或文件传输），从而简化并发编程。如果驻留在相互独立的同步层和异步层中的服务必须相互通信或同步它们的处理，则应允许它们通过一个排队层向对方传递消息。这种解决方案将极大地提升服务器的性能。

2. 对象数据库编码与格式转换

该数据网关主要处理对象数据库的存储，如 Oracle、SQL Server、SYSBASE 等主流数据库。对象编码兼容多个技术标准，如 EPC 的编码标准，对象信息采用 XML 编写。网关采用 SOAP 协议提供对象数据库的检索服务。

该数据网关在数据格式转换方面，综合了 8 种编码类型：GID，SGTIN，SSCC，SGLN，GRAI，GIAI，GSRN，GDTI；按编码方式分类，它们的转换方案（针对 EPC – URI 格式）如图 6 – 8 所示。

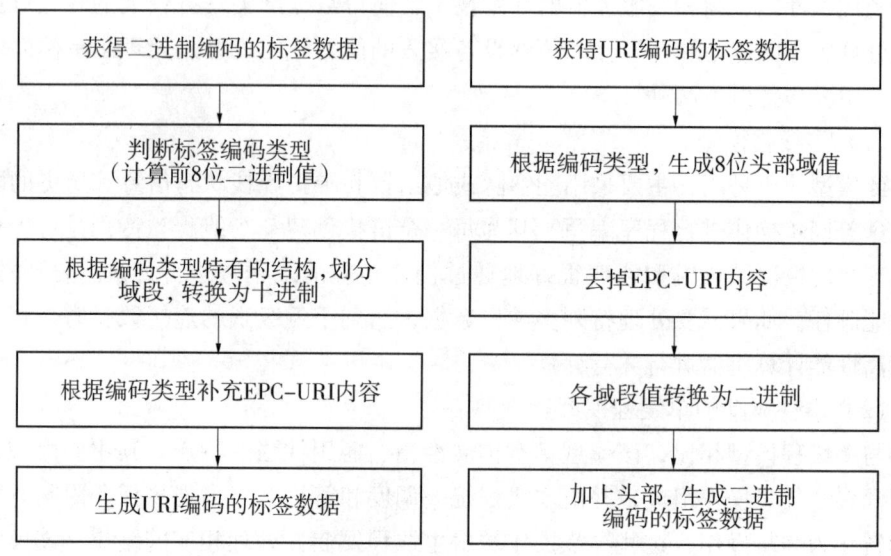

图 6 – 8　编码与格式转换

物联网中数据种类繁多，格式各异，对各种数据和设备的管理存在多种困难，通过基于云计算的数据网关开发，可以解决如下问题。

①网关的数据采集要解决物联网技术标准和通信协议的多样性、系统的实时性等问题，使应用程序可透明地访问传感网络设备采集到的信息。

②物联网数据网关应用领域应该是多样性的，不局限于某一类或某一领域的应用情景。对于不同的应用，展现技术是不同的。通过该网关可以支持各种不同的物联网应用，这样就对数据展现架构提出了灵活性和扩展性的需求。

## 参考文献

［1］魏春锋. 科技管理创新与信息化建设思考［J］. 科技风，2020，436（32）：69 – 70.
［2］刘晓晨，梁冰，屈宝强. 大数据治理视角的"十四五"时期国家科技管理信息系统建设思考

[J]. 中国科技资源导刊，2021，53（4）：74-82.

[3] 唐满华，柳毅，段立军，等. 基于MVC模式的科技管理信息系统设计与实现[J]. 计算机技术与发展，2020，30（9）：165-170.

[4] 杨高均. 基于大数据的科技专家库管理系统构建研究[J]. 电子技术与软件工程，2020，194（24）：130-131.

[5] 周伟东. 提升吉林省科技项目信息化管理与服务的对策[J]. 山西科技，2020，35（6）：52-54.

[6] 黄敬霞. 探究科技管理信息系统中信息技术的应用[J]. 数字技术与应用，2020，38（5）：85-86.

[7] 陈永光，万近况，郝亚锋，等. 基于Jet快速开发平台的科技管理系统构建[J]. 陕西科技大学学报，2023，41（1）：196-201，208.

[8] 程思博. 基于大数据的科技管理数据集成平台探讨[J]. 科技风，2022，511（35）：63-65.

[9] 弓秋丽，杜炳锐，吴琼. 一种科技管理系统的项目管理方法、装置和服务器：CN114862370A[P]. 2022-08-05.

[10] 林珠，陈树敏，罗俊博，等. 基于云计算的科技资源数据中心架构设计[J]. 中国科技资源导刊，2015，47（4）.

[11] PALMA F, MOHA N, TREMBLAY G, et al. Specification and detection of SOA antipatterns in Web services [M] // Software Architecture. Berlin：Springer International Publishing，2014：58-73.

[12] 杨宁，刘丹军. 基于JFinal框架的Java Web应用开发研究[J]. 电脑知识与技术，2014，10（7）：1440-1443.

[13] ZHOU N. The impact of communication technologies on social structure：take the example of smart city [J]. Journal of Shanxi University of Finance and Economics. 2016（s2）：137-144.

[14] 张皓. 计算机物联网技术应用及发展研究[J]. 电子技术与软件工程，2016（22）：10-11.

[15] 杨业令. 基于物联网的智慧家庭系统设计与实现[D]. 成都：电子科技大学，2013.

[16] 郑树泉. 工业物联网大数据平台架构与应用[J]. 软件产业与工程. 2016（6）：15-18.

[17] 朱广，黎海涛，马银童，等. 低功耗物联网网关设计与实现[J]. 国外电子测量技术，2016（6）：P31-36.

[18] LI X H. Research and development of Web of things system based on rest architecture [C] // International Conference on Intelligent Systems Design & Engineering Applications. IEEE Computer Society, 2014：744-747.

[19] CHENG D, WANG R, LIU Y. Research and development of Internet of things service platform based on REST-style architecture [J]. Computer Engineering & Applications, 2012, 48（14）：74.

[20] NING H S, LIU H. Cyber-physical-social-thinking space based science and technology framework for the Internet of things [J]. Science China Information Sciences, 2015, 58（3）：1-19.

[21] 沈翼洲，蒋荣欣. 面向视频监控系统的数据网关负载均衡策略[J]. 计算机工程，2015，41（10）：1-5.

[22] 鲁文博. 面向传感网数据共享平台的多类型网关解析系统设计［D］. 杭州：浙江大学，2014.

[23] 杨尚武. Web 应用程序中屏蔽多数据源的数据网关研究［D］. 哈尔滨：哈尔滨工程大学. 2012.

[24] HONG Y J. Research on the framework of high performance the Internet of things based on multilevel disaster recovery［J］. Advanced Materials Research，2012，1898（542）：462 – 468.

[25] 李天杰，姚程，曹筱欧，等. 一种基于物联网技术的智慧家庭能源中心的设计与应用［J］. 自动化与仪器仪表，2016（11）：241 – 242.

[26] SHIH C S, YANG C M, CHENG Y C. Data alignment for multiple temporal data streams without synchronized clocks on IoT fusion gateway［C］// IEEE International Conference on Data Science and Data Intensive Systems，2015：667 – 674.

[27] 骆歆远，陈刚，伍赛. 基于 GPU 加速的超精简型编码数据库系统［J］. 计算机研究与发展，2015（2）：362 – 376.

# 第7章 面向科技大数据的项目查重方法

## 7.1 科技项目立项评估概述

科技项目，又称科技计划项目，是科技计划的载体，是在市场经济条件下政府组织科学研究和技术开发的主要手段，是引导、支持全社会加强技术创新，推动科技进步的一项十分重要的策略。科技项目与一般项目相比具有很多特征，如投入资金规模较大、社会影响较广等，特别是重大科技项目，其实施后果往往具有深远的社会效益和经济效益。科技项目的立项直接影响着科研工作的开展，对科技事业的持续健康发展起着推动的作用。良好的立项决策能够完善科技管理、优化资源配置、促进科学技术发展。

现阶段在科技项目立项评估时往往采用专家评估的方式进行。在项目评审阶段，专家针对项目申报书进行分析研究，以评估承担单位的科研能力、科研人才的专业水平、项目的研发内容和技术路线等。专家所获取的知识仅来源于项目申报书，而每位专家的认知领域不同和主观意识偏差以及科研经验等因素，又易导致评估结论科学依据不足，立项决策有失偏颇。

为减少专家评估过程中主观意识的影响，现阶段也存在项目立项评估模型或系统，而这些系统往往采用文本挖掘的方式：针对申报单位提供的材料进行文本分析，其过程往往采用常用的中文分词，通过词语的出现频率来确定文本的关键信息，然后再进行文本相似度的计算，从而识别是否与历史项目重复立项。

但现有的项目立项评估系统的分析方式，并不适用于科技项目立项的分析。主要原因为：其一，科技项目立项与否，不能仅仅分析项目申报信息，同时应考虑当前研究热点、国家宏观政策扶持方向、承担单位历年的项目执行效果等因素，而传统的项目立项评估方法无法综合考虑众多因素；其二，科技项目信息具有数据类型非结构化、数据量庞大等大数据特征，数据往往源于多年积累的跨区域数据，采用传统的相似度计算方法无法保障项目评估进度；其三，科技项目文本信息具有很强的逻辑性，特别是关键技术和研究路线的表达，词与词之间的顺序不同往往代表的研究方法完全不同，所以对于科技项目，如果单纯地采用传统的基于统计或者语义的方法，将无法达到很好的相似度计算效果。因此，无论是单纯采用专家评估方式，或者采用项目立项评估模型或系统，都无法满足科技项目立项的复杂性要求。

随着各类科技项目的数量不断提升，科技项目重复立项的问题日益突出，针对科技项目进行查重已成为科技项目管理的一个重要的技术环节。科技项目申报书是科研团队为获得各级科技管理部门对拟申报项目的研究经费许可、按照标准格式填写的项目申报文档。对申报书开展查重可以在项目立项初期进行有效的监管,对科技项目从进度安排、研究内容、预期效益、组织实施等部分进行查重并从多方面综合评述,对于避免科技项目重复立项有着至关重要的作用。

## 7.2 文本相似度计算研究现状

### 7.2.1 国外研究现状

在算法方面,国外学者提出了各种文本相似度模型,如埃夫特·莱温斯基(Evgheniivich Levenshtein)提出的 Levenshtein 算法,将文档构成的基本单位视为字符串,通过最大匹配子字符串来衡量相似性。Gerard Salton 和 Mcgill 于 1969 年在统计相似性方面提出了向量空间模型,把文档简化为以特征项的权重为分量的向量表示,通过词频统计和向量降维处理计算相似度。但这些相似度模型均是基于统计学的计算方法,需要大规模语料库的支持和较长时间的训练,具有一定的局限性。

除基于统计的文本相似度计算外,Deerwesterss 等(2010)提出的隐性语义索引(latent semantic indexing, LSI)现阶段已被广泛应用并达到较好的文本相似度计算效果,隐性语义索引得到的结果比基于词频统计得到的结果更符合人类的阅读思维方式,很大程度上提高了检索结果的准确性,目前很多门户网站、数据服务提供商和搜索引擎都引入了该算法。Google 就是典型的代表。LSI 也是一种向量空间模型,在原来向量空间基础之上做了一定的扩展,它不用对自然语言进行理解,而是用统计的方法反映词语之间内在的相关性,有很高效率;Sukanya Manna 等(2011)使用 WordNet 进行文本词语的相似度计算研究;John A 等(2013)提出将最大边缘相关(maximal marginal relevance)算法应用于多文档的分类系统并取得良好的分类效果等。

在应用方面,文本相似度计算作为数据挖掘的一个热点,在互联网搜索引擎、智能问答、机器翻译和信息检索方面有着不少应用,也被用于改善信息检索系统的查准率和查全率。一些研究成果也成功地应用在商业领域,为商业决策提供支持。如 Megaputer 公司开发的 TextAnalyst,是一个智能语义信息搜索和文本挖掘系统,实现了对自然语言文本的结构化处理、创建知识库、搜索语义信息、自动抽取文本等功能;IBM 开发的 TextMiner 的主要功能包括特征抽取、文档聚类和检索;由 Xtra-mind 公司研发的 XM-Mindset 集成了多项核心智能技术,这其中包括了文本聚类模块(XM-clustering)。

然而,国外所研究的前沿的文本相似度计算方法,直接应用于中文的效果并不好,其原因主要是中文和英文语言特性的差异,因此,进行科技立项决策的文本相似度计算方法研究时,将侧重于适合中文文档的计算方法。

## 7.2.2 国内研究现状

国内对中文文档相似度计算研究较晚,力量也相对薄弱。国内从事研究的人员主要集中在大学和研究所,也有少量公司参与其中。一般集中于学习算法的研究和改进,应用研究相对较少。国内对汉语句子的相似度计算主要是以词语为基本对象,首先计算词语间相似度,然后根据词语之间的相似度利用一定的算法确定文本之间的相似度,主要有基于词语特征和基于语义特征及句法分析特征的计算方法。

在算法方面,基于统计的文本相似度计算方法大多为先采用TF-IDF方法将文本表示为词频向量,然后利用余弦计算文本之间的相似度。此类方法由于忽略文本中词项的语义信息,不能很好地反映文本之间的相似度。因此,杨云等(2011)提出利用有较高共现率、语义相近的潜在特征词构建文本向量模型;孙昌年(2012)提出基于主题模型的文本相似度计算方法,以抽样算法得出文本的主题空间,并以文本的主题空间为相似度计算对象,运用JS距离度量文本的相似度,实证表明比传统的基于向量空间模型的方法要好。但现阶段更为广泛的方法是基于语义的文本相似度计算,华秀丽等(2012)提出的语义分析与词频统计相结合的中文文本相似度量方法,就是在TF-IDF基础上引入HowNet语义词典对特征项进行语义分析和词频统计相结合的文本处理方法。王静婷(2012)提出了基于语义相似度的Web文本分类方法,利用领域本体抽取Web文本语义特征,通过概念语义相似度计算Web特征语义相似度。高爽等(2021)针对环境影响评价报告书中可能存在的抄袭行为,基于大数据、语义识别和深度学习等人工智能技术,创建了一套智能查重方法,用于辅助环评文件的人工技术复核。李善青等(2022)通过整合项目产出的科技报告、学术论文和科技成果等信息,抽取其中的关键词、标题和摘要等对项目的研究内容进行准确描述,提出一种整合科技项目相关产出信息的数据模型。

在应用方面,中国科学院计算技术研究所智能信息处理开放实验室开发的多策略数据挖掘平台,支持特征抽取、分类、聚类、关联分析等功能;哈尔滨工业大学信息检索研究室也开发了中文多文档自动文摘系统和中文文本聚类系统。北京拓尔思(TBS)信息技术有限公司研发的TRS中文知识管理工具包集成多项中文处理技术,其中就包括文本聚类。

## 7.3 科技管理大数据平台架构

### 7.3.1 大数据平台设计规划

根据科技管理的业务需求,从架构的角度出发,给出Hadoop平台在整个系统中所处的位置。整个集群的架构设计需结合业务内容进行。通常情况下,可以从平台架构、存储设计、系统接口以及科技管理系统建设等方面考虑。

1. 需求整理

(1) 需求概述。

在进行科技管理大数据处理时,将面临较复杂的数据结构问题,包括结构化数据和非结构化数据两个部分。

结构化数据的应用需求包括实时分析和批量分析应用。实时数据会以消息方式传入,将会根据实时复杂条件的计算,触发后台警告,同时处理完成的数据会被保存并且服务于即时查询的应用。批量数据不仅以文件方式传入,直接存放到平台存储,为业务层面的批量任务、即时查询提供数据。

非结构化数据可以进一步细分为半结构化数据,例如 XML/JSON 文件和非结构化数据,例如日志、文档、图片等。数据将会需要满足上层的检索服务,同时需要满足部分的分析任务。

(2) 应用需求概述。

在建设平台时,因需要对科技管理大数据进行多源异构数据融合,考虑科技资源数据来源因素、考虑科技管理业务处理时高效查询与调用,因此,在平台建设时仍需考虑对外提供以下的服务:

①结构化数据整合:整合结构化数据的业务运算结果,提供进一步的快速即时查询分析。

②非结构化数据整合:存放非结构化数据,提供关键字检索、全文检索以及结构化处理。

③准实时数据分析:获取实时分析处理结果,提供准实时数据的即时查询分析。

④统计分析:针对业务数据的批量整合、统计汇总、在线查询分析。

④研究分析:实现针对各个研究主题模型的挖掘预测,包括数据合并、汇总、比率分析、聚集等。

⑤数据脱敏:为外部系统提供脱敏后的数据,主要使用批量程序隐藏敏感数据。

⑥监察分析:提供针对研究分析结果的快速即时查询和分析。

⑦增值产品服务:对外提供增值产品或服务。面向外部企业或个人提供实时或历史类数据产品或服务。

⑧历史数据归档:历史数据查询引擎,存放平台上所有的数据,为业务或人员提供长期历史数据查询或批量导出服务。

2. Hadoop 集群架构设计

(1) 整体架构设计。

Hadoop 平台存放整个平台中的大部分数据,对外提供历史查询、日常分析、机器学习、数据检索等功能。集群对外提供 SQL 接口,为外部数据库、MPP 系统提供交互接口。整体架构如图 7-1 所示。

第 7 章 面向科技大数据的项目查重方法

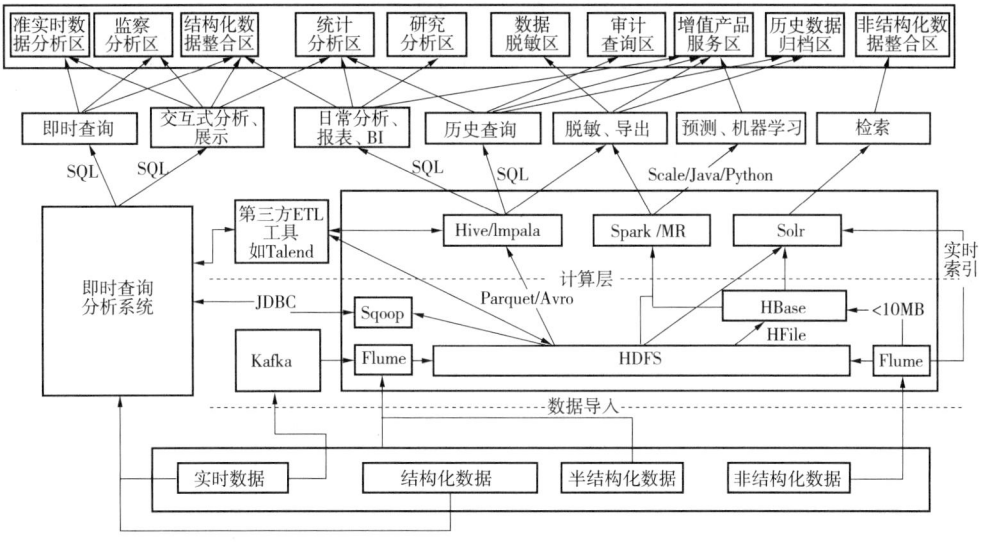

图 7-1 Hadoop 平台整体架构

数据以文件、流式写入 Hadoop 平台，具体内容会在"系统集成接口"部分进行讨论。系统对外提供计算服务，包括 Hive 和 Impala 的 SQL 服务，Spark 和 Mapreduce 的分布式计算服务。同时，平台通过 Solr 或其他索引组件对外提供文件的检索功能。从数据存放角度，平台将会存放结构化数据、半结构化数据和非结构化数据。结构化数据将存放于 HDFS 中，以文件形式进行存放，对外以表的形式提供访问。非结构化数据部分，小文件会存放在 HBase 中，大文件将会作为 HDFS 文件存放。半结构化数据可以被进一步解析为结构化数据，以结构化数据存放。

结合科技大数据项目查重模型构建的需求，将数据上层分为 10 个数据服务区域，符合总的平台设计报告。Hadoop 平台具有很强的批量处理能力，能够针对大批量或者全量数据，完成统计分析区中运行时间较长的每日统计分析任务、报表任务等，因此 Hadoop 能够为统计分析区提供大量数据的每日分析整合和报表功能。另外HDFS 中将会存放全量数据，转入 HDFS 的原数据文件需要使用集群能力完成批量 ETL 工作，因此 Hadoop 也将会需要完成数据整合的工作。

（2）数据存储框架设计。

主要是在 Hadoop 平台上存放结构化、半结构化和非结构化数据。集群的导入通过 Flume 读取临时存储目录完成，结果会被写入 HBase 和 HDFS。结构化数据和半结构化数据会直接写入 HDFS，半结构化数据会通过额外的 ETL 任务转化为结构化数据存储；而非结构化大文件会直接存放在 HDFS 上，小文件进入 HBase 表作为记录存放。Flume 同时会动态更新 Solr 索引。

①结构化数据存储。

结构化数据建议主要以文件方式存放于 HDFS 上，使用 Hive 和 Impala 来解析结构化数据，并且对外提供 SQL 检索功能。这部分数据由 Hive/Impala 进行统一管理，存放在 Hive 目录下，默认为/user/hive/warehouse。存放的文件格式建议使用 Avro 格式和 Parquet 格式。Avro 格式本身带有结构化数据的格式信息，适用于不同服务共同访问的数据。Parquet 格式是列式存储的文件格式，具有更大的文件压缩比和读取性能，建议作为需要计算和频繁读取的文件存放格式。

Hadoop 平台的数据量大，磁盘 I/O 对请求的返回时间和任务的运行时间有直接的影响。因此建议对这部分存储在 HDFS 上的文件进行压缩存放。目前在 CDH 平台上可以选择的压缩方式有 GZip、BZip2、LZO、Snappy。

- GZip/BZip2：两者都是压缩度高，但 CPU 消耗大的文件压缩格式。建议用来存放冷数据和归档数据。一般来说 BZip2 会比 GZip 有更好的压缩比，但是消耗更多的 CPU 时间。
- LZO/Snappy：这两种文件压缩格式都是为了减少压缩、解压缩的 CPU 消耗，同时保证一定的数据压缩比。建议热温数据使用这种文件格式进行存放。一般情况下，Snappy 压缩格式的性能要优于 LZO。在 CDH 平台上主要使用 Snappy 作为热温格式的压缩格式。

根据需求，目前预估结构化数据为 500TB，精确的压缩后容量需要根据实际的数据字段和热温数据比进行确认。目前不考虑各种业务可能的临时数据，仍按照 500TB 的数据空间进行估算。对于 HDFS 使用空间，最佳情况下应设定 60% 的空间使用率，最高不可以超过 80%，保证不会有大量节点的本地磁盘耗尽，导致 I/O 下降。计算集群的 HDFS 容量需要考虑空间使用率和 block 备份，使用如下格式进行计算：

$$（数据量 \times block\ 备份）/空间使用率$$

空间使用率维持在 60%，使用默认的 3 备份存放数据，最后在集群上需要的 HDFS 容量为（500×3）/60%，约为 2.5PB。这里尚未考虑临时数据、部分中间业务数据的存放空间，最终空间可以根据公式对应计算。

②半结构化数据存储。

半结构化数据主要指 XML、Json 这种本身具有一定字段信息，可以进行对应结构化分析的数据。这部分数据以文本格式进入 HDFS，建议使用 Hive 进行批量操作，通过函数将 XML 字符串转换成 Avro 格式或 Parquet 格式。

每一个进入集群的半结构化文件都需要存放在一个临时文件，然后需要一个对应的 ELT 任务来进行解析，最终写入对应的表中对外供给前端或者任务进行访问。Hive 可以使用 xpath 函数和 get_json_object 直接从 XML 和 Json 文件中读取数据，但是对于其他的半结构化数据需要写 UDF 或者编写 MapReduce/Spark 任务以转化为结构化数据。

由于半结构化数据在解析之后会按照结构化数据的方式进行存放，所需要的空间与结构化数据相似。在转化成结构化数据之前，数据需要被存放在一个特定位置，这部分的空间使用需要根据实际的数据转化频率进行计算，例如如果转化任务是每日数据，那么需要以文件方式存放一天的非结构化转化数据。

③非结构化数据存储。

非结构化数据主要是文档、图片、声音等。根据文件的大小需要选用 HBase 和 HDFS 对数据进行存放。对于小于 10MB 的文件，为了避免文件对 HDFS 的 Namenode 节点造成内存压力，建议使用 HBase 进行存放。HBase 具有 MOB 机制，可以很好地将小于 10MB 的内容以二进制的方式存放为一条记录，写入到 HBase 表中。用户可以使用特定的名称，例如文件名进行查找，将整个二进制提取出来解析为特定的文件。HBase 的存储以 HFile 的方式存放在 HDFS 集群目录下，默认为/HBase 目录。

日志数据是以记录为单位，因此为了便于查询可以将日志文件的记录分条存放在 HBase 中，以产生日志的来源和时间戳进行查询。这样做的好处是可以精确定位到某个日志源某时间段内的所有日志。相对应的索引也需要以记录为单位建立。这种方法与文件存放方法的区别是：不需要使用 MOB；索引和数据以记录为单位存放。

一般建议在 HBase 中使用 Snappy 压缩格式，减少解压缩的时间，能够实现毫秒级的查询时延。按照 Snappy 压缩格式计算，压缩约为 50%，默认 3 备份存储。在这种情况下数据膨胀率相较于之前的文本数据约为 50%。

对于大于 10MB 的文件，建议统一存放在非结构化文件的路径下，使用 HDFS 路径可以直接获取。这部分数据主要是以原有数据的格式进行存放，为了能够直接获取文件，没有办法很好地进行压缩。考虑到备份倍数，默认 3 备份存储情况下，数据将是原始文件的 3 倍。

非结构化数据上层使用 Solr 等搜索工具建立索引。索引的建立可以由批量任务创建，也可以在文件进入时通过 Flume 和 Morphline 工具即时更新 Solr 索引。批量索引建立使用 MapReduce 任务，主要用于大量文件进入 HDFS/HBase 之后的批量建立。实时索引的建立需要数据通过 Flume 进入，触发 Morphline 建立对应的索引。由于存储介质的不同，HDFS 中存放的大文件和 HBase 中的小文件将会通过不同的任务创建索引。索引建立流程如图 7-2 所示。

3. 系统集成接口设计

定义其他系统能从 Hadoop 平台上读取、写入数据，调用计算资源的接口。在整个系统平台中 Hadoop 集群需要提供多样的数据交互模式和快速的导入导出接口。图 7-3 展现了集群的导入架构，与其他系统集成结构和读取接口。结构化、非结构化文件的写入，以及消息信息的进入，主要使用 Flume 框架统一进行。

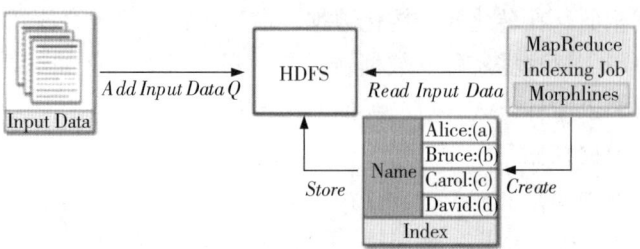

（a）批量索引

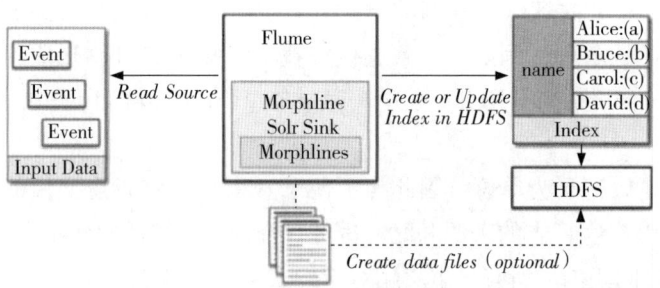

（b）实时索引

图7-2 索引建立流程

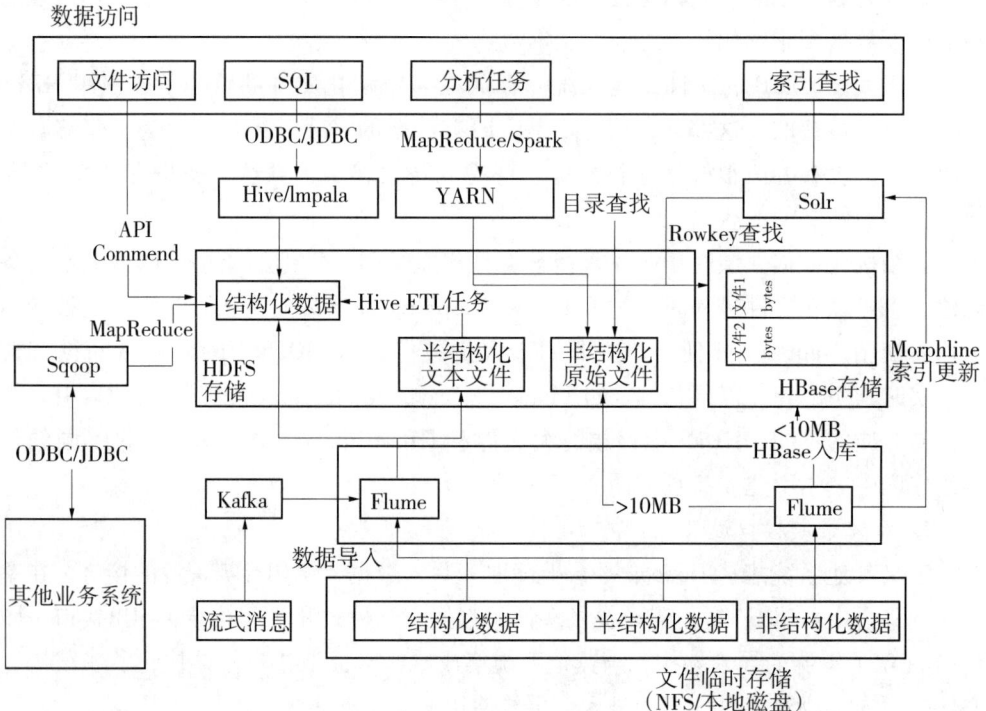

图7-3 系统集成接口示意

基于 CDH 的大数据平台的内部接口主要面向内部运维管理人员、测试开发人员以及内部下游应用，接口包括但不限于：

①文件接口：系统提供 FTP、NFS 以及 FUSE 等多种流行文件访问接口，方便内部人员对 HDFS 文件进行访问。不仅便于开发和调试，也易于原有基于 FTP 等接口的应用迁移到大数据平台。

②CLI 命令行接口：运维管理人员可以远程登录集群，使用命令行进行集群管理及勘查，方便故障排查。

③集群管理接口：系统除了提供可视化的 Web 管理界面 CM 外，还提供了基于 REST 的 API，运维管理人员可以通过编程或使用第三方工具进行集群管理。同时 CM 还提供了 SNMP 协议支持，能将系统日志、事件与外部网管系统集成。

Hadoop 平台的向上开放能力，完全兼容 Hadoop 及系统生态圈中的 Java、Thrift 等全部 API，用户可以通过编程获得数据访问以及计算能力。

具体 API 按编程类型包括但不限于：

①Java 编程接口：向上暴露与开源 Hadoop 相同的 API 服务，支持上层业务人员编写 Java 应用程序。Sentry 将对所有的访问 API 做统一的安全控制和审计，保证用户使用授权以及记录数据使用轨迹；

②SQL 的 JDBC/ODBC 接口：平台支持标准 SQL，可通过命令行或者 JDBC/ODBC 直接调用；

③提供 R 语言编程接口：提供 R 语言集成接口，用户可以使用平台内置的并行算法库进行数据挖掘；

④提供 REST 的 HTTP API 接口：系统多个组件支持 REST 风格的 API 访问，用户可以通过 HTTP 协议直接进行操作，包括管理接口（CM API）、文件系统 HDFS 接口（Web HDFS）和分布式数据库系统 HBase 接口（Star Gate）等；

⑤界面操作接口：Cloudera 提供了 Web 界面操作接口 HUE，上层用户可以只用可视化的方式访问数据、提交任务等。HUE 集成了用户访问控制，支持多租户隔离。

4. 数据接入设计

根据业务需求，Hadoop 平台会接收不同类型的写入数据，其中可能包括以下几个大类的数据。

实时消息写入：来自实时消息系统的即时数据，需要尽量快速地写入 Hadoop 平台。Hadoop 本身是以文件形式存放数据，实时消息无法直接写入 HDFS 系统，需要将消息转化成文件才能落入 HDFS 系统上。一般情况下使用 Kafka、Flume 来作为消息的接收端，再作为文件落地 HDFS 系统，或者以记录形式进入 HBase。

文件写入：Hadoop 平台可以直接存放文件，通过命令行或者程序 API 进行操作，同时也支持 REST 接口。但是原始文件可能会存在小文件，以及需要进行数据清理的结构化数据文件。对于这样的文件建议进行统一的导入结构，推荐将数据先放到本地存储上,例如本地磁盘或 NFS,然后使用 Flume 作为数据导入的接口。Flume 会监控对应的目录位置,读取新放入的数据文件,进一步将数据导入 HDFS 或者 HBase。非结构化的数据在 Flume 的导入流程中会触发 Morphline 模块,更新 Solr 中的索引数据。

其他数据库数据:Hadoop 平台上主要使用 Sqoop 直接完成对其 SQL 平台的数据传输,通过对应的 JDBC 接口直接访问数据库的对应表,写入 HDFS 文件或者 Hive 表。

对于增量数据,HDFS 会将数据以新文件的方式写入。但是由于 HDFS 本身不支持修改操作,因此无法直接完成数据的修改。因为非结构化数据基本是替换原有的文件,此处只讨论结构化数据,对于这一部分需求,目前主要采用的是以下两种解决方法。

批量重写。将修改数据放入临时分区,每隔一段时间使用 Hive/Impala 或者 Spark 的批量任务,将临时分区内数据与原有数据进行合并,并且对表进行重写。上层以 Hive/Impala 视图的方式形成合并逻辑,上层应用访问时通过视图进行临时的合并逻辑,从而读取最新数据。

HBase 导出。HBase 本身支持对同一个 Key 的数据进行更新的操作,可以自动完成数据的更新。因此可以选择将数据存放在 HBase 中,每隔一段时间通过读取 Snapshot 的方式,批量对数据进行全量导出。这个方法可以避免数据批量更新的逻辑,但是会占用额外的空间。HBase 导出示意如图 7-4 所示。

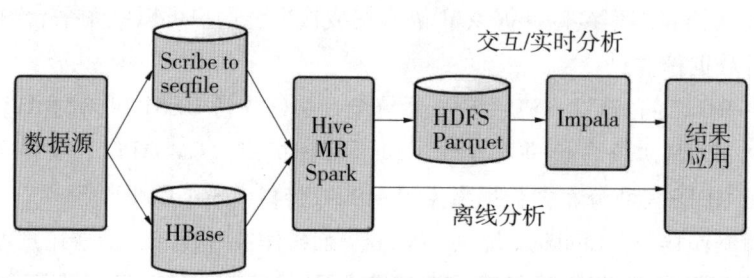

图 7-4  HBase 导出示意

另一种可能的方案是 Cloudera 产品 Kudu。Kudu 本身的存放方式类似 HBase,支持消息形式的写入和对 Key 的数据进行修改。同时 Kudu 使用的是列式存储,可以支持保证批量作业的读取性能,不需要再将这部分数据导出到 HDFS 上进行分析应用。这样可以简化整体架构,同时可以缩短前端业务获取数据的时延。Kudu 导出示意如图 7-5 所示。

# 第 7 章　面向科技大数据的项目查重方法

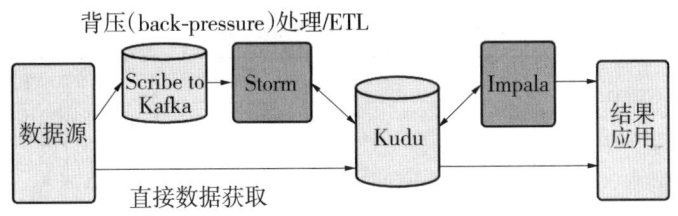

图 7-5　Kudu 导出示意

5．数据导出设计

根据业务需求，作为历史数据存放的中心，Hadoop 平台向其他的数据平台提供历史数据和分析结果。其他系统可以通过以下方式对存放于 Hadoop 上的系统进行访问，或者进行批量导出。

（1）SQL 接口访问。Hadoop 平台通过 Hive 和 Impala，对外支持 JDBC/ODBC 形式的 SQL 数据访问。这主要是针对 BI、报表、日常分析或者历史分析的需求，直接提供相对较小分析结果。如果结果集合较大，结果返回的效率会受到接收客户端的性能制约，因此需要先导出 HDFS 的文本文件，再通过 HDFS 文件访问或者以 Sqoop 方式导出到其他的系统。

（2）文件访问。HDFS 平台支持直接通过目录访问获取结果文件，支持 Rest API、FTP 和 NFS 的方式，将文件直接拷贝到其他存储上，适合批量大文件的传输、转移。主要针对需要批量导出的数据。先通过任务将结构化数据转化成为文本文件，例如 CSV 文件，然后导出到其他存储中。适合例如备份、脱敏后数据导出等场景。

（3）Sqoop 传输。Hive/Impala 上存放的结构化数据，可以通过 Sqoop 的方式，启动 MapReduce 任务并行的调用 JDBC 结构，将结构化数据传输到对应的关系型数据库中。这种方式主要针对其他数据库的集成，例如与传统 RDBMS 之间的数据传输，MPP 系统的数据传输等。

（4）非结构化数据查询。这里单独提到非结构化数据，是因为大部分的非结构化数据存储在 HBase 中，需要单独提及。非结构化数据通过搜索服务，例如 Solr，提供文件定位。对于存放在 HDFS 中的数据，可以参考文件访问的方式，直接将文件拷贝到其他存储。对于存放在 HBase 中的数据，通过 Java API 或者 Rest API 的方式，按照对应的 Key 返回传输对应的二进制内容，需要在客户端将二进制文件写入本地磁盘中。如果进行批量导出，则需要额外的 MapReduce 任务将 HBase 中的内容读取存放到其他存储中。

6．集群搭建方案

对于集群的搭建，根据科技大数据的不同用户需求，建议建设以下几个集群，分别对应结构化数据、非结构化数据、备份、结构化测试和开发。

表 7-1　常建集群名称

| 集群名称 | 用途 | 类型 | 集群可靠性 |
| --- | --- | --- | --- |
| 结构化生产集群 | 对于历史批量结构化数据的分析研究的平台，主要应对长时间的历史数据分析任务，提供批量的分析功能 | 全结构化数据、半结构化数据 | 7×24 小时运行，无单点故障，集群数据有备份，启用集群安全功能 |
| 非结构化生产集群 | 提供基于 Key 存储的快速查询，根据目前的集群规划主要应对非结构化数据的快速查询响应，提供查询和文件即时获取功能 | 全非结构化数据 | 7×24 小时运行，无单点故障，集群数据有备份，启用集群安全功能 |
| 备份集群 | 全量数据的备份，统一对结构化数据和非结构化数据进行存放，集群有一定的运算能力，能够临时提供业务支持 | 包括结构化数据、半结构化数据和非结构化数据 | 7×24 小时运行，无单点故障，启用集群安全功能 |
| 结构化测试集群 | 对结构化进行测试的环境，需要与生产集群的配置完全相同，节点数较少，为生产环境提供性能、功能测试参考 | 结构化数据 | 7×24 小时运行，无单点故障，启用集群安全功能 |
| 非结构化测试集群 | 对非结构化进行测试的环境，需要与生产集群的配置完全相同，节点数较少，为生产环境提供性能、功能测试参考 | 非结构化数据 | 7×24 小时运行，无单点故障，启用集群安全功能 |
| 开发集群 | 为集群业务开发提供基本功能的集群。存储包括结构化数据与非结构化数据，同时包括结构化和非结构化集群的服务。只存储少量数据以便结构化和非结构化应用开发 | 结构化数据和非结构化数据 | 7×24 小时运行，启用集群安全功能 |

（1）虚拟化集群搭建。

虚拟化平台能够为其他部门提供研究所需要的计算环境和少量的数据。根据需求主要包括两个功能：

- 定义需要的节点和服务，完成集群的自动化部署；
- 定义新建集群需要的数据，从生产集群脱敏后拷贝。

目前基于虚拟化集群上的集群部署方案，在 CDH 上目前主要建议使用的工具是 Director。Director 能够在虚拟化集群中按照用户指定的需求启动虚拟机，并且让用户选择需要部署的服务和每个服务的节点数。Director 会按照用户的配置，自动化完成集群的部署工作。同时，Director 提供了灵活的 Java API，在集群完成部署之后，可以定义一个 distcp 任务，将用户指定的目录位置数据拷贝至新建立的集群中。同时，Director 的 Server 模式能够持续地对产生的集群进行管理，动态地新增和删除节点。

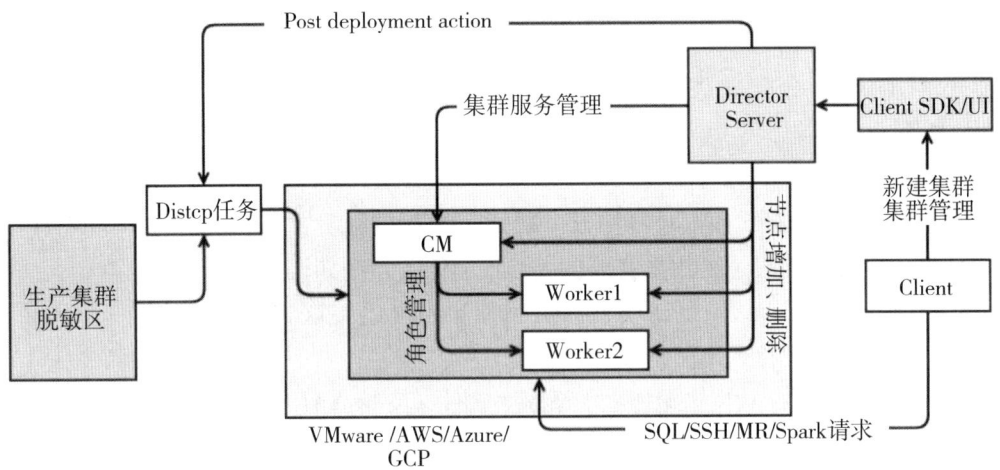

图 7-6 Director 部署示意

要使用 Director 必须先部署 Director Server。客户端可以通过 SDK、命令行和 UI 等方式登录管理集群。Director 在部署集群的过程中，会通过对应的插件在虚拟化服务上建立虚拟节点，并且在用户指定的节点上部署 Cloudera Manager 服务。然后通过部署好的 Cloudera Manager 在剩下的节点上部署、管理服务角色，完成后会触发用户定义好的 distcp 任务或者其他程序。

目前 Director 支持的主要有 AWS、GCP、Azure，以及 VMware 集群的自动部署。但是目前仍无法在 Openstack 集群完成自动化的部署和管理。如果要在 Openstack 上实现对应的自动化部署功能，就需要进行定制化的开发，实现类似 Director 的基本功能，包括：

- 节点建立和管理组件；
- Hadoop 服务自动化部署脚本；
- 数据拷贝作业接口；
- 软硬件规划。

（2）服务组件选择。

由于测试集群和生产集群需要有一样的环境，因此测试集群和生产集群需要有一样的服务部署。备份集群需要提供临时的功能服务以防生产集群出现不可控情况，因此需要同时部署结构化和非结构化集群的所有服务。开发集群需要完成对结构化和非结构化业务的开发工作，因此也需要同时拥有两个集群的服务。

这些服务主要用来提供基础存储架构和运算框架，数据的导入和导出等。包括以下开源组件。

• Zookeeper：各种 Hadoop 服务的依赖组件，用来实现高可用、状态监控和元数据存放等功能。

• HDFS：分布式文件系统，Hadoop 平台的数据存放基础。用来存放结构化数据和非结构化数据，HBase 的基础文件格式（HFile）。

• YARN：分布式调度引擎，Hadoop 平台的基本计算服务，原生支持具备 MapReduce 计算框架。用于实际执行多种任务，例如 SQL 分析、ETL 作业、导入导出和索引建立等。

• Spark：分布式内存计算引擎，提供高性能的计算服务。比 MapReduce 有很大的性能提升，同时适合用来完成多次迭代的任务，例如机器学习。

• Flume：分布式数据传输，提供多种导入导出接口和简单的数据变换逻辑。用于统一地将数据接入 Hadoop 平台。

• Hue：Hadoop 生态圈中的开源调度软件，支持 YARN/Hive/Shell/Sqoop 等多种组件的调度。

（3）结构化。

这里主要包括结构化集群中需要用到的服务，提供对结构化数据的解析和查询分析功能，提供 SQL 接口和其他支持 SQL 的数据库集成等功能。包括以下开源组件。

• Hive：提供基本的 SQL 支持，整合结构化的元数据存储并且基于 MapReduce 和 Spark 引擎进行运算。

• Impala：使用 Native 语言编写的高效交互式 SQL 引擎，提供对 Hadoop 平台的交互式查询功能，共享 Hive 元数据。

• Sqoop：提供与其他 SQL 数据库的数据交换功能。通过 JDBC 连接到其他类型的数据库，使用 MapReduce 将数据并行导入或者导出 HDFS。

• Sentry：统一的授权管理，使用 SQL 的方式对 Hive/Impala/HDFS 上的数据完成统一的授权操作。

（4）非结构化。

这里主要包括以下非结构化集群中需要用到的服务，提供对非结构化数据、小文件的存储以及索引功能。包括以下开源组件。

• HBase：提供非结构化的数据存储，可以存放小于 10MB 的非机构化数据和日志记录；基于 Key 提供毫秒级的精确查找。

- Solr Cloud：基于 Lucene 的分布式索引服务，可以对文件、记录建立索引，通过关键字提供秒级的索引查找。

（5）硬件配置。

生产集群需要具有较大的存储空间。结构化集群需要完成一定的分析业务，一般基于 Impala 引擎完成，复杂的 SQL 计算对内存容量有较高要求。非结构化集群需要有 HBase 和 Solr 服务，两者都依赖内存 Cache 机制以提高查询的性能。因此都需要配置 128G 甚至更多的内存。建议生产集群参考如下的节点配置。

表 7-2  生产集群节点配置参考

| 生产集群 | 管理节点、元数据节点、主节点 | 工作节点 |
| --- | --- | --- |
| 处理器 | 两路 Intel ®至强处理器，可选用 E5 - 2630 处理器 | 两路 Intel ®至强处理器，可选用 E5 - 2650 处理器 |
| 内核数 | 6 核/CPU（或者可选用 8 核/CPU），主频 2.3GHz 或以上 | 6 核/CPU（或者可选用 8 核/CPU），主频 2.0GHz 或以上 |
| 内存 | 128GB ECC DDR3 | 128GB - 256GB ECC DDR3 |
| 硬盘 | 2 个 2TB 的 SAS 硬盘（3.5 寸），7200RPM，RAID1 | 12 个 2TB 的 SAS 硬盘（3.5 寸），7200RPM，不使用 RAID |
| 网络 | 至少两个 1GbE 以太网电口，推荐使用光口提高性能；可以使用两个网口链路聚合提供更高带宽 | 至少两个 1GbE 以太网电口，推荐使用光口提高性能；可以使用两个网口链路聚合提供更高带宽 |
| 硬件尺寸 | 1U 或 2U | 2U |
| 接入交换机 | 48 口万兆交换机，要求全万兆，可堆叠 | |
| 聚合交换机（可选） | 4 口 SFP + 万兆光纤核心交换机，一般用于 50 节点以上大规模集群 | |

备份集群主要面向海量数据和文件的存储和计算，强调单节点存储容量和成本，因此配置相对廉价的 SATA 硬盘，满足成本和容量需求。可以参考以下的节点配置。

表 7-3  备份集群节点配置参考

| 备份集群 | 管理节点、元数据节点、主节点 | 工作节点 |
| --- | --- | --- |
| 处理器 | 两路 Intel ®至强处理器，可选用 E5 - 2630 处理器 | 两路 Intel ®至强处理器，可选用 E5 - 2660 处理器 |

续表

| 备份集群 | 管理节点、元数据节点、主节点 | 工作节点 |
|---|---|---|
| 内核数 | 6核/CPU（或者可选用8核/CPU），主频2.3GHz或以上 | 6核/CPU（或者可选用8核/CPU），主频2.0GHz或以上 |
| 内存 | 128GB ECC DDR3 | 128GB ECC DDR3 |
| 硬盘 | 2个2TB的SAS硬盘（3.5寸），7200RPM，RAID1 | 12～16个4TB的SATA硬盘（3.5寸），7200RPM，不使用RAID |
| 网络 | 至少两个1GbE以太网电口，推荐使用光口提高性能；可以使用两个网口链路聚合提供更高带宽 | 至少两个1GbE以太网电口，推荐使用光口提高性能；可以使用两个网口链路聚合提供更高带宽 |
| 硬件尺寸 | 1U或2U | 2U或3U |
| 接入交换机 | 48口万兆交换机，要求全万兆，可堆叠 | |
| 聚合交换机（可选） | 4口SFP+万兆光纤核心交换机，一般用于50节点以上大规模集群 | |

（6）集群规模和角色分配。

以省级层面的科技大数据训练及查重系统作为参考，根据数据规模估算，结构化生产集群需要约2.5PB的存储空间，非结构化生产集群需要用到约750TB的存储空间，备份集群需要同时存储两份数据。根据集群的硬件推荐，生产集群的每个工作节点有12块盘，其中2块会作为系统盘使用，因此是20TB的存储空间；备份集群的每个工作节点有16块盘，同样需要2块作为系统盘，因此最终可用空间是56TB的存储空间。因此结构化生产集群需要约125个工作节点，非结构化生产集群需要约38个工作节点，备份集群需要约39个节点。一般情况下，集群需要2个节点作为CM的管理节点，并作为高可用。此外，还需要2个HDFS和YARN的管理节点，2个Hive的管理节点，3个HBase的Master节点和3个Zookeeper节点，5个以上的Flume Agent工具节点或数据采集节点，2个以上的边缘节点。表7-4展示了结构化和非结构化生产集群、备份集群中的节点角色分配及数量。

表7-4 集群设计参考

| 集群名称 | 总空间需求 | 集群规模 | 节点类型 | 节点服务 | 节点数量 |
|---|---|---|---|---|---|
| 结构化生产集群 | 2.5PB | 142+ | 管理节点 | Cloudera Manager、Cloudera Navigator | 2 |
| | | | 元数据节点 | MySQL（如果使用外部元数据库可以考虑不部署）、Kerberos + LDAP（如果使用外部认证服务可以不部署） | 2 |
| | | | 主节点1 | Namenode、Resource Manager、QJM、Zookeeper、Hive Server 2、Hive MetaStore | 2 |
| | | | 主节点2 | QJM、Zookeeper、Job History Server、Spark Job History Server、Impala State Store、Impala Category Server | 1 |
| | | | 工作节点 | Datanode、Node Manager、Impala Daemon | 125 |
| | | | 工具节点 | Oozie Server、Flume Agent、Sqoop Client、Gateway | 5 |
| | | | 边缘节点 | Gateway | 5+ |
| 非结构化生产集群 | 750TB | 50+ | 管理节点 | Cloudera Manager、Cloudera Navigator | 2 |
| | | | 元数据节点 | MySQL（如果使用外部元数据库可以考虑不部署）、Kerberos + LDAP（如果使用外部认证服务可以不部署） | 2 |
| | | | 主节点1 | Namenode、Resource Manager、QJM、Zookeeper、HBase Master | 2 |
| | | | 主节点2 | QJM、Zookeeper、HBase Master、Job History Server、Spark Job History Server | 1 |
| | | | 工作节点 | Datanode、Node Manager、Region Server、Solr Server | 38 |
| | | | 工具节点 | Oozie Server、Flume Agent、Gateway | 3 |
| | | | 边缘节点 | Gateway | 2+ |

续表

| 集群名称 | 总空间需求 | 集群规模 | 节点类型 | 节点服务 | 节点数量 |
|---|---|---|---|---|---|
| 备份集群 | 3.25PB | 51+ | 管理节点 | Cloudera Manager、Cloudera Navigator | 2 |
| | | | 元数据节点 | MySQL（如果使用外部元数据库可以考虑不部署）、Kerberos + LDAP（如果使用外部认证服务可以不部署） | 2 |
| | | | 主节点1 | Namenode、Resource Manager、QJM、Zookeeper、HBase Master、Hive Server2、Hive MetaStore | 2 |
| | | | 主节点2 | QJM、Zookeeper、HBase Master、Job History Server、Spark Job History Server、Impala StateStore、Impala Category Server | 1 |
| | | | 工作节点 | Datanode、Node Manager、Impala Daemon、Region Server、Solr Server | 39 |
| | | | 工具节点（备用） | Oozie Server、Flume Agent、Gateway | 3 |
| | | | 边缘节点 | Gateway | 2+ |

对于测试集群，角色需要与实际生产集群完全相同，但是工作节点的数量可以按照需求减少。建议将结构化测试集群的工作节点规划为20个，非结构化测试集群的工作节点规划为10个，约为20%的总集群使用空间。开发集群的角色分配可以参考备份集群，工作节点规划为10个。

（7）网络结构。

在多机架的部署模式下，需要有接入层交换机和聚合层交换机。每个Rack上的节点都连接到接入层交换机。接入层交换机配置为堆叠的方式，互为冗余并增加了交换机吞吐。所有的节点两个网卡配置为主备或者负载均衡模式，分别连入两个交换机。上层的聚合层交换机，用于连接各接入层交换机，负责跨Rack的数据存取。

第 7 章　面向科技大数据的项目查重方法

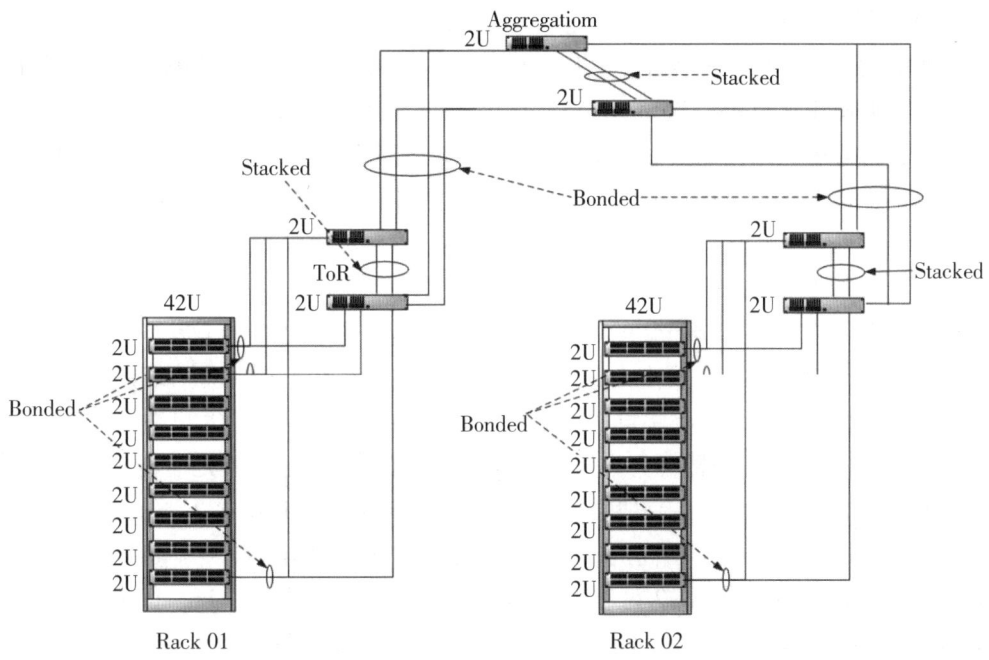

图 7-7　多机架的部署模式示意

在机架上分配角色时，为了避免接入层交换机的故障导致集群的不可用，需要将一些高可用的角色部署到不同的接入层交换机之下。这里指的是不同的接入层之下，而不是不同的物理 Rack 下，避免一个交换机出现问题导致整个服务受损。图 7-8 展示了高可用的管理节点，节点分别处于两个不同的接入层交换机之下，避免一个接入层出错导致集群不可用。

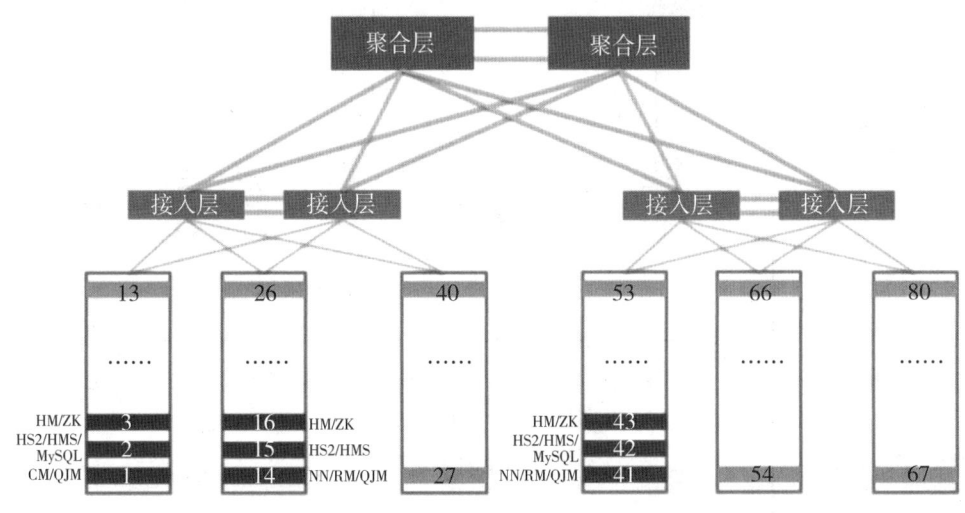

图 7-8　高可用的管理节点示意

(8) 集群安全规划。

集群的安全策略，从认证、授权、审计（3A）以及加密的角度进行讨论。目前主流的集群使用 Kerberos 和 LDAP 完成认证工作。对于结构化数据使用 Sentry 进行集中授权，对于非结构化数据需要使用 HBase 内置 API 进行授权工作。平台的审计功能将由 Cloudera Manager 提供。数据加密功能将主要采用 HDFS Rest Encryption 方式。

基础架构如图 7-9 所示。整体架构中包含一个配置了 Kerberos 认证的 Hadoop 集群，MIT KDC 提供 Kerberos 的认证基础设施，Open LDAP 提供了另外一种用户身份认证设施，给 Kerberos 域外的用户提供了访问集群途径，同时为后续的访问权限控制策略提供用户组信息。集群的使用者会通过一些额外配置的客户端（非集群管理的）、Hue 或者第三方的工具来访问集群，这些工具本身也可能是通过 Kerberos 或者 LDAP 认证登录的。随后一般会使用 Java API、JDBC、ODBC 或 CMD 的接口操作集群。不同的服务提供了不同的认证方式，其中 HDFS/MR/Spark/Search 只能通过 Kerberos 认证方；HiveServer2 可以提供 Kerberos 或者 LDAP 认证；Impala 也可以提供 Kerberos 或者 LDAP 认证，只不过一个 HiveServer2 的实例只能提供一种认证方式。要同时提供两种认证，必须提供两个实例。各种服务会对接受的用户请求进行相应的权限控制（基于用户组的权限控制），用户到组的映射会通过 Hadoop 配置的 GroupMapping 完成。为减少在各 Hadoop 节点上的用户管理开销，Linux 操作系统可以配置 LDAP 的认证模块，这样任何一个 LDAP 用户都能通过 Linux 系统找到对应的组信息了。

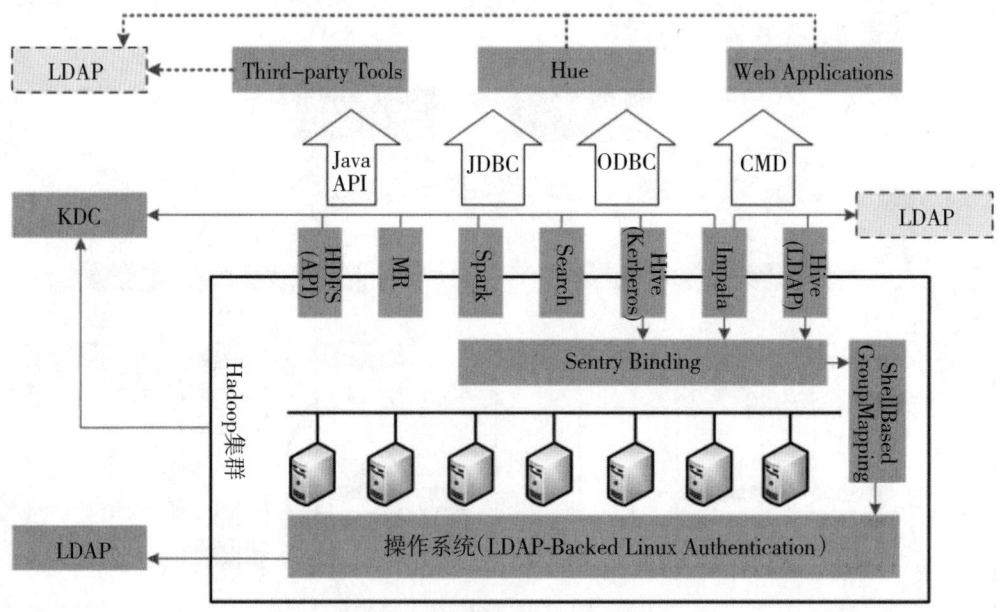

图 7-9　集群安全规划基础架构

### 7.3.2 全过程数据质量管控方法

科技管理领域大数据相关技术包括从设计、开发到运行全过程的数据质量管理功能，以及从数据来源、数据加工到数据输出的全流程数据质量管控功能。

现有数据仓库的数据质量管理的方法是根据业务规则制定数据质量规则库，定期按照规则对存量数据进行规则校验，而对增量的数据生产过程无法进行管控，只能在脏数据产生后才能进行排查。

数据质量规则是设计出来的，并作用于数据处理过程，具备灵活调整的特性，可实现 PDCA 循环的落地。在模型设计的初期，就需要对模型的质量检查环节进行定义，定义的这些质量检查环节会固化到模型开发模板中。开发人员在开发模型的时候，需要对这些质量规则进行完善，否则无法完成开发。图 7-10 为数据质量规则示意。

图 7-10 数据质量规则示意

在开发阶段，平台提供规则配置和规范检查功能。规则配置为平台根据数据质量规则设计，自动生成质量规则填充模板，开发人员在进行数据模型开发的同时，配置具体的数据质量规则。图 7-11 为数据规则检查示意。

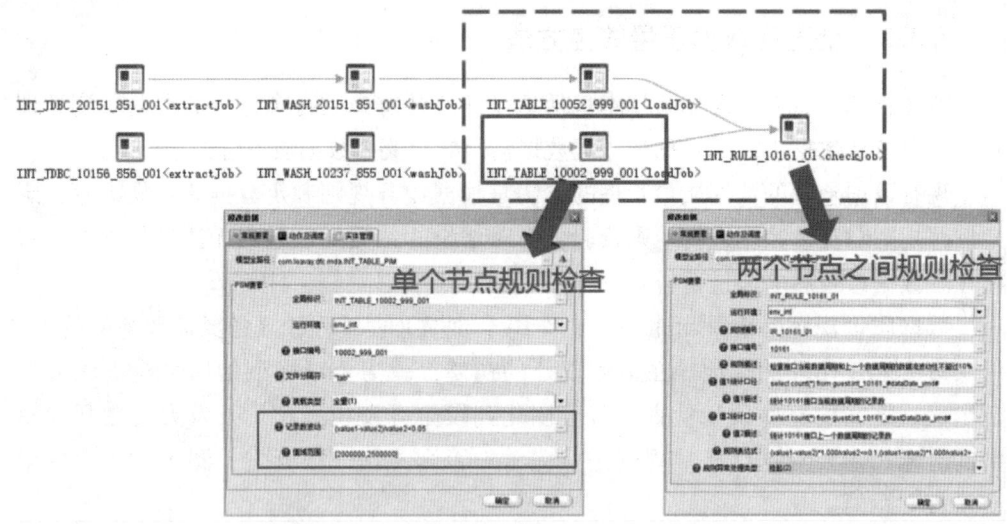

图 7-11 数据规则检查示意

### 7.3.3 数据挖掘环境

科技管理部门需要根据所在区域、科技业务类型、项目类型等建立指标体系，围绕科技管理业务过程管理中各里程碑事项设置并计算预警值，并采用包括数据挖掘等统计模型进行分类筛选。在科技管理全生命周期中，所涉及的指标和模型数量非常多，且需要结合各年度、国内外研究进展等进行动态更新。因此，在构建科技管理平台时，对软件系统的灵活性能、迭代性能要求较高，同时，大部分科技管理人员并不太擅长信息技术、大数据技术，而 IT 开发人员和运维人员则不太熟悉具体业务，因此，需要研发数据语义化技术、加工能力组件化技术，以方便科技管理人员选择、组建这些指标、模型以实现优化和使用。

1. 数据语义化技术

操作数据一直是大数据分析应用的难题，不同业务部门可对各个数据库、表的数据添加数据标签，定义自己的数据语义。用中文描述数据信息，一个数据表可由不同部门添加标签，而最熟悉的业务部门添加的标签能够帮助数据分析人员理解数据。

（1）数据申请：提供数据申请能力，数据分析师可选择需要进行数据分析或探索的数据。

（2）数据语义化：对于待分析的数据，可通过查看数据或其他用户对该数据的定义，理解数据的作用，并定义自己的数据语义。

（3）语义搜索：数据语义化之后，数据分析师在做数据探索时，可通过搜索功能，直接找到需要的数据。

**2. 加工能力组件化技术**

组件为数据加工的具体能力,将加工能力组件化之后,不懂技术的用户,只需填写相关业务信息,便可完成指定的数据加工。组件通常由数据分析师进行设计,由 IT 技术人员开发实现。组件采用业务模型驱动的设计和开发方式,具体组件设计开发过程如下:

(1) 数据分析师根据需要,通过组件设计工具,进行组件设计(不涉及技术);
(2) 组件设计完成后,直接转换成开发模板;
(3) 开发人员根据模板,完成组件开发;
(4) 组件开发完成后,数据分析师可在数据探索过程中,直接使用该组件;

对于数据探索的结果,如果满足业务需求,可固化为生产线,用于日常调度生产。

## 7.4 一种面向科技大数据的项目查重方法

科技大数据是指在科技活动中产生的一系列数据,包括科技项目申报数据、科技资源描述数据、科技创新数据等。科技大数据具有数据类型非结构化、数据量庞大等大数据特征,数据源于多年积累的跨区域数据,科技项目信息包括申报文本信息、立项合同信息、验收文档信息等,其具有跨领域、强逻辑的特征。面对庞大的数据资源,如果采用传统的中文文本相似度计算方法,将无法提取出贴切的各领域的项目信息,也无法保障进度。同时,科技项目文本信息具有很强的逻辑性,特别是关键技术和研究路线的表达,词与词之间的顺序不同往往代表研究方法完全不同,所以面对科技项目查重,如果单纯地采用传统的基于统计或者语义的方法,将无法达到很好的相似度计算效果。因此,无论是单纯采用专家评估方式,还是采用现阶段的项目查重模型,都无法满足科技大数据的项目查重要求。开展面向科技项目申报书的查重方法研究,对于推进学术诚信建设、营造风清气正的科研环境具有重要意义

### 7.4.1 方法描述

基于领域本体和词序特征的分布式项目查重方法(distributed-word order gene/bomain ontology, D-WOG/BO),是通过对项目文本的相似度计算判断项目是否重复立项(图 7-12)。该方法中应用

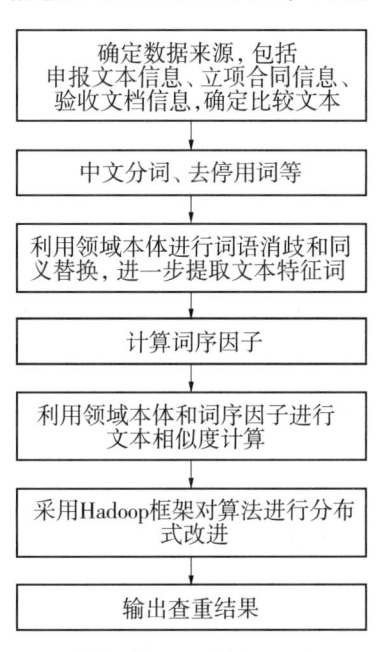

图 7-12 项目查重流程

的领域本体是通过历年的科技项目资源构建的领域本体。该方法通过提取文本的特征词汇后得出每个特征词的词序因子,这些词序因子代表了各特征词在文中的位置,能体现在文本的逻辑性。当文本引入领域本体进行词语消歧和同义替换后,在进行概念相似度计算的环节中,引入特征词的词序因子,计算出词语间的相似度值。根据词序因子和各特征词的相似度值进行统计后得出文本相似值,从而达到项目查重的目的。

根据历年的科技项目立项信息构建领域本体,对新申报的项目信息和已有的项目信息进行中文分词、去停用词等一系列操作后,提取出每个文本的关键特征词汇,对每个文本的关键特征词分别构建最长公共序列并计算特征词的词序因子,将词序因子引入领域本体的概念相似度计算,可得出每个特征词的相似度值。最后根据统计学原理输出相似度评价。

### 7.4.2 算法描述

一种基于领域本体和词序特征的分布式项目查重方法,其算法具体描述如下:

输入:科技项目文本数据:新申报项目文本、历年申报项目文本

输出:相似度、项目查重评价

Step 1:建立科技大数据领域本体;

Step 2:读取新申报项目文本数据 $A$,从历年申报项目文本组成数据源 $C = \{C_1, C_2, \cdots\cdots, C_i\}$ 中读取一个文本;

Step 3:对文本 $I$ 进行中文分词,对文本分词后得到的分词去停用词,得到向量 $A = (A_1, A_2, \cdots\cdots, A_n)$;

Step 4:采用领域本体对文本进行词语消歧和同义替换,从而实现文本降维,设置文本维度 $m$($m$ 根据申报项目文本的难易和长度进行设定),从而得到降维后的向量空间为 $A = (A_1, A_2, \cdots\cdots, A_m)$,其中,$m < n$;

Step 5:对 $B_i$ 进行中文分词,对文本分词后得到的分词去停用词,得到向量空间 $B_i = (B_{i1}, B_{i2}, \cdots\cdots, B_{in})$;

Step 6:采用领域本体对文本进行词语消歧和同义替换,从而实现文本降维,设置文本维度 $m$,从而得到降维后的向量空间为 $B_i = (B_{i1}, B_{i2}, \cdots\cdots, B_{im})$,其中,$m < n$;

Step 7:通过隐马尔可夫模型(通过训练数据获得)得到词语(向量元素)$B_{ij}$($j = 1, 2, \cdots\cdots, m$)的词序因子序列为 $\alpha_{ij}$($j = 1, 2, \cdots\cdots, m$),计算文本向量的词序因子序列 $\alpha_i = (\alpha_{i1}, \alpha_{i2}, \cdots\cdots, \alpha_{jm})$;

Step 8:利用词序因子序列和领域本体进行相似度计算,通过公式将词序因子引入领域本体的概念相似度计算:

$$\text{sim}(A, B) = \frac{\alpha_A \times \alpha_B}{\text{dist}(A, B) + \alpha_A \times \alpha_B};$$

Step 9:循环至 Step 5,进行下一文本相似度的比较,直至相似度值小于某一设

定的阈值;

Step 10:根据相似度输出项目查重结论。

### 7.4.3 方法关键核心技术

一方面,该方法提出基于领域本体和词序特征的文本相似度计算方法。项目结合科技立项信息中领域广泛和逻辑性强的特点,将领域本体和词序特征的概念有机结合,在进行领域本体的概念相似度计算的同时,引入词序因子,直接影响相似度计算的结果,算法优势如图7-13所示。另一方面,D-WOG/BO 算法的分布式查重,采用 Hadoop 框架对算法进行分布式改进。

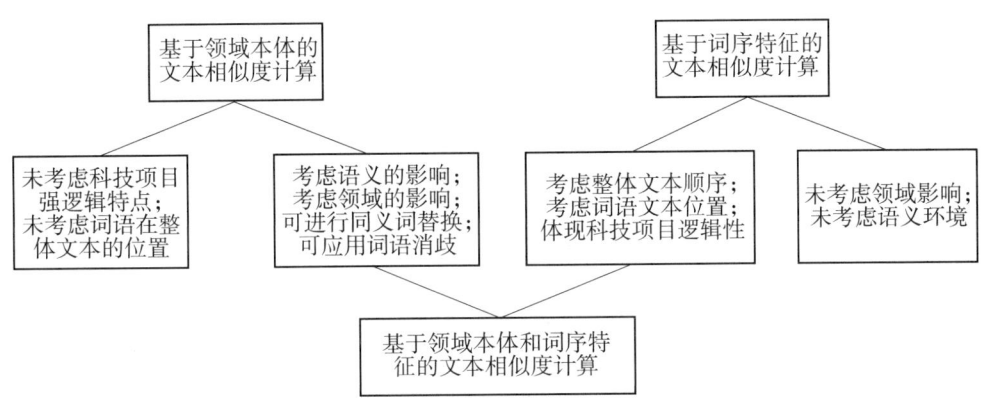

图 7-13 基于领域本体和词序特征的文本相似度计算方法优势

该方法实现词序因子与领域文本的结合,将词序因子作为调节参数引入到领域文本的概念相似度计算中。语义相似度计算在基于本体的领域资源语义检索中起着重要作用:扩充检索范围,挖掘出与检索相关的隐性信息。当两个项目概念具有某些共同特征时,则定义它们是相似的,用 sim($A$, $B$) 表示概念 $A$、$B$ 之间的相似度,$A$ 与 $B$ 间的相似满足以下几点:①sim($A$, $B$) ∈ [0, 1];②如果两个概念完全相同,则 sim($A$, $B$) =1,当且仅当 $A=B$;③如果两个概念没有任何共同特征,则相似度为0,即 sim($A$, $B$) =0

此方法中所提本体的概念相似性与语义距离相关,语义距离是指本体树中连接两个节点的最短路径所跨的边数。面向科技大数据的项目查重方法采用语义距离来表示语义相似度,记作 dist($A$, $B$),而概念相似度则由语义相似度和时序因子组成,采用以下公式定义两个概念相似度:

$$\text{sim}(A, B) = \frac{\alpha_A \times \alpha_B}{\text{dist}(A, B) + \alpha_A \times \alpha_B}$$

其中 $\alpha$ 是可调节参数,此处引入词序因子,计算两个词语的词序因子的差值作为调节参数。

综上所述，本方法适用于科技项目立项决策模型的构建，采用关键技术——文本相似度计算方法，综合考虑科技项目立项信息非结构化、数据庞大、逻辑性强的特点，从多层面进行文本分析，并将计算方法进行分布式演化，使得该方法更全面、更高效，评估结论更贴切。在科技项目立项决策过程中，综合考虑科技项目当前技术研究热点、国家政策扶持方向、申报单位信誉等多种影响因素，基于高性能计算集群和 MapReduce 模型搭建分布式计算框架，建立多层次的立项决策模型。模型将项目申报材料与历年立项项目、当前技术热点等信息分别进行关联和聚类，根据科技项目领域广泛和逻辑性强的特征，将领域本体和词序特征的概念引入到科技项目信息文本相似度计算中，提出基于领域本体和词序特征的文本相似度算法，使评估结论更贴切。同时，考虑到项目评审时间短、信息具有数据类型非结构化、数据量庞大等因素，项目将该算法进行多核集群并行化处理，从而缩短计算时间，使得立项评估更高效。模型最终将各层面的分值进行归一化处理后根据自适应计算模型输出项目评分，同时输出科技项目立项决策建议书，包括相似度较高的历年立项信息、申报单位本身的雷同项目、项目的重复立项、申报单位绩效情况等，对科技项目立项进行辅助决策，提高科技项目评估的质量和水平，使评估结果更客观、更全面。

## 7.5 科技大数据非均衡情况处理

随着大数据越来越深入我们的生活和工作，对数据进行分类作为数据挖掘的重要应用部分也在现阶段受到人们极大的重视和广泛的运用。然而，大数据的多样化特点也表明了生活中的数据并非完全理想的，应用于数据分类时数据的非均衡情况往往严重影响挖掘效果。科技大数据也具有非均衡情况，在科技管理业务处理过程中，经常碰到各领域科技成果数量不均等、项目立项概率小等情况，如果不采取一些措施，将严重影响分类效果，使得业务处理偏颇。为衡量分类数据的内部特征，可采用数据几何复杂度中的一系列指标进行描述。数据几何复杂度能够标识数据在分类边界处的指标并进行描述，或能够判断数据维度的可识别性，能够识别类概念的定义的合理程度等，因此，对数据几何复杂度进行研究分析，对非均衡数据集中的分类挖掘问题具有深刻的指导意义。

### 7.5.1 非均衡数据分类概述

现阶段对数据可分性的研究通常以均衡数据的分类研究作为背景，曾经有专家学者提出在分类学习的框架中运用数据几何复杂度进行框架的构建和优化，而数据可分性作为数据几何复杂度的重要组成部分，也得到高度的重视。然而，面对现实生活中众多的非均衡数据，这些方法和学习框架往往适用性不够，而现阶段针对非均衡数据的数据可分性的研究并不深入。本节主要以分类数据中的非均衡数据为背景，探讨数据可分性在非均衡数据中的表现，并寻求适合非均衡数据的可分性指标，通过实验发现及证明该数据可分性指标在非均衡数据中的适用性。

随着分类学习理论及应用在深度及广度上的不断探索，新的问题与挑战层出不穷。其中有一个问题比较突出：对于实际的任务，在分类学习各环节中有如此多的方法和算法可供选择，那应该如何衡量问题的难度和数据特性，然后依据这些信息在分类学习的各环节中选择适合的方法或方案，从而避免不必要的过多试探。当数据呈现非均衡时，上述问题尤其困难。非均衡分类问题是近十年来在数据挖掘逐渐深入应用领域时，人们普遍遭遇的问题。所谓非均衡问题是指待分类数据在分布上呈现显著的，甚至是严重的地位不对等现象。这种不对等不仅体现在训练数据的各类样本占比严重失衡，而且体现在错分代价不均等。如在客户流失预警、网络入侵检测、文本分类、医疗检测、油气泄漏探测等广泛应用领域中，研究者都发现数据非均衡问题给分类学习带来了不少困难与挑战。因此解决非均衡分类问题成为数据挖掘由理论研究走向实际应用过程中亟待解决的关键与热点问题，并且它被列为数据挖掘十大挑战之一。

分类学习是模式识别、机器学习与数据挖掘领域的核心问题。分类问题可作如下的定义：设某领域其数据空间为 $X$，源自 $X$ 的观察实例为 $x$，$x$ 通常为 $n$ 维向量，$x$ 对应的类别为标签 $y$。对于二分类问题 $y = \{-1, 1\}$，其中 1 代表我们感兴趣的那一类，-1 代表与之相对的类别。则分类学习的任务就是建立一种映射 $g: X -> \{-1, 1\}$，即对于给定的一个观察实例可通过此映射得到其对应的 $y$。映射 $g$ 称为分类器。其实质是根据给定的训练样本求对系统输入输出之间依赖关系的估计，使它能够对未知输入做出尽可能正确的输出。这里用某一未知的联合概率 $F(x, y)$ 来刻画 $x$ 与 $y$ 之间的依赖关系，机器学习的任务就是依据给定的 $n$ 个独立同分布的观测样本：

$$(x_1, y_1), (x_2, y_2), \cdots, (x_n, y_n)$$

在一组函数 $f(x, w)$ 中找寻一最优的函数 $f(x, w_0)$ 以对 $y$ 与 $x$ 间的依赖关系进行估计，并使得期望风险（expectant risk）最小：

$$R(w) = \int L[y, f(x, w)] dF(x, y)$$

式中 $f(x, w)$ 为学习模型，$w$ 为函数的常参数，$L[y, f(x, w)]$ 为损失函数，即表征误分率的函数。

在数据挖掘领域过去的几十年中，算法一直是人们研究的重点——数据预处理算法、分类学习算法、模型评估算法等层出不穷。然而在面对如此多的算法，在实际应用中应该如何进行选择，一直缺乏很强的理论或实践规律作指导。人们在各应用领域的实践表明，算法效果受问题领域的影响很严重，即算法在某一类数据中表现优秀，则在另一类特性迥异的数据上表现一般比较糟糕。实际应用中，不同领域数据的特性亦千差万别，以数据特性驱动的分类学习理论在哲学上符合具体问题具体分析的方法论，因此它具有指导实际应用的积极意义。

分类复杂度衡量近年来受到不少学者的重视，它通过衡量数据各方面的特性来衡量对某一领域问题进行分类学习的难易程度，从而对数据预处理、分类器选择等问题提供有效的指导信息。Bell 实验室 HO T. K. 等（2006）针对分类学习问题提出了数据几何复杂度衡量方法。该方法中的数据复杂度指的是隐含在分类数据中的几何复杂度，包括：①数据的混叠情况（overlapping）；② 数据可分性（separability）；③数据的几何特性，如拓扑结构、流形等。对于给定的一份训练数据集，一共是通过 12 个衡量指标来测定上述三方面的特性。衡量数据复杂度的还有 Kolmogorov 复杂度，它反映的是数据集聚的绝对信息量。但由于它是不可计算的，所以还不能用于指导实践。

在分类学习中，非均衡数据让人们很是棘手。它是分类学习在由理论逐渐深入各行各业应用领域中遭遇的普遍问题。在过去十多年，人们从不同角度、不同层面对非均衡数据分类问题进行了探索。最早可追溯到 1998 年，Kubat M 等探索了油气泄漏检测领域的非均衡分类问题。他们通过分析获得的测量图像对石油泄漏进行自动监测，其数据非均衡度为 22∶1。此后研究者们在诸多领域研究了非均衡数据分类的应对方案。非均衡数据的本质是什么？为什么传统学习算法应用于这类数据上会使得稀少类的分类正确率变得很差？对于学习非均衡数据，除了分类概念间实例数目上不均衡这个问题外，是否还有其他隐含在其中的、不易察觉的、更深层的问题呢？这一系列问题，都是非均衡数据带给人们的全新思考。已经有很多学者对这一系列问题进行了较深入的研究。其中 Nathalie Japkowicz 等从概念复杂性、抽样规模和非均衡程度三个方面，以 C5.0、BP 神经网络、支持向量机（SVM）等为学习算法较系统地研究了非均衡对分类器性能的影响。实验表明，除了非均衡程度这个因素外，概念复杂性、抽样规模也会对分类器性能产生影响。当概念复杂度较低时，类之间的不均衡程度并不会对分类器性能产生太大的影响。同时，提高训练样本规模也可缓解类之间不平衡对分类器性能的不良影响。G. M. Weiss 等提出，稀少类数据的分离特性（small disjuncts）也是使非均衡分类过程中稀缺类精度不佳的一个原因。此外，研究者还发现分界面处的数据特性，如混叠（overlapping）、噪声（noise）等，也是影响非均衡分类器性能的因素。

重采样方法是数据层面应对非均衡分类问题的有效方法。可以用于数据层面改善稀少类与富足类之间比例的失衡度，从而降低非均衡度对最后分类器性能的影响。由此发展而来的方法分为两大类：上采样（over sampling）与下采样（under sampling）。传统的上采样方法通过随机、有放回地抽取稀少类的样本以增加其数目，从而减轻类之间的非均衡程度。这种方法的一个显著缺陷是容易导致过拟合（over fitting），从而使提高稀少类正确率的效果不明显。Chawla N 等（2002）对此方法进行了改进,并提出了 SMOTE (synthetic minority over-sampling technique),此方法的主要思想是对稀少类的每一个样本搜索其一定数据的最邻近点,接着随机地从最邻近点中选取一个点作为端点,然后在它们之间进行线性插值。在一定程度上,SMOTE 方法不失为一种增加稀少类信息的有效方式,同时也削弱了类之间的不平衡程度。不过它也存在一些缺陷,就是当数据规模比较大时,处理比较耗时,另外当分类边界比较复杂时,SMOTE 还会引入人为偏差(bias)。Han H 等(2005)提出一种改进型的、针对分类边界数据的 SMOTE 方法——Borderline-SMOTE。其主要思想是:对于分类而言,我们感兴趣的只是如何找寻类之间的分界面,因此只需对边界处的数据进行处理,没有必要对整个稀少类的数据都进行 SMOTE 处理。它对处理大数据是比较有效的,但仍然存在当分类边界较复杂时,将有可能引入人为偏差的问题,而且其只适用于判别式分类算法,并不适用于基于相似度或概率密度的生成式分类算法。采样技术的另一类是下采样,即降低富足类的采样率,从而达到减轻类之间的非均衡程度的目的。Barandela R 等(2004)的实验表明:当数据非均衡度不是非常严重时,一般使用下采样方法就可得到较好的结果;而当类之间非均衡度非常严重时,一般建议使用上采样。Liu X 等(2009)提出基于集成学习的下采样方法,并且获得了较好的效果。另有研究者发现当数据不仅呈现非均衡,而且存在混叠现象时,上采样(over sampling)将降低数据的可分性。

### 7.5.2 分类数据的几何复杂度

HO T. K. 等(2002)针对数据分类挖掘进行研究后提出了数据几何复杂度的概念。现实生活中的数据在用于分类时往往存在类的概念比较模糊、分类的边界不够清晰、数据样本稀疏等多种问题,这些问题的概括就称为分类的数据几何复杂度。类的概念比较模糊将导致用任何分类器都无法很好地将类分开,往往是类之间存在包含关系或者数据维度的信息量不够;分类的边界不够清晰是指类间隙及边界处存在重叠和无法线性表达的情况,导致分类的准确率极差;数据样本稀疏导致分界面处没有足够的样本进行分析和支撑,当分界的区域较广时,难于寻找最优分界面,降低分类器的准确性。为衡量分类数据的复杂程度,通常采用多种衡量指标进行,主要有衡量数据混叠情况的指标、衡量数据可分性情况的指标和衡量数据空间分布情况的指标。

(1)数据混叠情况通常采用 F1、F2、F3 等指标来计算,F1 即为最大 Fisher 判别率,它能够反映出数据的线性可分程度,但具有一定的局限性,如果 F1 较高则可推测该数据集具有较佳线性可分的属性,但如果 F1 较低则对数据线性可分并没有特别的意义。F2 以类别中属性最大值和最小值为参数通过一定的公式进行计算而得,当 F2 较低时,表示数据混叠较轻,可分性较好。F3 是指数据集各属性中的单一可分效用最高的值,因此,它需要将所有单个属性对分类的贡献进行计算,从而衡量数据的混叠情况。

（2）衡量数据可分性情况通常采用 L1、L2、N1、N2、N3 等指标，L1 和 L2 是基于线性分类器的可分性指标，其中 L1 为简单的指数线性分类器 $a^t t$ 的错分率，而 L2 为 $Z^t w + t \geq b$，$t \geq 0$ 分类器上的错分率。而 N1、N2、N3 是基于 $K$-近邻分类器的指标，N1 为最小生成树边沿处的样本点数；N2 是采用欧氏距离所计算的类间和类内的最近邻值所得的比例；N3 是采用 $K$-近邻分类器所计算出的训练集上的错分率。

（3）衡量数据空间分布情况通常采用 L3、N4、T1、T2 等指标。其中 L3 基于 nonlin-LP（nonlinear programming）分类器，它通过测试集上的误分率（test error rate）来衡量数据边界的光滑程度（smoothness）。N4 通过 $K$-近邻分类器（$K=1$）计算其错分率，它代表了数据在分界处的间隙大小或者混叠程度。T1 通过对训练集中的覆盖该数据集所需要的多维球面个数进行计算而得，每一类的球面以某个点为中心，半径扩展至遇到另一类时停止。T2 则与数据集中的属性数量和样本数量相关，计算每类属性的样本数，然后再求平均而得。

### 7.5.3 可分性指标在非均衡数据中的使用情况

1. 实验安排

数据的非均衡性在分类时容易造成很高的误分率，因此，在进行分类之前常采用数据可分性指标进行判断，以数据可分性强为前提进行再分类。数据可分性指标是数据几何复杂度中的一部分，它探索了数据的内部特征，描述了类概念定义的合理程度，以及在实际的分类过程中类别是否可分。

通过上节可知，现阶段常用的数据可分性指标有 L1、L2、N1、N2、N3。面对非均衡数据，我们需要寻找不受数据均衡度影响的数据可分性指标，否则无法判定数据误分率的大小变化是因为数据的可分性，还是因为非均衡性。本章节通过实验证明这些数据可分性指标会随数据的非均衡性发生变化，因为不利于衡量非均衡数据的可分性。

实验在 SPSS 数据分析软件中采用单因素方差分析进行数据可分性指标是否随非均衡程度的变化而变化的检验。对于非均衡程度将设有 11 个等级，同时采用多次测量求平均值的方法降低随机因素的干扰。由于该实验是分析非均衡数据对可分性指标的影响，需排除其他会影响实验结果的因素，因此，实验采用人工数据进行分析检验。该人工数据需综合考虑常用的三类概率分布，分别是数据全部服务正态分布、数据全部服务均匀分布、数据按属性区分，一半服从正态分布，另一半服从均匀分布。

2. 实验结果分析

实验采用分组对比的形式进行，将基于线性分类器的 L1 和 L2 指标分为一类，而将基于最近邻分类器的 N1、N2 和 N3 分为另一类，得到实验结果如图 7-14、图 7-15 所示。

第 7 章　面向科技大数据的项目查重方法

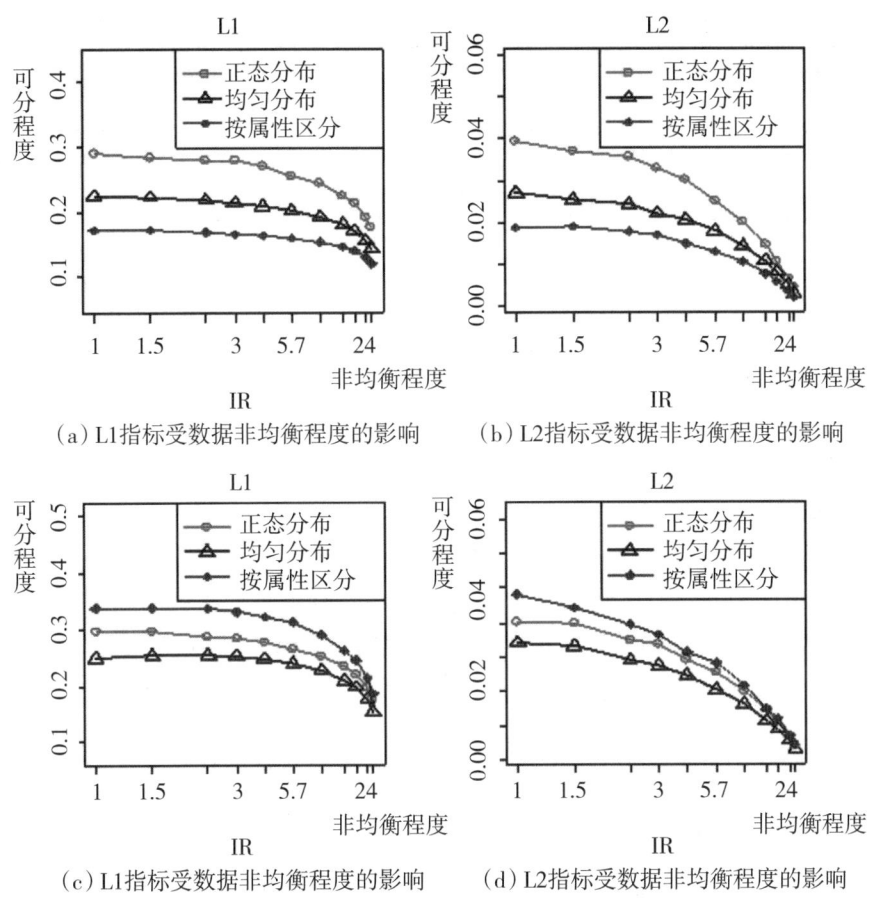

图 7-14　L1 和 L2 指标受数据非均衡程度的影响

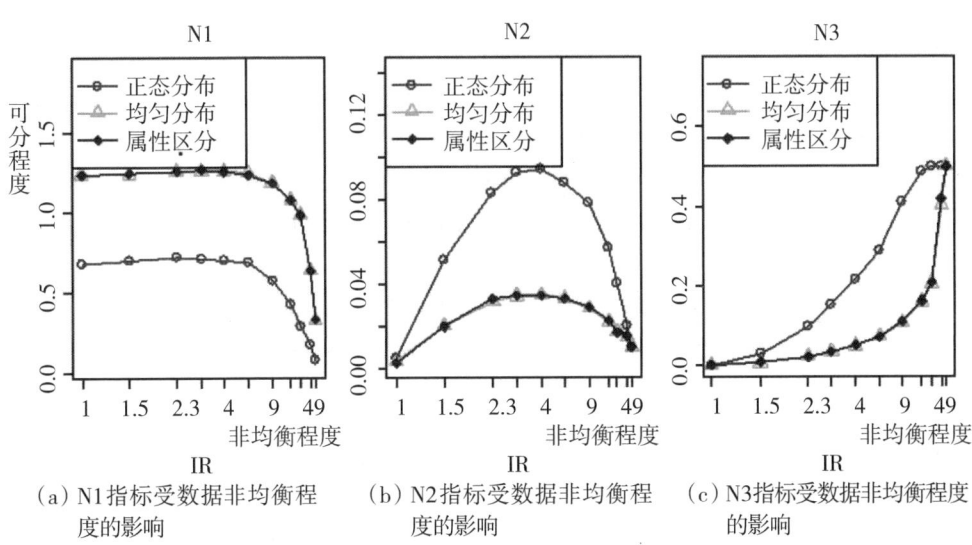

图 7-15　N1、N2 和 N3 指标受数据非均衡程度的影响

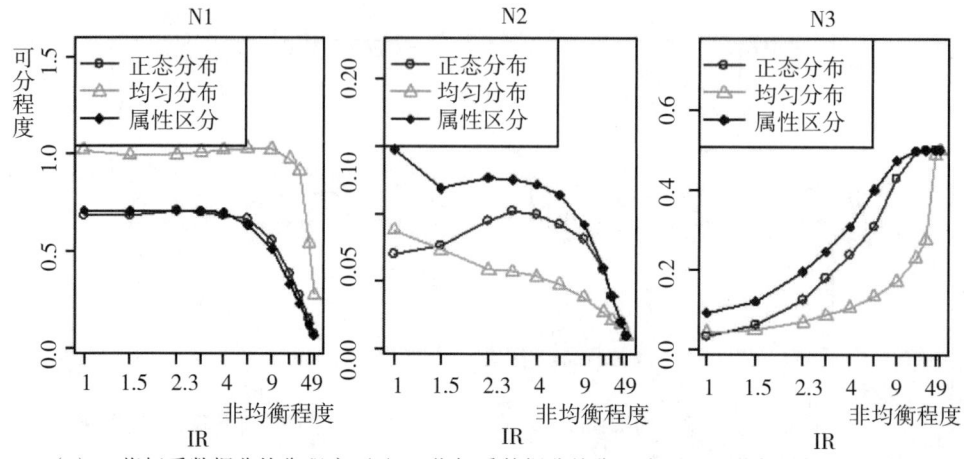

(d) N1指标受数据非均衡程度的影响　(e) N2指标受数据非均衡程度的影响　(f) N3指标受数据非均衡程度的影响

续图 7-15　N1、N2 和 N3 指标受数据非均衡程度的影响

从图 7-14 和图 7-15 可知，几何复杂度中数据可分性指标会随着数据的非均衡程度的变化而变化。当非均衡程度越大时，数据可分性受影响越剧烈。

### 7.5.4　基于 AUC 数据可分性指标

通常情况下进行数据分类的专家学者会根据数据分类的精确度去判断非均衡数据是否可分，其实这种观点具有一些缺陷，为改变这一现象，现在研究者也专门针对非均衡数据推出一些衡量指标，如 $G$-mean、$F$-measure 和 ROC（receiver operating characteristics）曲线等。其中，

$$G\text{-mean}：g = \sqrt{TPR \times TNR}$$

$$F\text{-measure}：F_\beta = \frac{(\beta^2 + 1) \times TP}{(\beta^2 + 1) TP + \beta^2 FP + FN}$$

ROC 曲线是分类器进行数据分类后所获得的一种曲线，该曲线的横坐标表示数据集上的 FPR，而纵坐标则是 TPR，其中，点（0，0）表示分类器把数据集中的实例都分为负类，而点（1，1）则表示分类器把数据集中的实例分为正类，因此，（1，0）则表示数据集中的所有实例数据都正确分类。当 ROC 曲线越向上凸时，其分类性能越好。

ROC 曲线虽然很形象地表明了数据的分类效果，但没有定量地表述，因此，文中采用 AUC 进行分类效果的描述。AUC（the area under the ROC curve）表示 ROC 曲线下方与横坐标所包含的面积。具体计算方法如下式所示：

$$\widehat{AUC} = \frac{\sum r_i - n_+(n_+ + 1)/2}{n_+ n_-}$$

其中 $\widehat{AUC}$ 为 AUC 的估计量，$n_+$ 为正样本，$n_-$ 为负样本，$\sum r_i$ 为正样本秩和。

由于 AUC 是通过 ROC 曲线获得的，因此，与数据可分性中的基于线性分类器

的指标 L2 具有可比性，L2 为 $Z'w+t \geqslant b$（$t \geqslant 0$）分类器上的错分率，通过错分率来衡量非均衡数据中的机器学习分类算法和模型具有一定的缺陷，而采用 AUC 指标能够描述数据的可分程度，有利于分类算法的评估。

### 7.5.5 AUC 在非均衡数据中的应用

利用 AUC 的指标衡量数据可分性后，我们可以在数据集中检验其效果。数据集的来源主要分为人工数据和真实数据，通过实验结果进行对比，得出该指标在非均衡数据中的改善程度；而采用真实数据的目的在于证明该指标具有适应性，可以在实际的分类挖掘中进行应用。人工数据集采用实验安排中介绍的实验数据，真实数据集采用开源的 machine learning data set：keel data set，一共 44 分，其非均衡比例为 1.8～129.4。为了使结果更为可靠，我们在测量 AUC 时采用了 4 类不同的分类器：SVM，CART，Naïve Bayes，KNN。

1. 人工数据集中实验结果

AUC 与 L2 在人工数据集上的对比实验结果按照数据分布情况进行分组对比（图 7 – 16）。

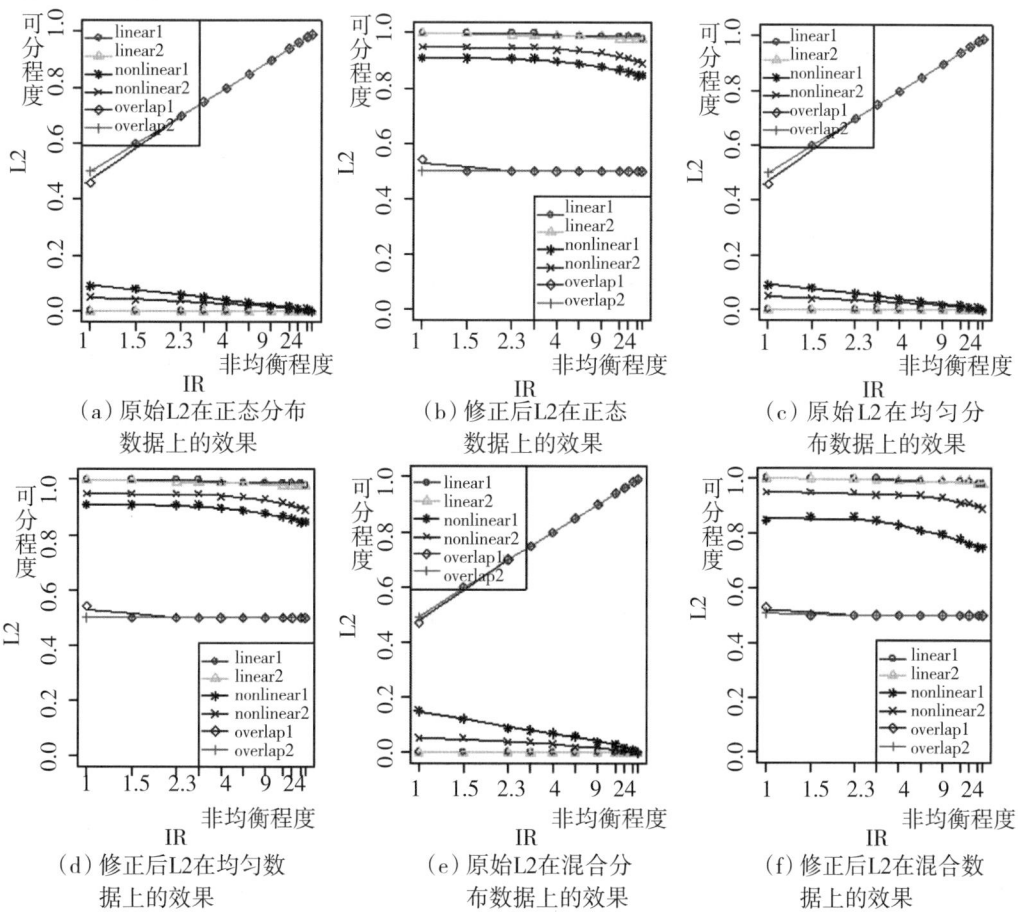

图 7 – 16　AUC 与 L2 在人工数据上的对比效果

从实验结果的对比可知，AUC 的指标在不同的数据中表现均较平缓，说明其受数据非均衡程序的影响较低，甚至可以忽略，其稳定性优于指标 L2，能够较好地代表数据可分性。

2. 真实数据集中实验结果

虽然在人工数据中已检验了 AUC 指标的效果，但在现实生活中，数据往往没有人工数据这么理想，因此，文中将采用真实的非均衡数据进行检验。此时的 AUC 采用了上述分类器中的 AUC 平均值，将其与 L2 指标进行对比，我们可以发现 L2 与 AUC 都保持良好的一致性，即没有反相（图 7 - 17）。因此说明该指标在真实数据中具有适用性。

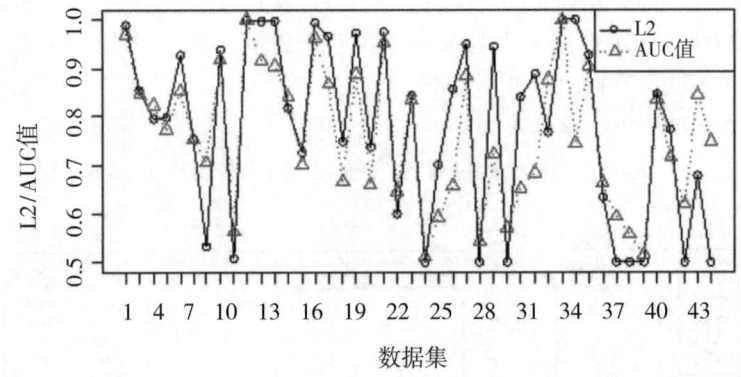

图 7 - 17　AUC 与 L2 间的一致性示意图

基于 AUC 的数据复杂度在非均衡数据上应用时，不容易被数据非均衡程度的影响。本节首先阐述了现阶段数据分类中常采用的几何复杂度指标，主要包括衡量数据混叠程度指标、衡量数据可分性程度指标和衡量数据空间分布指标；针对数据可分性指标，进行非均衡数据中分类实验，实验表明这些指标均受数据非均衡程度的影响，无法在数据分类时表明数据的可分性情况；提出了基于 ROC 曲线的 AUC 指标衡量数据可分性，并与基于线性分类器的 L2 指标进行对比，通过实验证明，基于 AUC 的数据复杂度在非均衡数据分类中具有稳定性和适应性。

## 参考文献

[1] SALTON G, MCGILL M. Introduction to modern information retrieval［M］. New York：Mc – Graw Hill, 1983：30 – 42.

[2] DEERWESTER S, DUMAIS S T, FURNAS G W, et al. Indexing by latent semantic analysis［J］. Journal of the ASIS, 2010, 41（6）：391 – 407.

[3] MIRZAL A. Similarity – based matrix completion algorithm for latent semantic indexing［C］//Control System, Computing and Engineering（ICCSCE）, 2013 IEEE International Conference.［S. l.：s. n.］, 2014.

[4] ZAMAN A N K, MATSAKIS P, BROWN C. Evaluation of stop word lists in text retrieval using latent semantic indexing［C］//Digital Information Management（ICDIM）, 2011 Sixth International

Conference. [S. l. : s. n.], 2011: 133 – 136.

[5] SUKANYA MANNA B S U. Fuzzy word similarity: A semantic approach using WordNet [C] // IEEE International Conference on Fuzzy Systems. [S. l. : s. n.], 2010.

[6] AYELDEEN H, HASSANIEN A E, FAHMY A A. Evaluation of semantic similarity across MeSH ontology: a cairo University thesis mining case study [C] // Artificial Intelligence (MICAI), 2013 12th Mexican International Conference. [S. l. : s. n.], 2013.

[7] SUN T L. Research on ontology-based Chinese scientific papers classification [C] //Internet Technology and Applications (iTAP) 2011 International Conference. [S. l. : s. n.], 2011.

[8] JOHN A, WILSCY M. Random forest classifier based multi – document summarization system [C] //Intelligent Computational Systems (RAICS), 2013 IEEE Recent Advances. [S. l. : s. n.], 2013.

[9] 唐果. 基于语义领域向量空间模型的文本相似度计算 [D]. 昆明: 云南大学, 2013.

[10] 杨云, 吴亚男, 李健. 基于潜在特征词的文本相似度计算方法 [J]. 计算机工程与设计, 2011. 32 (2): 572 – 575.

[11] 孙昌年. 基于主题模型的文本相似度计算研究与实现 [D]. 合肥: 安徽大学, 2012.

[12] 华秀丽, 朱巧明, 李培峰. 语义分析与词频统计相结合的中文文本相似度量方法研究 [J]. 计算机应用研究, 2012, 29 (3): 833 – 836.

[13] 王静婷. 基于语义相似度的 Web 文本分类研究 [J]. 图书馆学研究, 2012 (9): 6.

[14] 王东, 王飘, 江俊鹏, 等. 科技项目申报书查重方法研究 [J]. 中国科技资源导刊, 2022, 54 (5): 30 – 40.

[15] 高爽, 刘梅, 屈加豹, 等. 智能查重方法在建设项目环评文件技术复核中的应用探讨 [J]. 环境影响评价, 2021, 43 (6): 28 – 32.

[16] 王佳琦. 面向科技项目查重的实体和关系层次类型匹配 [D]. 石家庄: 石家庄铁道大学, 2022.

[17] 李善青, 安淑荻, 邢晓昭. 一种基于关联数据的科技项目查重系统 [J]. 计算机与数字工程, 2022, 50 (5): 959 – 963.

[18] 李善青. 一种用于科技项目查重的数据整合及描述模型 [J]. 情报工程, 2017, 3 (5): 53 – 59.

[19] EFRON B. Bootstrap methods: another look at the jackknife [J]. The annals of Statistics, 1979, 7 (1): 1 – 26.

[20] VAPNIK V. The nature of statistical learning theory [M]. New York: Springer Verlag, 2000.

[21] DOMINGOS P, ELKAN C, GEEHRKE J, et al. 10 challenging problems in data mining research [J]. International Journal of Information Technology & Decision Making, 2006, 5 (4): 597 – 604.

[22] HO T K, BASU M. Complexity measures of supervised classification problems [J]. IEEE Transactions on Pattern Analysis & Machine Intelligence, 2002, 24 (3): 289 – 300.

[23] HO T K, BASU M. Data complexity in pattern recognition [M]. New York: Springer Verlag, 2006.

[24] HO T K. Data complexity analysis for classifier combination [J]. Multiple Classifier Systems, 2001: 53 – 67.

[25] LI M, VITANYI P. An introduction to Kolmogorov complexity and its applications [M]. New York: Springer Verlag, 2008.

［26］ KUBAT M, HOLTE R, MATWIN S. Machine learning for the detection of oil spills in satellite radar images ［J］. Machine Learning, 1998, 30: 195 – 215.

［27］ JAPKOWICZ N, STEPHEN S. The class imbalance problem: a systematic study ［J］. Intelligent Data Analysis, 2002, 6: 429 – 449.

［28］ BATISTA G, PRATI R, MONARD M. A study of the behavior of several methods for balancing machine learning training data ［J］. ACM SIGKDD Explorations Newsletter, 2004, 6 (1): 20 – 29.

［29］ DRUMMOND C, HOLTE R. C4.5, class imbalance, and cost sensitivity: why under – sampling beats over – sampling ［C］//Workshop on Learning from Imbalanced Datasets II. ［S. l.: s. n.］, 2003.

［30］ CHAWLA N, BOWYER K, HALL L, et al. SMOTE: synthetic minority over – sampling technique ［J］. Journal of Artificial Intelligence Research, 2002, 16: 321 – 357.

［31］ HAN H, WANG W, MAO B. Borderline-SMOTE: a new over – sampling method in imbalanced data sets learning ［J］. Advances in Intelligent Computing, 2005: 878 – 887.

［32］ BARANDELA R, VALDOVINOS R, FERRI F. The imbalanced training sample problem: under or over sampling ［J］. Structural, Syntactic and Statistical Pattern Recognition, 2004: 806 – 814.

［33］ 钱云. 非均衡数据分类算法若干应用研究 ［D］. 长春: 吉林大学, 2014.

［34］ 刘锟. 非均衡数据几何复杂度及其应用研究 ［D］. 广州: 广东工业大学, 2012.

［35］ LIU X, WU J, ZHOU Z. Exploratory undersampling for class – imbalance learning ［J］. Systems, Man, and Cybernetics, Part B: Cybernetics, IEEE Transactions on, 2009, 39: 539 – 550.

［36］ 张银川, 韩立新, 曾晓勤. 基于伪分类超平面的线性可分几何判定方法及应用 ［J］. 模式识别与人工智能, 2014 (1): 60 – 65.

［37］ DENIL M, TRAPPENBERG T. Overlap versus imbalance ［J］. Advances in Artificial Intelligence, 2010: 220 – 231.

［38］ WEISS G M. The impact of small disjuncts on classifier learning ［J］. Data Mining, Annals of Information Systems, 2010: 193 – 226.

［39］ SMITH M R. An Empirical Study of Instance Hardness ［D］. ［S. l.］: Brigham Young University, 2010.

［40］ HE H, GARCIA E. Learning from imbalanced data ［J］. IEEE Transactions on Knowledge and Data Engineering, 2009: 1263 – 1284.

［41］ MALOOF M. Learning when data sets are imbalanced and when costs are unequal and unknown ［C］//ICML – 2003 workshop on learning from imbalanced data sets II. ［S. l.: s. n.］, 2003.

［42］ 汪云云, 陈松灿. 基于 AUC 的分类器评价和设计综述 ［J］. 模式识别与人工智能, 2011 (1): 64.

# 第8章 科技平台主、客观绩效评估方法

## 8.1 科技平台绩效评估概述

在科技管理中,对科技管理成效进行有效评估是提升科技绩效管理水平的重要手段和方式。科技管理绩效评估是基于绩效评估而形成的一种评估方式,而绩效评估是一种正规的评估机制,利用科学的评估方法对绩效做出准确、客观的评价,评价内容主要包括在职人员的工作成果及行为。在评估过程中,将以具体的考察角度切入,对科技活动所开展的投入与产出进行分析,从而评估科技管理所取得的成效。通常情况下,采用科技项目角度、科技平台角度均能较好地发现科技管理中存在问题和取得成效,而科技平台的绩效评估,不仅包含项目、人才、经费等微观要素,也能从机构的整体管理和优化配置等宏观层面进行分析,因此,科技平台绩效评估在提升科技活动效能和宏观管理层面,均具有重要意义。

科技平台是我国科研工作从事基础研究和应用研究的重要载体,是国家、地区科研基地和科技创新不可分割的重要组成部分,在促进科研水平提升和解决重大科学问题中发挥着重大作用,有效推动社会经济发展。对科技平台进行绩效评估是为了对科研的投入成本和产出效益进行比较分析、对平台运行情况和效果进行有效监测,保障科技源源不断的创新力和动力,提升科技平台的运行质量,使之响应国家战略的需求,适应当代科学的发展。早在20世纪50年代,西方发达国家已开始进行科研绩效评估工作,侧重于对科研进展状况的评估和管理情况的评估。英国作为科研绩效评估发达国家的代表,其评估体系变迁路径已经历了"科研选择评估"(RSE,research selectivity exercise)、科研水平评估(RAE,research assessment exercise)、科研卓越框架(REF,research excellence framework)等多种模式。美国科研创新绩效评价方法从最开始的定性评价,演变为将许多数学、运筹学、统计学以及经济学的计量分析方法引入到科技评估中,试图提高评估结果的科学性。发达国家把对国家科研活动及其运行管理的绩效评估作为科研管理与决策的重要途径,并根据本国具体情况纷纷在政府层面制定和实施了有关科研评估的法律法规,其中最著名的就是美国于1993年颁发的政府绩效和结果法案(GPRA)。该法案将美国政府的管理重点由"过程问责"转向"结果问责",由"投入—产出"模式转为"目标—结果"模式。

绩效评估是一种数字量表,为管理者提供评估当前活动所需的信息,是科研管

理的核心。当前,科研项目绩效评估多依赖于专家评定,存在一定的人为主观因素。使用科学且规范的流程评价项目实施的效率和效果成为亟待解决的问题。绩效评估是科研管理的重要环节之一,为构建更科学合理的绩效评价模型,现有的方法包括德尔斐法、AHP 法等。使用机器学习算法构建绩效评价模型在近年来成为一种新的研究思路。现阶段通常对科技平台各类绩效产出构建评估指标,然后针对各指标进行专家评分,最后划分评分等级。也有一些学者引入信息技术手段,如采用层次分析法、模糊评价法、物元分析法和属性层次分析法等,以提高科技平台评估的有效性。然而目前在研究过程中仍存在不少问题,比如评估方法单一,基本上均采用设置指标并评分的方式进行,不能对科技平台进行全面、科学的评估;现有评估体系指标未能特别突出科研重点,只能用专家经验判断各指标重要性,并设置权重;评估指标体系比较繁琐,难以统一度量标准;代表性成果选择不限或关联度不高等。为了准确衡量某地区、某机构、某平台的科技发展水平和科研实力,需要对科技管理涉及的工作内容进行绩效评估,科技管理绩效评估是科技管理的重要组成部分,通过测量和评估科技管理成效,可以得到客观的分析结果,进而了解科技管理的实际情况,为科技管理工作提供有效参考和借鉴。因此,对科技平台科研绩效评估仍然是一项值得关注的课题。在现行的绩效评估体系基础上结合支持向量机算法进行客观评估和预测,对推动科研绩效管理智能化、科研机构绩效高效管理具有十分重要的现实意义。

## 8.2 科技平台绩效评估研究现状

### 8.2.1 绩效评估研究现状

近年来,将数据挖掘技术和机器学习算法应用于科研管理及绩效评估取得一定的进展。Zhang H 等(2020)提出了一种基于分布式查询的异构信息资源集成平台,利用数据挖掘技术获取有价值的信息,从而提高科研管理能力和水平。Feldman M 等(2020)提出了数据挖掘和学习分析方法,对数据进行可靠的预处理可以防止研究结果出现重大错误,显著提高结论的真实性和可靠性,为科研管理和决策制定提供可靠依据。Jin M 等(2018)提出了一种改进的 C4.5 决策树算法,结合数据仓库、数据挖掘和分析技术,建立高校财务项目预算模型,使项目管理和决策更加便捷有效。Yuan B 等(2020)提出采用随机森林和支持向量机两种机器学习算法对由 13 个评价指标形成的评价体系进行了验证,避免定性评价中的主观缺陷,对决策和科学管理有着重要的启示。普林斯顿实验室采用自评估与外评估相结合的方法,在能源部正式开展绩效评估之前,普林斯顿大学会组织包括区域办公室相关人员在内的专家组开展自评估,形成的自评估报告将作为外评估专家组的重要数据。

近年来，随着科学技术的不断发展，科研管理研究也逐渐从理论转变到实际应用当中。Lu Xiaobo 等（2011）通过对科研质量管理概念的提出和内涵的研究，论述了实验科研质量管理的要求，并分析了科研质量管理过程的特点。Lu Linong 等（2010）基于机构知识库网络对中国科学院科学知识输出管理进行了研究、设计和实现。Yu Yang 等（2008）为了整合基础研究成果中不同类型的知识资源，构建了一种知识资源的超网络模型。Liu Xiaoxing 等（2010）通过对科技资源数据库系统建模方法的研究，找到了具有较好灵活性和可维护性的最优系统建模方法。Masmoudi Abir 等（2017）提出了一个基于网页的科研团队知识管理系统，解决了复杂注释模式人工工作量大、消耗时间多等问题。Zou Hua 等（2009）采用系数变异法和序贯关系分析法分别对定量和定性指标进行赋权，构建了一套强而普遍的科技资源评价指标体系，并提出了提高科学活动实效性的建议。

国内学者对科技资源效益评估的研究起步较晚，但对具体问题的研究及所采用方法比国外更为丰富。陈晓芳（2016）提出了基于大数据和云计算的"互联网+"科技资源管理系统，解决了科研投入产出效益偏低、科研人员积极性不强的问题。杨威等（2017）针对阻碍效率提升的高校科研方向与企业需求对接不够紧密、科技资源不能有效管理和利用的问题进行了理论研究。宋超等（2012）分析了科技资源配置管理中存在的布局不均衡、配置不合理、经费预算缺乏科学性等问题，并提出了相关的管理机制完善建议。赵志耘等（2018）基于大数据分析方法与技术，开展了中国科技创新图谱的研究，以辅助科技创新管理与决策。刘爱辰（2017）针对高校项目立项决策过程繁琐、资源配置无法有效利用、项目全寿命管理把控能力弱等问题提出了在高校科研管理信息化建设领域中应用大数据技术的方案。孙新宇（2012）运用可视化软件 Citespace Ⅱ 对近十年高等教育研究的状况进行了图谱分析，为高等教育科研立项管理提供了参考。

综上所述，国内外研究学者对如何更好地管理科技资源都进行了不同程度的研究，但鲜少学者将知识图谱运用于科技资源效益评估，也没有学者进行同时面向科研效益分析、效益影响因素、绩效评估合理性、研究方向稳定性评估这些方面的知识图谱研究，更没有学者将专家评审的主观数据与反映效益的客观数据进行知识融合，因此本章提出基于多源知识图谱的科技资源效益评估方法。

### 8.2.2 绩效评估体系研究现状

相比于西方国家，我国起步稍晚，20 世纪末期，我国部分专家、学者开始对国家重点科技平台进行科学、合理的评估以满足国家发展的需要。有些学者采用模糊综合评价法、层次分析法等一些广泛适用的评价方法。然而，虽然经过不断地探索与努力，但我国对重点科技平台的评价指标体系和评价方法在权威性、合理性方面仍有所欠缺，我国对国家重点科技平台整体的评估工作存在一定的提升空间。

当前，BP神经网络在绩效评价中得到较为广泛的应用。针对BP神经网络存在的训练时间长、收敛速度慢等缺点，有学者提出一种改进的基于粒子群优化算法的BP神经网络算法，并将其应用于管理理论评价体系中。迟睿等（2017）提出一种基于RBF神经网络的科研绩效精细评价模型，设定5个等级的考核结果，为RBF神经网络在类似的科研绩效评价或评估工作提供一种通用的方法。随着深度学习的发展，Zhang H等（2020）提出了包含$N$个最近邻文本的选通递归单元网络的FT-GRU（gated recurrent unit）模型，采用深度卷积神经网络Resnet-50和VGG-16对FT-GRU模型进行图像特征提取，构建了基于机器学习和图像特征检索的科技成果评价系统，通过指标解读和评分计算反映高校科技成果绩效。不少专家学者运用三阶段DEA模型，对特定时间、特定区域的科技平台绩效进行系统评估，利用三阶段DEA模型结果，针对具体问题提出了相应的对策建议。陈艳利等（2022）运用灰色关联分析方法，对长江经济带上、中、下游科技创新绩效进行评估与分析，最终为协同推进长江经济带整体创新绩效提升提出政策建议。

我国现阶段科技平台评估指标体系通常由多维度、多级指标构成。指标设置遵循系统性、科学性、可操作性、投入产出等原则。现阶段不同类型、不同地区的科技平台建设往往采用不同的评估指标。根据《国家重点实验室评估规则》（国科发基〔2014〕124号），国家重点实验室目前的评估指标体系由研究水平与贡献、队伍建设与人才培养、开放交流与运行管理三个一级指标构成。通常情况下，行业主管部门对所属的科技平台的绩效评估具有一定的评估意见和建议，往往从定量评估和定性评估两部分对科技平台进行综合评价。定量评估往往通过年度调查、信息系统数据收集等方式，对科研成果、学术技术水平、应用效益、人才培养等一些可以量化的指标进行评估。定性评估往往是针对不可量化部分的指标，比如从研究成果及学术技术水平、队伍建设与人才层次、经费及设备实力、管理水平等方面进行定性描述。现阶段通常采用综合评议的方式对科技平台的绩效进行评估，即对这些绩效指标各项进行专家评分，然后根据权重统计评分结果，得到对该科技平台的绩效评价。

## 8.3 无监督环境下的科技平台主、客观绩效评估方法

### 8.3.1 无监督学习

在科技平台绩效评估过程中，通过年度调查或者一定时间的成果绩效情况收集，可以获取科技平台绩效数据。此时的数据在评估之前并没有相应的标签，而无监督学习就是对该类未被标注的训练数据进行分类等模式识别的过程，而聚类通常是无监督学习的典型方法。

1. 聚类

聚类是指以样本数据的特征或属性作为出发点,将样本数据中性质或特性相近的数据归为一类。聚类分析是指将一组数据中性质相近的事物归为一组的分析技术。聚类与分类的区别在于分类所要求的划分的类是可知的、有标签的,而聚类所要求划分的类是未知的。聚类分析是一种摸索未知性较强的分析,它能够以研究对象为原点,自动对其进行分类。且当面对同一组数据时,聚类所使用的方法不同,得到的结果往往会不相同。

在实际中会遇到各种各样的问题,且每个问题所涉及的难点各不相同,所以为了针对性地解决问题,研究学者们提出了许多不同的聚类算法,这些算法各有优势,通常可以从实际问题出发,找到最适合的算法。根据算法的构建思想和研究现状,可以将它们分为以下五类:基于模型的算法、基于密度的算法、基于层次的算法、基于划分的算法和基于网络的算法。

$K$ 均值算法($K$-means)在 1967 年由 J. B. MacQueen 前辈提出,它具有原理简单、容易实现、能处理大数据集、聚类效果良好、高效和伸缩性较强等优点,是目前研究最多和使用最广泛的聚类算法。该算法是以距离为度量的聚类算法,其依据 $K$ 值设定将数据集分为 $K$ 类,对于每一类的描述依据其聚类中心,而聚类中心则为每个类中所有数据的均值,目标是使得每个类中数据到聚类中心的欧式距离之和最小。其算法流程如下:

(1)初始聚类中心以随机选择方式选定 $K$ 个数值点;

(2)对于其他的数据样本,计算其到聚类中心的欧式距离,按照距离最近原则对数据进行聚类;

(3)更新聚类中心,将每个类中的数据样本的均值作为新的聚类中心;

(4)判断聚类中心或目标函数值是否改变,如果满足算法的阈值设定或者数值没有变化,则输出结果;否则继续上面的步骤 2。

2. 支持向量机

支持向量机(SVM,support vector machine)是由 Vladimir N. Vapnik 等人在统计学理论基础上建立起来的依据 VC 维理论和结构风险最小化原则的模式识别算法。对比其他以经验风险最小化为原则的模式识别算法,支持向量机算法的不易陷入过拟合且算法的泛化能力强。而且使用核函数的方法可以将一些线性不可分的问题映射到高维空间中,使其转变为线性可分问题。由于以上支持向量机算法的种种特点,使得支持向量机适合处理高维数、非线性、小样本分类问题。支持向量机常分为线性可分、线性不可分和多分类支持向量机。

绩效评估体系通常需采用非线性问题进行处理,将训练样本从原本的样本空间映射到更高维空间,使得样本在此空间内线性可分。于是使用一个函数 $\phi(t)$,使得原本样本空间中表示数的特征向量 $x$ 经由函数 $\phi(t)$ 映射到更高维空间变为 $\phi(x)$,划分超平面所对应的模型可表示为:

$$f(x) = W^T\phi(x) + b$$

与线性分类问题相似，分类间隔最大化也可以转化为最小值问题，公式为：

$$\min_{w,b} \frac{1}{2}\|W\|^2, \text{ s.t. } y_i(W^T\phi(x_i) + b) \geq 1 \ (i=1,2,\cdots,m)$$

转化为对偶问题为：

$$\begin{cases} \max_a \sum_{i=1}^m \alpha_i - \frac{1}{2}\sum_{i=1}^m \sum_{j=1}^m \alpha_i\alpha_j y_i y_j \phi(x_i)^T\phi(x_j) \\ \text{s.t. } \sum_{i=1}^m \alpha_i y_i = 0, \alpha_i \geq 0 (i=1,2,\cdots,m) \end{cases}$$

若要对上式进行求解，则需要计算 $\phi(x_i)^T\phi(x_j)$，这是样本 $x_i$ 和 $x_j$ 映射到特征空间之后的内积。由于 $\phi(x_i)^T\phi(x_j)$ 计算很困难，于是使用以下函数简化计算。

$$K(x_i, x_j) \leq \phi(x_i), \phi(x_j) \geq \phi(x_i)^T\phi(x_j)$$

将上式改写为：

$$\begin{cases} \max_a \sum_{i=1}^m \alpha_i - \frac{1}{2}\sum_{i=1}^m \sum_{j=1}^m \alpha_i\alpha_j y_i y_j K(x_i,x_j) \\ \text{s.t. } \sum_{i=1}^m \alpha_i y_i = 0, \alpha_i \geq 0 (i=1,2,\cdots,m) \end{cases}$$

求解之后得到：

$$f(x) = W^T\phi(x) + b = \sum_{i=1}^m \alpha_i y_i \phi(x_i)^T\phi(x_j) + b = \sum_{i=1}^m \alpha_i y_i K(x_i,x_j) + b$$

这里的 $K(x_i, x_j)$ 被称作核函数，对于不同的数据样本使用不同的核函数，常用的核函数有：

线性核：

$$K(x_i, x_j) = x_i^T x_j$$

多项式核（$d$ 是多项式级数，$d=1$ 时则为线性核）：

$$K(x_i, x_j) = (x_i^T x_j)^d$$

高斯核（RBF 核）（$\sigma > 0$）：

$$K(x_i, x_j) = \exp\left(-\frac{\|x_i - x_j\|^2}{2\sigma^2}\right)$$

sigmiod 核（$\beta > 0, \theta > 0$）：

$$K(x_i, x_j) = \tanh(\beta x_i^T x_j + \theta)$$

### 8.3.2 无监督学习下主观绩效评估效果分析

1. 数据来源

本节使用的科技平台绩效数据含有 188 个样本，14 项属性。部分样本数据集如表 8-1 所示。

表 8-1 样本数据集（部分）

| 序号 | 科研机构名称 | 综合评分 | 投入经费 (0.04) | 承担项目得分 (0.22) | 人才培养得分 (0.12) | 研究成果得分 (0.62) |
|---|---|---|---|---|---|---|
| 1 | 机构 1 | 81.13 | 55.200 | 140 | 0.760 | 57.6 |
| 2 | 机构 2 | 80.88 | 336.400 | 80 | 0.940 | 25.2 |
| 3 | 机构 3 | 80.5 | 3634.000 | 45 | 0.790 | 84.6 |
| 4 | 机构 4 | 80.13 | 211.000 | 140 | 1.000 | 147.8 |
| 5 | 机构 5 | 79.75 | 569.800 | 75 | 0.540 | 63.0 |
| 6 | 机构 6 | 84.13 | 315.200 | 110 | 0.770 | 90.0 |
| 7 | 机构 7 | 82.14 | 514.960 | 95 | 0.850 | 70.2 |
| 8 | 机构 8 | 81.57 | 127.200 | 125 | 0.760 | 10.5 |
| 9 | 机构 9 | 81.43 | 106.400 | 90 | 0.770 | 61.1 |
| 10 | 机构 10 | 81.43 | 1145.000 | 35 | 0.550 | 0 |

科研绩效评估等级划分利用原始数据表格自带的评审得分作为评价标准，其中以评审得分划分为4类。评分在［100，85］区间为优秀，标为 S；在（85，75］区间为良好，标为 A；在（75，65］区间为一般，标为 B；在（65，0］区间为差，标为 C。

**2. 数据预处理**

对原始数据进行缺失值补充、缺陷值去除、减少无效指标、归一化等数据预处理。若某些指标值存在缺失则将该指标值直接补0。因为相关单位可能没有录入数据，使用平均值进行填补反而使数据不真实，使得研究失去价值。由于个别科研机构的部分属性内容的缺失，以及一些属性的方差过小，对聚类效果帮助不大，因此需要通过数据的预处理排除无用的属性，减轻研究过程中的负担。通过数据预处理，最后确定单项目科研投入经费、承担项目得分、人才培养得分和研究成果得分这四个属性（指标）作为本次科研绩效评估的判定指标。在对数据进行统计与补全之后，需要对指标进行归一化处理，这样做的目的是使各项指标之间的量纲相同，也就是避免因为指标之间量纲问题导致训练模型过分偏重，训练结果失去意义。归一化使用的是最大最小值归一化公式，具体公式如下：

$$Z_{ij} = \frac{Z_{ij} - \min}{\max - \min} \quad (i=1, 2, \cdots, n; j=1, 2, \cdots, p)$$

式中，max 为对应指标的最大值，min 为对应指标的最小值，$i$ 为某科技平台记录，$j$ 为指标属性。

最终数据的预处理结果如表 8-2 所示，表格只列举前10项数据。

表8-2 数据的预处理结果（部分）

| 指标<br>科技平台 | 承担项目 | 研究成果 | 人才培养 | 投入经费 |
| --- | --- | --- | --- | --- |
| S1 | 0.205 | 0.149 | 0.075 | 0.00050 |
| S2 | 0.114 | 0.065 | 0.109 | 0.00360 |
| S3 | 0.061 | 0.219 | 0.080 | 0.04000 |
| S4 | 0.205 | 0.382 | 0.120 | 0.00222 |
| S5 | 0.106 | 0.163 | 0.033 | 0.00618 |
| S6 | 0.159 | 0.233 | 0.077 | 0.00337 |
| S7 | 0.137 | 0.182 | 0.092 | 0.00557 |
| S8 | 0.182 | 0.027 | 0.075 | 0.00129 |
| S9 | 0.129 | 0.158 | 0.077 | 0.00106 |
| S10 | 0.046 | 0.000 | 0.035 | 0.01253 |

3. 实验结果

本次实验通过对 $K$ 均值聚类结果与现有的主观绩效评估方法进行比较分析，从而反映现有评估方法的合理性和准确性。利用 SPSS 软件[①]中的 $K$ 均值聚类算法包对数据进行分类。在利用 SPSS 软件将数据集聚类为四类之后，其聚类的结果如图 8-1 所示。

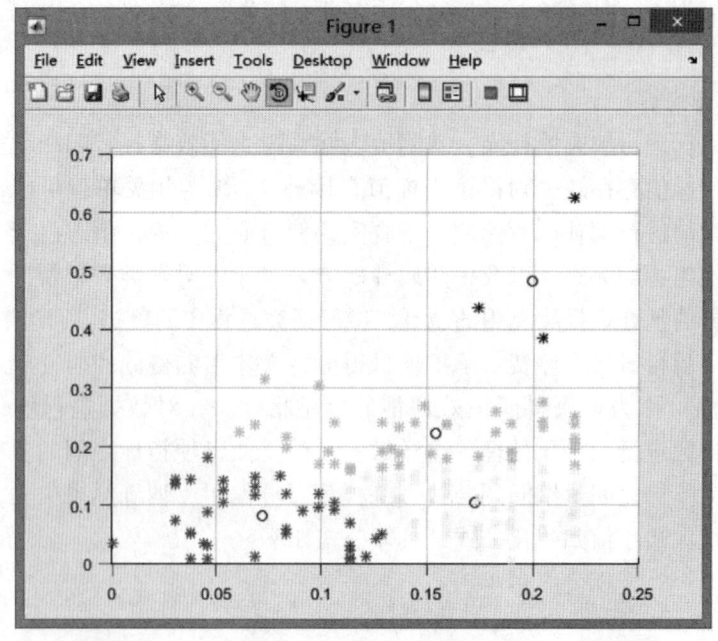

图 8-1 $K$ 均值聚类结果

---

① IBM 公司所开发的"统计产品与服务解决方案"软件。

将评审得分和聚类结果进行比较，可以发现评级为 S 的三家科研机构中，机构 4 和机构 113 的评审得分并不高，与聚类评级结果相悖；评级为 A 的部分科研机构评审得分较低；评级为 B 的科研机构中，机构 105、机构 128 和机构 120 等部分机构评审得分较高；评级为 C 的部分科研机构对应的评审得分过高，如表 8－3 所示。

表 8－3　科研机构评审得分与聚类结果比较

| 机构名称 | 聚类结果 | 评审得分 | 机构名称 | 聚类结果 | 评审得分 |
| --- | --- | --- | --- | --- | --- |
| 机构 130 | S | 87.43 | 机构 115 | A | 77.67 |
| 机构 4 | | 80.13 | 机构 73 | | 77.63 |
| 机构 113 | | 78.67 | 机构 116 | | 77.56 |
| 机构 105 | B | 90.22 | 机构 138 | | 77.33 |
| 机构 128 | | 89.71 | 机构 24 | | 76.29 |
| 机构 120 | | 89.13 | 机构 140 | | 75.56 |
| 机构 129 | | 89 | 机构 94 | | 75 |
| 机构 126 | | 88.88 | 机构 44 | C | 89.29 |
| 机构 45 | | 88.86 | 机构 30 | | 87.33 |
| 机构 46 | | 88.43 | 机构 65 | | 87.14 |
| 机构 122 | | 87.88 | 机构 67 | | 86.29 |
| 机构 31 | | 87.11 | 机构 131 | | 86.29 |
| 机构 110 | | 86.67 | 机构 67 | | 85.43 |
| 机构 125 | | 86.5 | 机构 133 | | 84.14 |
| 机构 121 | | 86.25 | 机构 36 | | 83.39 |
| 机构 35 | | 86 | 机构 82 | | 83.43 |
| 机构 124 | | 85.63 | 机构 84 | | 83.29 |
| 机构 119 | | 85.5 | 机构 39 | | 81.67 |
| 机构 70 | | 85.29 | 机构 10 | | 81.43 |
| 机构 132 | | 85.29 | 机构 60 | | 81 |
| 机构 71 | | 84.71 | 机构 2 | | 80.88 |

从实验结果分析可知，经过 $K$ 均值聚类的结果与评审得分存在差异，主要表现在高评级的科研机构评审得分不高，或低评级的科研机构评审得分很高，且具有这种表现的科研机构不在少数。这说明了现有的科研绩效评估方法很可能存在不合理

性和缺少准确性，单纯采用专家评分和指标权重进行评估有失偏颇。现行绩效评价体系往往将定量评价与定性评议结果进行简单的加权相加，定性评议中由于专家组的主观因素而造成错误判断，可能导致最终的评价结果并不能正确地反映科研机构的实际情况。

### 8.3.3 采用聚类与支持向量机的客观绩效评估结果分析

本实验在 PyCharm 环境下使用 python 语言和支持向量机工具箱 LIBSVM 库对数据进行训练与预测，LIBSVM 是台湾大学林智仁教授开发的 SVM 模式识别与回归工具包。本章节使用该工具包中的函数对数据进行训练，其中主要用到的函数有 svm_read_problem 与 svmtrain 两个程序函数。

由于单纯采用专家评分和指标权重进行主观评估有失偏颇，因此本实验采用无监督学习后形成新的数据集标签作为训练依据。基于支持向量机算法中核函数的选取是最为重要的一个环节，核函数的应用使得支持向量机算法在解决非线性问题时具有巨大的优势，其将低维空间的非线性问题转化为高维空间的线性问题。而常用的核函数有线性核函数、多项式核函数、RBF 核函数以及 Sigmoid 核函数，表 8-4 为基于不同核函数的模型训练结果。

表 8-4　不同核函数的模型训练结果

| 核函数 | 线性核函数 | 多项式核函数 | RBF 核函数 | Sigmoid 核函数 |
|---|---|---|---|---|
| 模型准确率 | 45.0704% | 38.7324% | 91.5493% | 87.3239% |

由上表可知，使用 RBF 核函数的训练结果是最好的。随后确定主要的参数设置为核函数中的 Gamma 函数设置（针对多项式/RBF/Sigmoid 核函数）与 C-SVC、e-SVR 和 v-SVR 的参数设置（损失函数）。表 8-5 为基于不同 Gamma 函数参数设置的模型训练结果。从表中可以得出，当 Gamma 函数参数设置为 2.5 时模型训练结果最佳。

表 8-5　选取不同 Gamma 函数参数的模型训练结果

| Gamma 函数参数 | 1.5 | 2.0 | 2.5 | 3.0 |
|---|---|---|---|---|
| 模型预测结果 | 88.7324% | 90.8451% | 91.5493% | 90.8451% |

最后是对损失函数参数的设置。损失函数的设置是对支持向量机软边界问题进行设置，是为了解决在分类边界上的噪声点所带来的影响。表 8-6 为基于不同损失函数参数设置的模型训练结果。从表中可以得出，当参数设置为 1.2 时模型训练结果最佳。

表8-6 选取不同损失函数参数的模型训练结果

| 损失函数参数 | 0.6 | 1.2 | 1.8 | 2.4 |
|---|---|---|---|---|
| 模型预测结果 | 87.3239% | 91.5493% | 91.5493% | 89.4366% |

从实验可知，无监督学习使得数据集自动聚类，然后以此聚类结果作为数据集标签进行模型训练，具有良好的分类效果。基于聚类结果与支持向量机算法的预测模型能够相对准确地对科技平台进行分类，说明通过对聚类结果与评审得分之间具有强相关性，能够真实反映科技平台科研绩效情况，因此，该客观评估方法对于科研机构的绩效评估具有良好的参考意义。在实际操作过程中，可以对主、客观评审结论不一致的科技平台绩效数据进行审查和分析，从而使得评估结论更加公平公正，更能反映出科技平台的发展水平。

### 8.3.4 主、客观评估结果差异分析

本实验首先通过无监督学习进行数据聚类，发现主观评审结论与自动聚类存在差异，而通过基于聚类结果与支持向量机算法的预测模型的训练，发现采用客观评估方法有较高的分类准确度，主、客观评估方法产生差异的主要原因如下：

（1）采用数学模型的评估方式能够统一评分标准。当需要对大量科技平台进行绩效评估时，通常将绩效材料进行汇总后进行分组处理，再交给不同组的专家进行评分，而组与组之间专家无法统一标准，专家分组具有一定的随机性，没有统一的评分准则对所有科技平台进行评估，而采用该方法正好能解决这一问题，能够运用数据客观地进行评估分析。

（2）依据人们的主观理解进行指标权重设置，然后再进行综合评分。对权重的判断通常根据管理人员的经验进行设置，未根据指标本身的相关性和特征。应该对两者进行一致性分析，对于分析结果一致的则采用其结论；对于两者结果相反的情况，应对相应的科研机构进行更加详细的评价和复评，确保不受主观因素等外界因素影响而导致最终的绩效评价结果与实际不相符合。

（3）在代表性成果选择方面，采用主观专家评分和权重求和的方式时，通常需要限定佐证材料不超过一定的数量，否则无法录入或者关联，这就导致有些效益较好的科技平台有很多成果无法在系统填写，或者有些没有这么多成果的科技平台将关联度不高的代表性成果汇总或拼盘。采用数学模型的评估方式，可以扩展数据来源，很好地解决代表性成果选择的局限性。例如论文、专利、项目等成果，均可通过知识库的检索和关联进行获取。

本方法在总结国内外相关的科研绩效评价体系规则的基础上，在无监督学习的环境下将绩效评估数据进行聚类，并与主观绩效评估结果进行对比分析，从而发现

主、客观评估方法存在差异。基于聚类结果与支持向量机进行的预测模型训练，具有良好的分类准确性，证明采用客观的评估方法能够为绩效评估提供良好的参考依据，能更好地辅助科技平台绩效评估，对真实反映科技平台科研能力、提升科研机构的智能化评审水平具有重要意义。

## 参考文献

［1］ 陈春碧. 科技管理绩效评估方案与推进［J］. 中国高新科技，2021，91（7）：90 - 91.

［2］ 周松松. 国家重点实验室综合绩效评价研究［D］. 北京：北京邮电大学，2018.

［3］ 王红军，康小明. 英国大学科研绩效评估体系的变迁及其启示［J］. 国家教育行政学院学报，2018，12：84 - 90.

［4］ 李晨光. 美国国立科研机构创新绩效评价的演进与启示［J］. 经济纵横，2018，24：72 - 74.

［5］ 杨瑞仙，梁艳平. 国内外高校科研评价方法比较研究［J］. 情报杂志，2015，9：107 - 110.

［6］ 张洋，王媛媛. 国内外科研评价研究计量分析［J］. 农业图书情报学刊，2018，10：38 - 48.

［7］ 夏萌，魏忠. 基于大数据技术的高校实验教育技术与绩效评估研究［J］. 电子商务，2015（9）：74 - 75.

［8］ 孙即祥，等. 现代模式识别［M］. 长沙：国防科技大学出版社，2003.

［9］ 黄晶伟，侯嫚丹. 基于聚类分析和支持向量机的高校教师绩效评价模型［J］. 哈尔滨师范大学自然科学学报，2017，33（4）：18 - 20.

［10］ JIANG T, HONG G, WENQI L. Imbalanced classification using support vector machine ensemble［J］. Neural Computing and Applications，2011，20：203 - 209.

［11］ CHANG C C, LIN C J. LIBSVM: a library for support vector machines［J］. ACM Transactions on Intelligent Systems and Technology (TIST)，2011，2（3）：27.

［12］ JAFARI M, SEYEDJAVADI M, ZABOLI R. Assessment of performance in teaching hospitals: using multicriteria decision-making techniques［J］. Journal of Education and Health Promotion，2020，9（1）：214.

［13］ ZHANG H, FANG M. Research on the integration of heterogeneous information resources in university management informatization based on data mining algorithms［J］. Computational Intelligence，2020，37（3）：1254 - 1267.

［14］ FELDMAN M, BARHOOM S, BLONDER R, et al. Behind the scenes of educational data mining［J］. Education and Information Technologies，2020，26（2）：1455 - 1470.

［15］ JIN M, WANG H, ZHANG Q, et al. Financial management and decision based on decision tree algorithm［J］. Wireless Personal Communications，2018，102（4）：2869 - 2884.

［16］ YUAN B, XIA H, GUO C. An evaluation index system for intellectual capital evaluation based on machine learning［J］. AEJ - Alexandria Engineering Journal，2020，60（1）.

［17］ SCHNEIER C E, BEATLY R W, BAIRED C S. The performance management sourcebook［M］. Amherst：Human Resource Development Press，1987.

［18］ 张义芳. 美、英、德、日国立科研机构绩效评估制度探析［J］. 科技管理研究，2018，38

(22): 25-30.

[19] 顾雁峰. 美国政府科技经费监督与绩效评价[J]. 全球科技经济瞭望, 2011 (6): 58-67.

[20] Princeton Plasma Physics Laboratory. Performance evaluation and measurement plan fiscalyear2021 [EB/OL]. [2021-04-23]. https://www.pppl.gov/sites/pppl/files/basic_pages_files/M0362-AppendixBPEMP.pdf.

[21] 吴旻昊, 薛妍妍, 闵石头, 等. 依托世界一流大学的国家实验室绩效评估研究: 以美国普林斯顿等离子体物理实验室为例[J]. 中国基础科学, 2021, 23 (6): 72-77.

[22] 林珠, 邢延, 赵晓萌, 等. 实验室评估指标有效性的实证研究[J]. 科技管理研究, 2020, 40 (19): 70-76.

[23] 朱晴, 王晶晶. 基于粒子群优化BP神经网络的高校科研管理评估研究[J]. 现代电子技术, 2019, 42 (7): 87-89.

[24] 郑培, 黎建强. 基于BP神经网络的供应链绩效评价方法[J]. 运筹与管理, 2010, 19 (2): 26-32.

[25] 钱坤, 孔令媛, 张晓建, 等. 省域科技企业孵化器运营绩效评估[J]. 中国资产评估, 2022, 262 (1): 51-62.

[26] 冯艳. 科技项目绩效管理研究[J]. 企业改革与管理, 2021, 409 (20): 34-35.

[27] 陈艳利, 刘思妍. 长江经济带区域科技创新绩效评估: 协同发展视角下的灰色关联度分析[J]. 中国资产评估, 2022, 271 (10): 62-71.

[28] LU X B, LU X, WU J Y. Analysis on the requirements and characteristics of implementing scientific research quality management [C] // ICQR2MSE, 2011: 567-570.

[29] MA J X, ZHU Z M, LU L N, et al. Advancement of scientific knowledge output management in Chinese academy of sciences based on institutional repositories network [C] // Chengdu: ICCSIT, 2010: 502-506.

[30] YU Y, DANG Y Z, XU P Y, et al. Knowledge resources integrated model of basic scientific research achievements based on supernetwork [C] // Wuhan: ISBIM, 2008: 505-508.

[31] LIU X X, HU C X, FENG G J, et al. Modeling method research of scientific and technical resources database system based on service oriented architecture [C] // Chengdu: ICCSIT, 2010: 76-79.

[32] MASMOUDI A, MEZGHANI E, et al. A Web-based knowledge management system for scientific research team [C] // Poznan: WETICE, 2017: 296-301.

[33] ZOU H, CUI Z P. Study on optimization of scientific resource evaluation methods [C] // Beijing: IEEE 16th International Conference on Industrial Engineering and Engineering Management, 2009: 927-932.

[34] 陈晓芳. "互联网+"科研资源管理创新[J]. 福建江夏学院学报, 2016, 6 (5): 112-118.

[35] 杨威, 尚海茹, 甘强. 高校科研管理创新与效率提升[J]. 工业经济论坛, 2017, 4 (1): 111-116.

[36] 宋超, 冯雪, 宋绍智. 我国科研资源配置管理机制研究[J]. 经济研究参考, 2012, 58: 45-53.

［37］赵志耘，张均胜，姚长青，等. 面向管理与决策的中国科技创新图谱研究［J］. 情报学报，2018，37（8）：774－781.

［38］刘爱辰. 大数据背景下高校科研管理信息化建设的现状与问题探析［J］. 企业科技与发展，2017，11：97－99.

［39］孙新宇. 基于知识图谱的高等教育科研立项管理研究［D］. 沈阳：东北大学，2012.

［40］迟睿，苏翔，滕瑜. 基于 RBF 神经网络的科研绩效评价建模研究［J］. 江苏科技大学学报（自然科学版），2017，31（4）：525－530.

# 第 9 章 面向科技资源的智能推荐方法

科技资源是从事科技活动所需要的物质与信息资源,是促进科技进步与创新的基础,是国家重要的战略资源。现阶段科技资源在科技活动中的共享和利用程度也得到相关部门的高度重视,资源的开放共享意义突显。党中央、国务院高度重视科技资源向社会开放工作。按照《关于国家重大科研基础设施和大型科研仪器向社会开放的意见》(国发〔2014〕70 号)的部署和要求,科技部于 2015 年 7 月 20 日组织召开全国试点工作启动会,广东省正式成为全国大型科研设施与仪器向社会开放试点省。

为深化科技基础条件平台建设,"一站式"科技基础条件资源共享与服务平台理念被提出,该平台将整合现有科学仪器、科技文献、种质资源、实验动物、科学数据、科技成果和技术服务等资源,提供"一站式"的科技资源共享与服务,以开放服务为主要目的,将科技资源应用于科技创新活动中,推动科技资源"信息连起来,资源用起来"。

在现阶段,虽然已有针对科技资源共享与服务平台,但由于科技资源存在种类繁多、数据稀疏、热点资源不够集中的情况,在实际共享过程中容易出现供需无法对接、平台资源利用率不高、需方难于寻找到心仪的资源等问题。如何利用信息共享带动实物共享,如何对资源和用户进行精准推荐,如何挖掘资源的最大价值,如何提高资源的共享率,仍然是值得研究和探讨的话题。因此,我们仍需要根据科技资源的特色和实际应用,进行智能推荐和信息挖掘的深入研究,寻找更适合科技资源的智能推荐系统和数据挖掘方法,实现供需对接、资源的精准推荐,进而提高资源的共享效率。

## 9.1 科技资源的智能推荐概述

由于科技资源存在种类繁多、数据稀疏、热点资源不够集中的情况,跨学科、跨领域的海量科技资源数据给科研工作者带来了"数据灾难"的问题,使用传统的推荐算法未必合适,科技资源融合与知识挖掘产品研发日益成为科技创新中至关重要的因素,以此为基础形成的面向科技资源的一系列数据挖掘方法具有重要意义。对科技资源进行智能推荐与挖掘系统的研究,通过技术手段完善资源的供需对接,提高资源的使用效率,将为广大科技工作者和科技活动提供强有力的基础条件支撑,有效促进各行各业产业化发展。

### 9.1.1 常用推荐方法

推荐系统经历了数据收集、特征抽取、特征计算、结果排序、前端调用五个环节。推荐系统常见流程见图9－1。科技管理类信息推荐与其他电子商务网站的推荐方法具有类似之处，它们均根据提供商和需求方发布的历史数据挖掘用户的行为习惯，从而为用户推荐更合适的信息或资源。传统电商网站通常采用基于协同过滤的算法或基于内容的算法进行推荐。

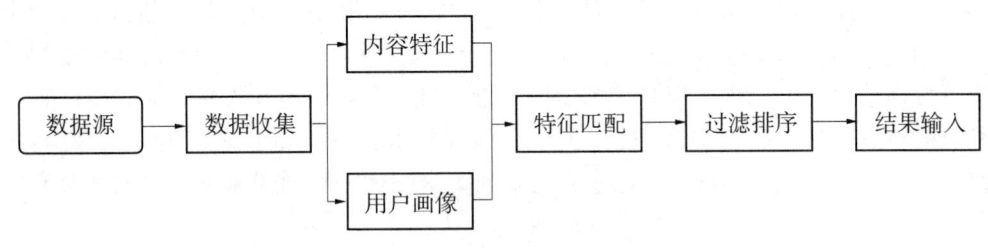

图9－1 推荐系统常见流程

**1. 基于关联规则的推荐方法**

基于关联规则的推荐方法常常被应用于电子商务系统中，利用用户点击率或者购物订单等历史记录来查找商品之间的关联性，并找出正确的促销商品组合，根据这些组合为用户生成推荐。该方法实际运用了数据挖掘中的关联规则算法，从大量的历史数据中分析出数据项之间相互联系的知识，常采用 Apriori 算法或其改进算法产生 Top－N 推荐列表，从而进行离线推荐。

**2. 基于协同过滤的推荐方法**

协同过滤方法主要是根据用户在网站中的综合协同信息形成总体规则来预测单个用户的兴趣。基于协同过滤的推荐方法基于如下思想：如果用户周围的朋友选择了某类商品，那么默认他也会优先考虑购买该类商品；如果用户对某类商品特别喜欢，那么，用户选择与该类商品具有很高相似度的商品的概率比较大。

协同过滤方法一般分为基于用户的协同过滤算法和基于项目的协同过滤算法，User－based 协同过滤关键在于寻找目标用户的 $K$ 近邻，首先根据用户信息和历史数据进行用户之间的相似度计算，根据目标用户与其他用户之间的相似度而形成目标用户的 $K$ 近邻，然后再根据这些近邻用户的行为记录产生推荐结果。但随着用户数据的不断增加，User－based 协同过滤的用户相似度计算难度也不断增加。因此产生了基于项目的协同过滤方法，该方法基于用户的行为历史记录进行物品之间的相似度计算，首先对物品之间的相似度进行计算，再根据历史信息中用户购买记录进行物品间相似度计算，然后再推荐相似度较高的物品给目标用户。

**3. 基于内容的推荐方法**

无论是基于关联规则的推荐算法，还是基于协同过滤的推荐方法，均需基于过去发生的交易、评价等信息。但在电商网站，很多产品是有时候用户并没有留下评价信息或未曾购买过的,对于这种情况,往往需要采用基于内容的推荐算法。

基于内容的推荐主要应用于文本信息领域,通常采用邻近函数、分类等技术对项目的总体文本进行分析或聚类,然后再基于用户的特征或记录产生推荐。基于内容的推荐方法基于如下思想:用户往往会对内容相似的产品感兴趣。基于内容的推荐方法采用产品本身的内容特征信息进行推荐,如以产品名称、类型、用途等基本信息作为推荐的依据,也可以从这些基本信息延伸到产品的风格、主题等抽象信息进行推荐。可以看到,只要是真实存在的产品,都可以按照一定的标准维度筛选出产品的内容,也就是说基于内容的推荐方法的适用面是很广的。

### 9.1.2 常见推荐系统结构

常见推荐系统结构主要包括日志信息层、策略层、数据结果层、展现层,通过跨层结合实现资源的智能推荐和挖掘。日志信息层主要收集了科技管理过程中对科技数据进行的常见列操作,主要包括用户行为日志、视频信息、推荐请求日志、推荐点击日志;策略层主要包括用户特征模型、物品特征模型、结构化数据源、推荐策略库;数据结果层包括离线推荐结果和在线推荐结果;展现层主要包括推荐结果融合,如资源的供需对接结果、资源的多元展示、优质供方、优质资源、信息推送等。

常见推荐系统结构如图9-2所示。

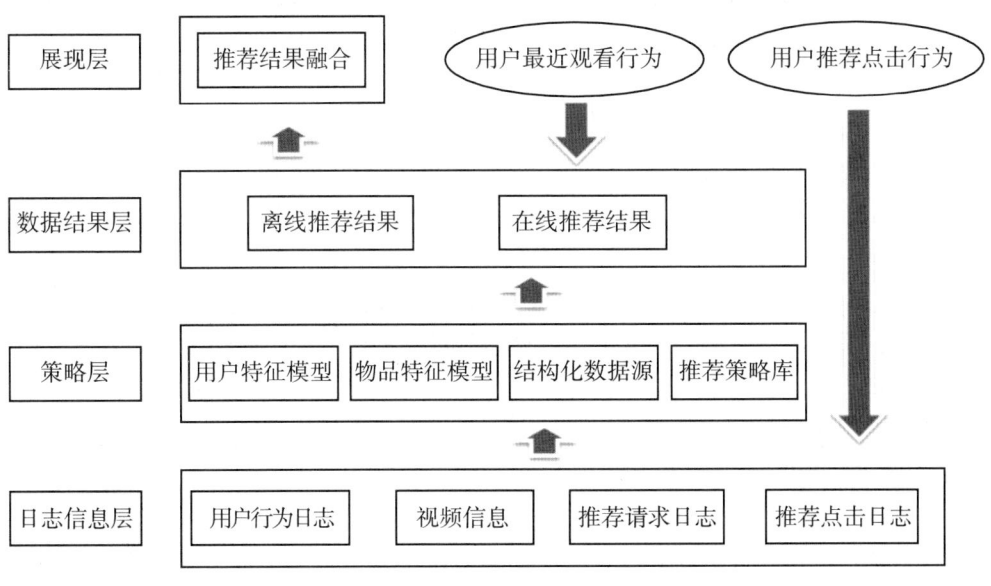

图9-2 常见推荐系统结构

## 9.2 智能推荐研究现状

智能推荐系统经过多个阶段的发展，从早期使用协同过滤模型进行推荐，到机器学习模型的兴起后融入机器学习，再到 CTR（click through rate）推荐模型脱颖而出超越经典机器学习模型。随着机器学习中深度学习方法的发展，智能推荐也得到更加深入和全面的进步，深度学习技术扩展了推荐系统特征提取能力，增强模型表达能力，融合更多类型特征，学习用户多方面的兴趣，提供更多个性化推荐方法。

现阶段对推荐系统的研究提出多种方法的结合，使推荐更加精准，如王明文等（2008）提出双向聚类迭代的协同过滤推荐算法，实现基于协同过滤和基于内容的结合。2016 年，YouTube 团队将 DNN 应用在视频推荐服务中，用神经网络对候选视频进行预测评分，根据分数排序生成推荐列表。Sun F 等（2019）提出 Bert4Rec 模型，首次将 BERT 模型用于推荐系统。由于深度双向信息会造成信息的泄露，为了解决这个问题，该研究使用 Cloze Task 训练模型，利用上下文信息预测 Masked Item，在预测过程中，将 Mask 加入到输入序列的最后，然后利用 Mask 的嵌入向量进行推荐。很多模型不能调节用户和商品向量之间的内在乘积形式以利用高效搜索算法，因此不能用于大规模推荐系统中召回候选集，阿里巴巴团队提出一种基于树结构的 TDM 模型来解决这一问题。其主要思想是通过海量商品信息构建兴趣树，自顶向下遍历兴趣树的节点并为每个用户生成推荐项，从粗到细地预测用户的兴趣。该方法可以从大量商品中快速检索出用户感兴趣的若干商品，常用于推荐系统中的召回阶段。刘邦健（2022）提出运用 CTR 模型中引入高阶显性特征交叉项，并对该模型做出改进研究以应用于商品推荐系统中。为了提高推荐效率，有学者引入 Spark 平台多节点完成聚类和推荐，建立用户和资源的 $K-means$ 聚类模型，采用狼群优化算法对初始类别中心点进行优化，以提高聚类准确度，根据用户和资源的类别属性获得用户-资源评分数据，最后建立协同过滤智能推荐模型。Noulapeu N 等（2022）提出了一种增强矩阵分解技术的有效性与深度神经网络模型的能量耦合的推荐方法，采用归一化交叉熵方法通过反向传播过程提高深层神经网络的精度。

## 9.3 架构设计

以发现并跟踪科技资源各领域之间的研究热点，对资源和用户进行精准推荐为目的，对科技资源进行梳理、整合、挖掘，实现供需双方的无缝衔接，提高资源使用的用户体验和共享率。

智能推荐与挖掘系统围绕科技资源开展数据质量控制、数据预处理与存储技术、快速检索和精准搜索、推荐系统、热点聚类、关联规则等工作。科技资源推荐系统可以为资源的需求方推荐合适的资源提供商，实现供需的无缝对接；科技资源热点聚类可以从海量的科技资源信息中自动梳理各个研究领域分支之间的关系，分析各研究领域的发展历程，发现和跟踪科技领域的研究热点；资源关联规则的研究有利于发现人与资源、资源与资源的相关性，有利于资源的展示和协同过滤。架构设计如图9-3所示。

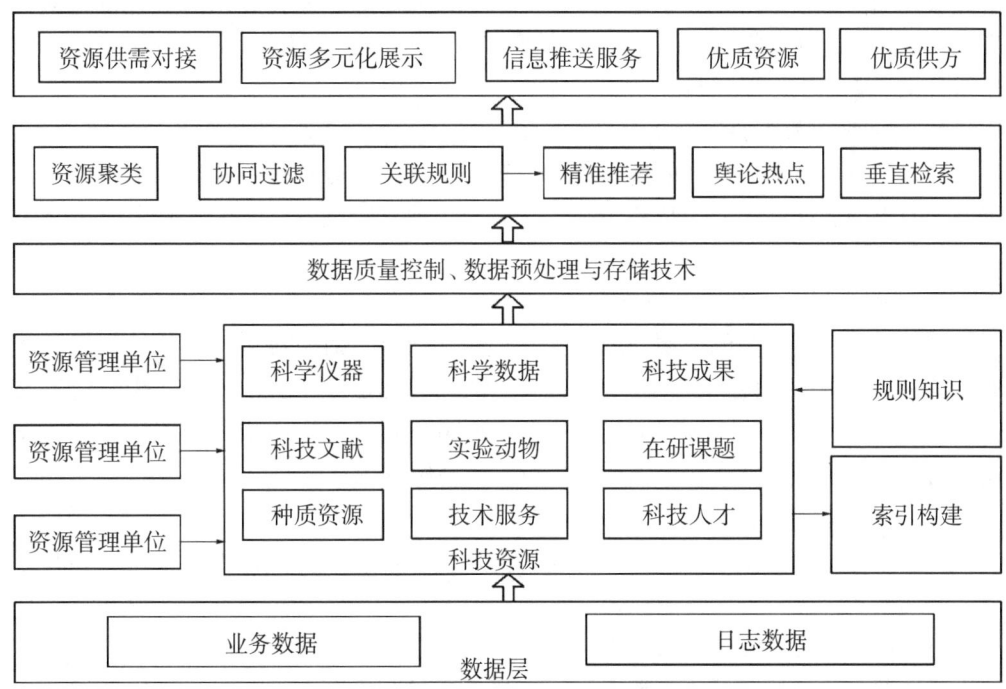

图9-3 面向科技资源智能推荐与挖掘系统架构设计

1. 科技资源数据质量控制

通过科技资源元数据来描述科技资源的内容、覆盖范围、质量、管理方式、数据的所有者、数据的提供方式等有关信息的数据，通过对资源对象进行结构化的描述，集成整合各类复杂繁多的信息，以便于对资源对象进行定位、检索和管理，采用元数据标准可以提高科技平台数据库建库质量，使数据加工达到规范化、标准化，保障系统的高效运行。

2. 科技资源数据预处理与存储技术

科技资源数据类型多、结构复杂、标准不一，且存在冗余度高、噪声大和不完整等问题。需对科技资源数据进行数据清洗、面向应用的数据特征提取、数据压缩三步预处理：利用标准化器对数据进行去重、去噪、去伪、填充等数据清洗；面向科技资源类型、部局分布、所属权与使用权、服务内容、开放目录等重要应用进行数据特征提取；对不同的数据类型采取不同的数据压缩方法。利用关联性多维度索引方法，按数据类别分别建立基于数据特征、数据来源关键字（单位、资源类型、联系人等）、数据层次等多维度索引，解决科技资源数据的高速存取问题。

3. 科技资源的快速检索和精准搜索

科技资源的快速检索和精准搜索,即是针对特定行业,提供有一定价值的信息和相关服务。该服务采用与通用搜索引擎截然不同的引擎类型的垂直搜索,专注具体、深入的纵向服务,致力于某一特定领域内信息的全面和内容的深入,不收录这个领域外的闲杂信息。在搜索过程中,对网页搜索的非结构化数据信息进行结构化信息抽取,将这些数据存储到数据库,再进行进一步的加工处理,如去重、分类等,最后分词、索引,以对结构化数据搜索的方式满足用户的信息需求。

4. 科技资源聚类推荐算法研究

深入挖掘科技资源内在的属性信息,结合科技资源分类体系与用户需求,将具有确定及潜在语义联系的科技资源聚集、整合,建立全面、完善的科技资源语义关系和聚类簇。

5. 科技资源关联规则算法研究

基于科技资源站中的资源,通过关联规则的研究,对资源进行重组,实现优秀的资源、优秀的站点优先展示、重点推介,为用户提供一个分块明确、指引清晰的分类资源服务。在关联规则研究过程中,主要采用资源的文本描述与用户的文本描述进行中文分词、词向量化,然后再进行关联规则发现。

6. 科技领域热点挖掘

科技资源热点挖掘系统可以从海量的科技资源信息中自动梳理各个研究领域分支之间的关系,分析各研究领域的发展历程,发现和跟踪科技领域的研究热点,有利于将人们从信息爆炸中解放出来,方便快捷地掌握当前研究前沿,从而促进科技的进步。在分析科技领域研究热点时,需采集多种数据来源,同时,采用多种算法相结合的手段,使结果最大程度反映现实情况(图9-4)。

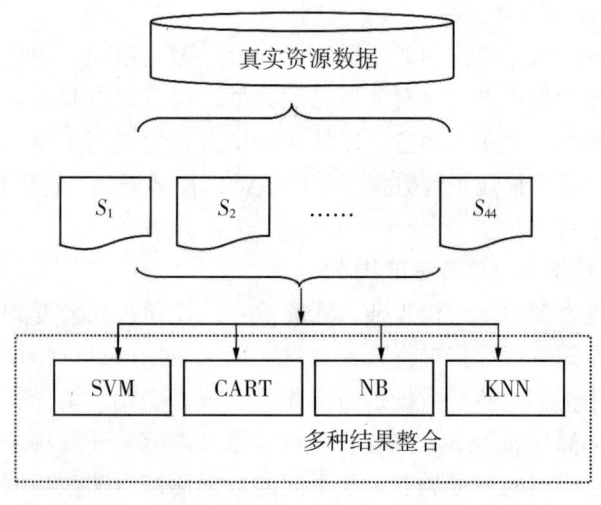

图9-4 科技资源热点挖掘算法综合框架图

## 9.4 混合数据源融合的资源检索方法

基于多年来国家对资源共享工作的推进,现阶段的资源已经汇聚了大型仪器、种质资源、实验动物、科研基地、科技文献、科学数据、科研成果等多种类型,并建设有多类资源共享平台,以实现资源供需匹配。但现阶段这些平台并没有完全形成整体,通常只是区域内的资源汇聚,并且多采用手工调查的方式将资源整合在一起。随着资源数据量急剧增长,资源的描述信息没有统一标准,各区域间并没有实现互通有无,因此,用户在寻找资源时难以检索和定位自己需要的资源。

为实现资源的共享,解决现阶段中小微企业寻找资源困难、科技活动难以开展的问题。本节提出一种基于混合数据源融合的资源检索方法,从资源的特点和已有数据出发,结合数据库和网络爬虫,将两类数据融合在一起,使得搜索更加全面,同时根据用户的行为分析,对搜索结果进行智能排序,并对用户所访问的页面进行链接分析,将其进行结构化抽取,存入原有的数据库,使得资源库更加完善。

基于混合数据源融合的资源检索方法将不同来源的数据通过数据清洗、归一化处理、特征提取等方式进行多源数据集成,然后根据不同的特征维度进行分层次的相似度排序,最后根据用户行为进行混合排序,达到智能检索的目的。该资源检索方法示意图见图 9-5。

该检索方法步骤如下:

Step 1:构建资源库。资源库通过各地区资源共享平台进行构建,通过资源调查和平台接口的方式,将各地区已有的科技资源纳入资源库。由于全国并未对所有科技资源形成统一的数据标准,因此,需采用 NOSQL 数据库与 SQL 数据库结合存储的方式。

Step 2:网络爬虫。采用网络爬虫获取网络中的资源信息,采用现阶段常用的垂直搜索引擎的技术,与资源库结合,使检索出的信息更加完善,有效地补充资源库中未包含的资源。

网络爬虫的种子 URL,以现阶段大型网站的科技频道,如网易科技、新科技等为源头进行抓取。该类引擎具有行业特色,应采用垂直型爬虫策略,如特别关注于科技领域的内容则只抓取与科技相关的页面。但由于该部分是对资源库的辅助和补充,因此,应定期采用宽度优先遍历策略进行知识的补充。

Step 3:检索数据。数据资源来源于两大部分,分别是网络资源和数据库资源,其中,数据库资源又包括 SQL 数据库和 NOSQL 数据库。针对深网数据源 $D$,进行 ICTCLAS 分词,去停用词,形成文本组合 $S_1$,每项文本具有来源类型标识。针对数据库资源,进行字段内分词、多字段组合、去停用词,形成文本组合 $S_2$,并将 $S_2$ 存入二次数据库,以供后续的检索,提高检索效率。当添加最新数据时,进行增量存入二次数据库。对 $S_1$ 与 $S_2$ 进行文本归一化,提取其词频为 $TOPN$ 的词组,形成 $N$

维文本组合 $S$。

Step 4：特征维度分层检索。根据检索词与文本相关性进行分层排序，按领域、地域、行业等特征维度进行分层计算，分别得到各层面的排序后文本集合，$T_1 \cdots T_K$，$K$ 为分层数量。

Step 5：基于 Cookie 加权的混合排序。将各层次的排序结果列表进行智能混合排序，根据用户行为，分析各维度的重要性，按权值比重进行混合排序，$X = aX_1 + bX_2 + cX_3 + \cdots$，得出最后的检索文本，并可溯源至网页链接。

Step 6：资源库更新。根据用户对搜索结果的点击行为，将用户访问的资源，特别是从网络爬虫途径所获取的资源，从该网页中进行结构化抽取，并将信息存入 step 1 所构建的资源库中，有利于信息的完善和速度的提升。

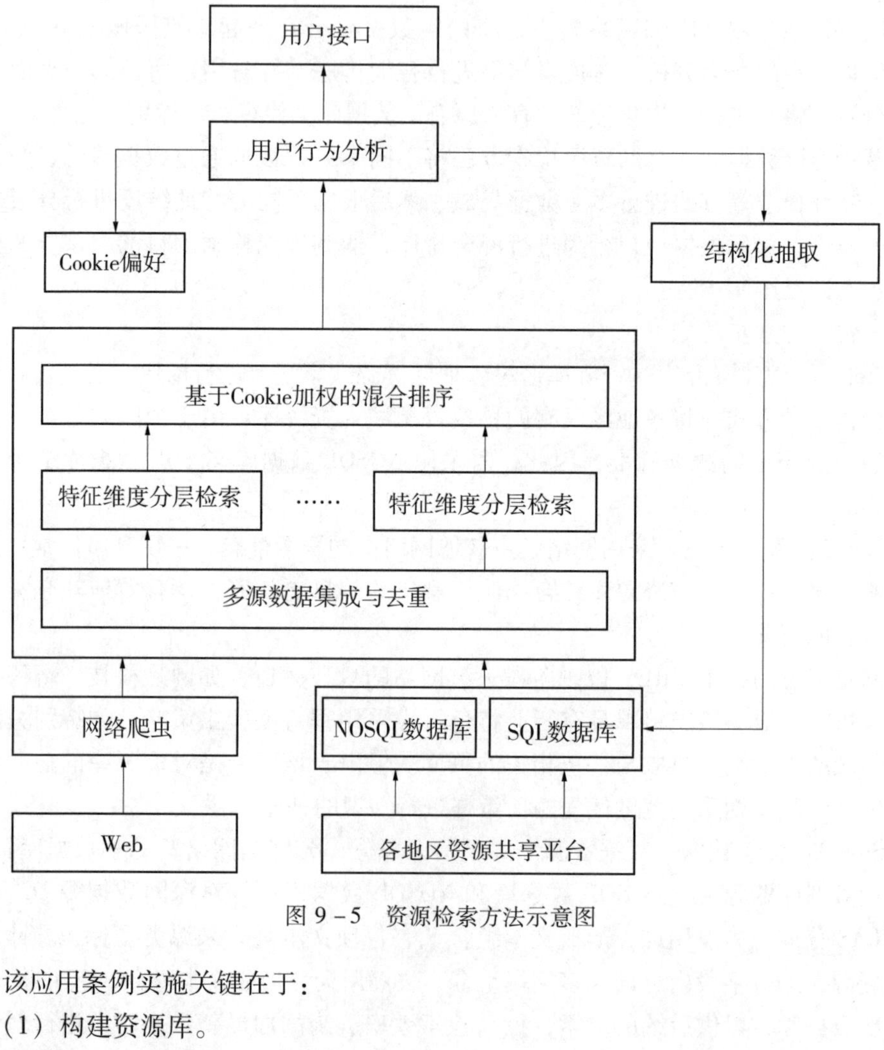

图 9-5 资源检索方法示意图

该应用案例实施关键在于：

（1）构建资源库。

资源库由 SQL 数据库和 NOSQL 数据库结合组成，主要存储科技资源的数据和索引。现阶段全国有多地区已搭建了资源共享平台,这些平台含有大量的科技资源,但各地区资源较为独立、分散,并没有形成统一的整体。构建资源库,能将各地区资源有机地结合在一起,当用户通过搜索引擎寻找资源时,能够快速、准确地实现资源检索。资源库可以通过资源调查或平台接口的方式,将各地区资源共享平台的资源数据汇集至资源库,由于此时资源是跨平台、异构的,因此,采用 SQL 数据库与 NOSQL 数据库结合存储的方式,SQL 数据库主要存储结构化数据,包括索引和国家已具有数据标准规范的科技资源(如大型仪器等,这些资源在各共享平台中已标准化,可以存储为统一格式),NOSQL 数据库主要存储非结构化数据,包括文本、图像资源以及国家未统一定义规范的资源。

(2)资源库更新。

资源库并不是一成不变的,而是根据资源的增加和用户的反馈不断地增加数据量。主要有两个途径进行更新:①仍在各地区共享平台中进行挖掘,将新增平台和新增数据纳入资源库;②根据使用该科技资源引擎的用户行为,将网络中被搜索的、用户有行为意向的资源通过结构化信息抽取技术纳入资源库。通过这两方面的建设,资源库不断丰富和完善,有利于提高工具的完整性、准确性。

(3)混合数据源融合。

数据源融合了数据库和网络两大类型,利用特征维度分层的方式,分别进行相似度计算,最后根据用户行为的偏好进行混合排序,达到资源检索的目的。

## 9.5 资源推荐需求分析和方法

### 9.5.1 科技资源推荐需求分析

科技资源服务平台(以下简称"平台")通过进行科技创新服务,为中小微企业科技创新活动提供资源与技术服务,为科技工作者、科研院校等的科研工作提供基础支撑,为政府科技资源配置提供数据支撑,为社会民生发展提供科技资源专题化服务。平台推动科技资源的开放共享与运行服务,已成为资源与利益共享的信息化平台。

为进一步促进资源的优化配置,为资源使用方提供更便利的提供渠道,平台专设需求大厅模块。"需求大厅"主要为资源的提供方和使用方进行对接服务,在平台中除资源的检索和展示外,另开设"需求大厅"页面,主要包括如下功能。

需求发布:使用方直接在平台进行资源需求的发布,发布内容包括标题、内容、附件、联系人、联系电话等。

需求大厅:用于展示发布后的需求。

成功案例:用于展示成功对接后的信息。

对接申请:提供商可对自己感兴趣的资源进行对接申请,填写供方信息,包括标题、内容、联系人、联系电话等。

需求对接：使用方根据对接申请的情况，对各申请对接的提供商进行比较，选择其中一个进行需求对接，对接成功后，将进入成功案例列表。

### 9.5.2 科技资源推荐方法

1. 科技资源数据特征

随着科技创新工作的开展，科技资源在科技活动中的重要性日益呈现，伴随着各地对科技资源的重视和整合力度的提升，科技资源数据极速增长，呈现数据量巨大、数据稀疏、多样化等特点。科技资源种类繁多，包括大型仪器、种质资源、实验动物等，每类资源所在领域不同，有些数据需求较小，导致数据稀疏；数据类型多样，除资源的名称、内容、型号、领域等结构数据之外，还具有图片、地理位置信息等非结构化数据；每个用户感兴趣的科技领域不一样，导致热点资源不够集中，呈现多样化。

不同的科技资源在平台需求大厅主要有四类数据集，分别是待解决需求的文本、已解决需求的文本、用户特征文本、提供商特征文本。其中，用户特征文本主要为抽取有过购买行为的用户购买过的所有资源的文本描述，将这些文本合并为该用户的特征文档；提供商特征文本主要从平台数据库中抽取每个提供商旗下所有发布并上架的资源的文本描述，将这些文本合并为该提供商的特征文档。

2. 推荐方法描述

需求大厅推荐重点在于为使用方推荐合适的科技资源，同时，为使用方推荐相似的成功案例，以帮助使用方快速找到解决方案。根据需求大厅的业务特点，采用协同过滤与内容相结合的推荐方法，采用向量相似度计算和聚类方法进行需求匹配。该方法融合协同过滤算法与基于内容推荐算法的优点，可解决数据稀疏性，增加推荐结果的准确率和覆盖率。

该推荐算法采用了 User-based 协同过滤方法，对用户特征向量进行相似度计算，向待解决需求的用户推荐与其相似的用户曾经购买的资源，将这些资源存于用户-资源表；将待解决需求与提供商特征向量进行相似度计算，形成资源-资源表；然后，通过基于内容的推荐方法，采用 Canopy+$K$-means 算法，对需求进行聚类，将相似需求划为同一簇，为待解决的需求推荐其同簇中被用于解决需求的资源，形成需求-资源表；最后，对3个表进行整合，为需求优先推荐重复度高的资源，然后再推荐单表中存在的资源。

在该推荐方法中，聚类主要采用 Canopy+$K$-means 算法。$K$-means 算法需人为确定簇的数量 $K$ 值，并且初始簇心是随机选择确定的，因此，在对数据不了解的情况下，很难给定合理的 $K$ 值。因此，首先引入 Canopy 算法，通过 Canopy 算法进行聚类，以确定簇数以及初始簇心，接着通过 $K$-means 算法进行迭代运算，收敛出最后的聚类结果。

需求大厅推荐方法如图 9-6 所示。

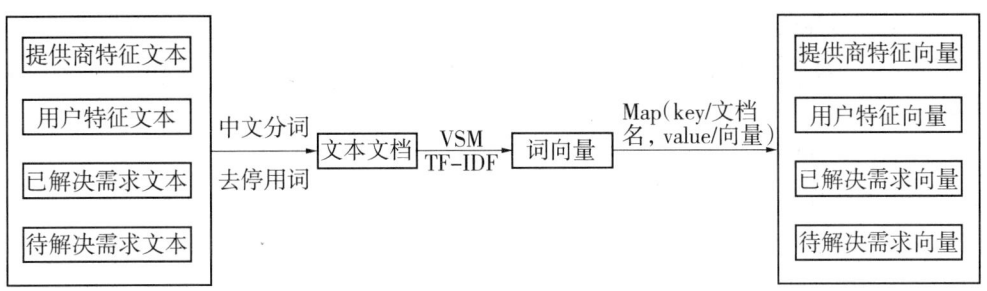

(a) Step1 ~ 4

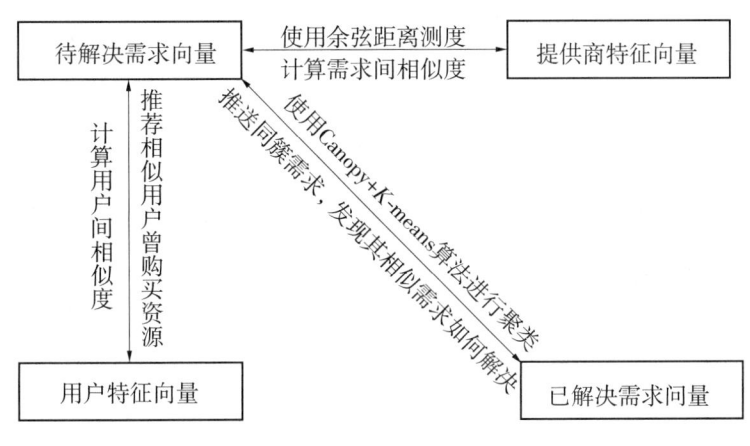

(b) Step5 ~ 8

图 9-6 需求大厅推荐方法

具体步骤如下：

Step 1：进行数据抓取及数据清洗，构建待解决需求文本、已解决需求文本、用户特征文本、提供商特征文本，形成文本集合。

Step 2：对文本集合的所有文档，进行中文分词、去停用词处理。

Step 3：使用向量空间模型（VSM）向量化文本文档，构建文档-词语矩阵，并利用词频-逆文档频率（TF-IDF）方法计算权重。

Step 4：将向量存储于哈希表 Map < String, Vector > 中，其中 key 为文档名，value 为向量。

Step 5：使用余弦距离测度，计算提供商特征向量与待解决需求向量相似度，按相关性高低进行匹配，结果形成用户-资源表1。

Step 6：使用余弦距离测度，计算用户特征向量与待解决需求向量的相关性及用户间相似度，推荐相似用户曾购买过的资源给待解决需求用户，结果形成资源-资源表2。

Step 7：针对发布了需求的用户，使用 Canopy + K - means 算法对需求文档集合进行聚类，根据最终的结果簇进行推送，帮助用户发现与其相似的需求是如何被解决的,结果形成需求-资源表3。

Step 8:对3个表进行整合,为需求优先推荐重复度高的资源,然后再推荐单表中存在的资源。

3. 算法实现

主要算法实现如下:

输入:变量con为文本集合(待解决需求文本、已解决需求文本、用户特征文本、提供商特征文本);

输出:变量rc为推荐资源

```
public static void main (String [ ] args) {
try {
Connection con = dbLink ( );  //连接服务器和数据库
init (con);  //初始化、分词与转化向量
midClean (con);  //清除旧数据
XQmatch (con, 0.8);  //项目中编写的方法,为每个提供商、普通用户(发生过购买行为)匹配10个相关性最高的待解决需求
XQmatchXQ (con);  //项目中编写的方法,执行canopy + kmeans聚类算法
rc = result_Update (con);  //更新最终结果表
con.close ( );
} catch (Exception e) {
e.printStackTrace ( );}
}
```

4. 算法效果

该推荐算法应用在广东省科技创新服务平台和公共科技信息服务平台,在平台首页右侧,开设专栏"猜您喜欢",展示该推荐系统计算出的TOP5资源。为验证该算法的优势,平台分别采用协同过滤算法、基于内容的推荐算法进行推荐。在分别收集了1000次的平台访问数据后,再使用上述算法进行推荐。对于三种算法收集的1000次访问数据,通过URL跳转记录统计进入"猜您喜欢"的次数,得出实验结果如表9-1所示。

表9-1 各种推荐算法下的访问次数比较

| 推荐算法 | 协同过滤算法 | 基于内容的推荐算法 | 文中所述算法 |
| --- | --- | --- | --- |
| 访问首页后进入"猜您喜欢"的次数 | 346次 | 405次 | 601次 |

实验表明,文中所采用的结合协同过滤算法和基于内容推荐算法的推荐方法,融合两者的优点,可解决数据稀疏性,增加推荐结果的准确率和覆盖率,与传统算法相比具有一定的优势。

本章结合科技资源共享与服务平台建设的必要性和意义，介绍了现阶段电商网站常用的推荐方法，在协同过滤算法和基于内容的推荐算法基础上，提出了结合协同过滤和基于内容的推荐方法。该方法能够适应科技资源数据特征，不仅使用了余弦距离测度，同时也采用了 Canopy + $K$ – means 算法进行聚类，从待解决需求与提供商向量、待解决需求与用户特征向量、待解决需求与已解决需求向量等多方面进行需求大厅推荐。

面向科技资源的智能推荐和挖掘系统建设与运行，对实施创新驱动发展战略，加强科技资源供给侧管理，最大限度发挥科技资源利用价值，加快科技成果转化，规范良性、完善的科技资源生态链，具有重要的意义。一方面，可解决供需对接的问题，以平台门户系统为龙头，以信息共享带动实物共享，解决中小微企业、青年工作者进行科研工作时基础支撑缺乏和资源不到位的问题。另一方面，可解决资源利用率不高，共享程度不广泛的问题，面对已汇聚的科技资源，推动科技资源参与开放共享，提高资源利用率和共享率。再一方面，可解决跨领域科技资源融合问题。

## 参考文献

[1] Kim H N, Ji A T, Ha I, et al. Collaborative filtering based on collaborative tagging for enhancing the quality of recommendation [J]. Electronic Commerce Research and Application, 2010 (9): 73 – 83.

[2] 牟春苗. O2O 电子商务模式中推荐方法的研究 [D]. 大庆：东北石油大学, 2014.

[3] BRZOZOWSKI M J, ROMERO D M. Who should I follow? Recomending people in directed social networks [C]. CSCW11. Hangzhou, China, 2011: 1 – 10.

[4] 何鹏. Roster_ 一种开发者潜在同行推荐方法 [J]. 计算机学报, 2014 (37): 859 – 872.

[5] 刘永康. 个性化推荐技术的发展 [J]. 电子世界, 2015 (24): 61 – 62

[6] 韦素云, 业宁, 吉根林, 等. 基于项目类别和兴趣度的协同过滤推荐算法 [J]. 南京大学学报（自然科学版）, 2013, 49 (2): 142 – 149.

[7] LIANG C, LENG Y. Collaborative filtering based on information-theoretic co – clustering [J]. International Journal of Systems Science, 2014, 45 (3): 589 – 597.

[8] 田耕. 基于关系和内容的推荐算法研究 [D]. 北京：北京交通大学, 2015.

[9] 王明文, 陶红亮, 熊小勇. 双向聚类迭代的协同过滤推荐算法 [J]. 中文信息学报, 2008, 22 (4): 61 – 65.

[10] WANG M W, TAO H L, XIONG X Y. A collaborative filtering recommendation algorithm based oniterative bidirectional clustering [J]. Journal of Chinese information processing, 2008, 22 (4): 61 – 65.

[11] 赵庆. 基于 Hadoop 平台下的 Canopy – $K$ – means 高效算法 [J]. 电子科技, 2014, 27 (2): 29 – 31.

[12] 胡琪, 朱定局, 吴惠粦, 等. 智能推荐系统研究综述 [J]. 计算机系统应用, 2022, 31 (4): 47 – 58.

[13] COVINGTON P, ADAMS J, SARGIN E. Deep neural networks for YouTube recommendations

[C]. Proceedings of the 10th ACM Conference on Recommender Systems. Boston: ACM, 2016: 191-198.

[14] SUN F, LIU J, WU J, et al. BERT4Rec: Sequential recommendation with bidirectional encoder representations from transformer [C]. Proceedings of the 28th ACM International Conference on Information and Knowledge Management. Beijing: ACM, 2019: 1441-1450.

[15] 刘邦健. 基于用户行为特征的智能推荐系统研究与应用 [D]. 成都: 电子科技大学, 2022.

[16] 钟桂凤, 庞雄文, 孙道宗, 等. Spark 平台下聚类挖掘的智能推荐系统 [J]. 南京理工大学学报, 2021, 45 (5): 575-581.

[17] NOULAPEU N A, CHOUKAIR, Z. A deep neural network-based collaborative filtering using a matrix factorization with a twofold regularization [J]. Neural Computing and Applications. 2022 (prepublish).

# 第 10 章 科技平台生命周期的评估方法

为了深入贯彻创新驱动发展战略、抢占科技创新制高点,各省市不约而同地选择了以加强科技平台体系建设作为突破口。科技平台建设面向社会大众、实验室专业人员、实验室建设依托单位(高校、企业、科研院所)、相关政府管理部门,在各行业领域均有相关布局,并包括科研型科技平台和服务型科研平台等多种类型。

为更好地促进平台发展,形成高效配置的机构布局,需要对这些科技平台建设进行过程管理,使其沿着设立时的方向,并结合当前社会实际需求,产出更多的科研成果,服务更广泛的公众群体。因此须对科技平台工作进行年度综合评估,了解各科技平台发展现状,及时发现相关问题,并为平台依托单位、政府管理部门提供决策支撑。

## 10.1 科技平台生命周期概述

科技平台是科研机构为开展科研工作而设立或科技主管部门为促进科技开展而设立的非法人机构,通常隶属于其依托单位或科技主管部门,它与企业、产品一样,也具有生命周期的概念,即可分为导入期、成长期、成熟期和衰退期(图 10-1)。结合科技平台特点和生命周期概念,可定义如下:

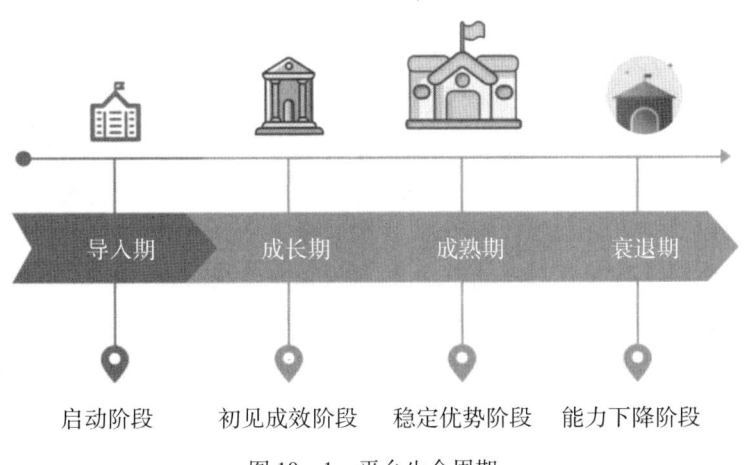

图 10-1 平台生命周期

导入期是指科技平台的启动阶段，各方面的建设均在萌芽期，科技平台刚立项，工作开展较为困难，政府决策重点也是对其进行培育，但未见太大成效；

成长期是指科技平台经历了萌芽阶段后，开始初见成效，并且成果逐渐丰富，效益显著提高。该阶段往往可以加大科技平台的建设力度，使其获得更显著的成果；

成熟期是指科技平台各方面基本完善，成果增长水平放缓，效益能基本维持。该阶段通常采用稳定策略，促进科技平台的成果、业务多元化，使其保持优势；

衰退期是指科技平台建设能力下降，产出成果不断减少，效益也不断减退。当衰退至不能通过考核时，科技平台将被撤销。

## 10.2 科技平台生命周期研究现状

平台的生命周期是指平台从诞生到消亡的全过程，参考企业、产品的生命周期，科技平台生命周期也可以划为分为导入期、成长期、成熟期和衰退期。对科技平台各年度数据进行有效监测，了解各平台的发展水平，对其进行综合评估，有利于为其提供发展建议，为依托单位和政府管理部门提供决策支撑。

生命周期评价（LCA，life cycle assessment）起源于20世纪60年代末美国可口可乐公司对饮料瓶的选择研究。1997年，国际标准化组织发布ISO 14040系列标准，对生命周期评价的定义、框架、步骤等进行了明确的界定。秦磊（2020）以W高校大型仪器设备管理为研究对象，从生命周期视角下把仪器设备视为一种生命，根据各阶段发展特点将购置计划、论证、采购、验收、使用与维护、效益考核、维护维修、调配、报废等环节，划分为规划、采购、使用、报废四个阶段，以达到大型仪器设备资产的完整和挖掘剩余价值的目的。谢明辉等（2022）提出要探索构建适合我国国情的完整、全面的生命周期影响评价方法以及相应的参数基准值，从而提高我国生命周期评价结果的真实性、准确性。

探索生命周期发展具有重要意义，目前较多的生命周期评价围绕项目、企业、技术和产品进行，结合对象的不同属性，对其生命周期的评价也具有不同方法。

对于企业，可以基于生命周期分析企业管理重心，还可以帮助企业完善全面管理绩效评价体系，强化责任考评，提升管理效用。戴康盛（2022）通过对不同生命周期下企业特点的分析，帮助企业更好地预测内外部环境变化；通过对企业不同生命周期下业务增长特点的分析，帮助企业把握预算编制执行过程的重点，达到管理成本与控制效果的平衡。何晓斐等（2023）以专利指标为主，构建多指标测度体系与隐马尔可夫模型结合的技术生命周期识别模型，技术生命周期阶段的精准识别有助于为政府制定技术战略提供决策参考，为企业尽早捕捉技术领域未来的发展契机和可能的发展趋势。

对于产品和项目，研究生命周期能够有效地发现产品的核心技术和规律，并分析产品的发展态势，可为科学研究和科技政策制定提供支持。马建红等（2022）针对现有时间特征划分方式会导致产品发展前期主题信息被淹没的问题，提出一种产品生命周期划分方法，利用专利增长规律和局部主题语义相似度划分产品生命周期。郝凝辉等（2022）以全生命周期理念为思想指引，根据制造业的发展现状以及工业设计与制造业的三个发展时期，对制造业高质量发展的设计策略及设计转型路径模式进行探讨。张国宗等（2022）应用 IDEF0 模型构建大型医疗 PPP 建设项目全生命周期集成管理模型，使对项目全生命周期的管理活动与内容的观察更为清晰与结构化，提升大型医疗 PPP 建设项目的管理效率与效益。

因此，了解科技平台的生命周期，有利于对各类资源进行前后衔接平衡一致管理。在平台全生命周期的管理过程中，需要注意保持所制定的管理决策一致性；另一方面，对各类资源进行统筹利用与协调，以实现在整个生命期内科技平台管理过程达到最优化，而非针对某一个阶段实行的管理。

## 10.3 一种科技平台生命周期的评估方法

### 10.3.1 科技平台生命周期相关数据

对科技平台生命周期进行评估，首先要结合平台建设和运行主题开展数据来源的分析。任何平台在开展工作的同时，都会产生一些管理类数据、产品数据、业务流程数据，这些数据与信息，是对其进行生命周期评估的重要依据。科技平台所产生的数据呈现专业性、领域性等特点，从平台建立开始，其立项信息、合同信息、基础信息、年度调查信息等过程管理数据在体系管理工作开展中有迹可循。

以突出业绩定义科技平台类型，可将目前科技平台分为三类，如论文、科研项目业绩较突出的科技平台定义为学科型科技平台；企业服务数量、成果转化较多的科技平台定义为企业科技平台；共享服务较多的、人才培养较多的科技平台定义为公共型科技平台。

经分析，科技平台数据包括以下方面：

(1) 基础信息：包括科技平台介绍信息、科技平台类型、依托单位信息、科技平台主任副主任信息、科技平台学术带头人信息、主要研究方向等；

(2) 项目信息：包括科技平台成立后所承担的各类科研项目、市场项目和立项项目；

(3) 人才信息：科技平台研究人员及人才培养情况，包括其职称、专业、研究方向；

(4) 代表性成果：新产品、成果鉴定、获奖情况、技术成果等；

(5) 论文及知识产权信息：包括依托科技平台所发表的论文、专著、专利、标

准规范等知识产权;

(6) 开放共享情况:开放基金和课题、承办学术会议、仪器开放共享和公众开放活动。

(7) 社会经济效益:成果转化、产业效益、技术转让、服务企业等。

### 10.3.2 评估方法

基于现有数据和科技平台发展实际情况,本节提出建立科技平台综合与决策模型,以期为依托单位、政府管理部门提供决策支撑,实现资源高效配置的机构布局。总体模型如图 10-2 所示。

该方法从科技平台画像及综合评价、科技平台生命周期预测、发展方向推荐等方面进行建模分析,最终得出该科技平台的发展现状、发展阶段评估,并为其推荐相关发展策略,为企业和政府管理提供决策依据。

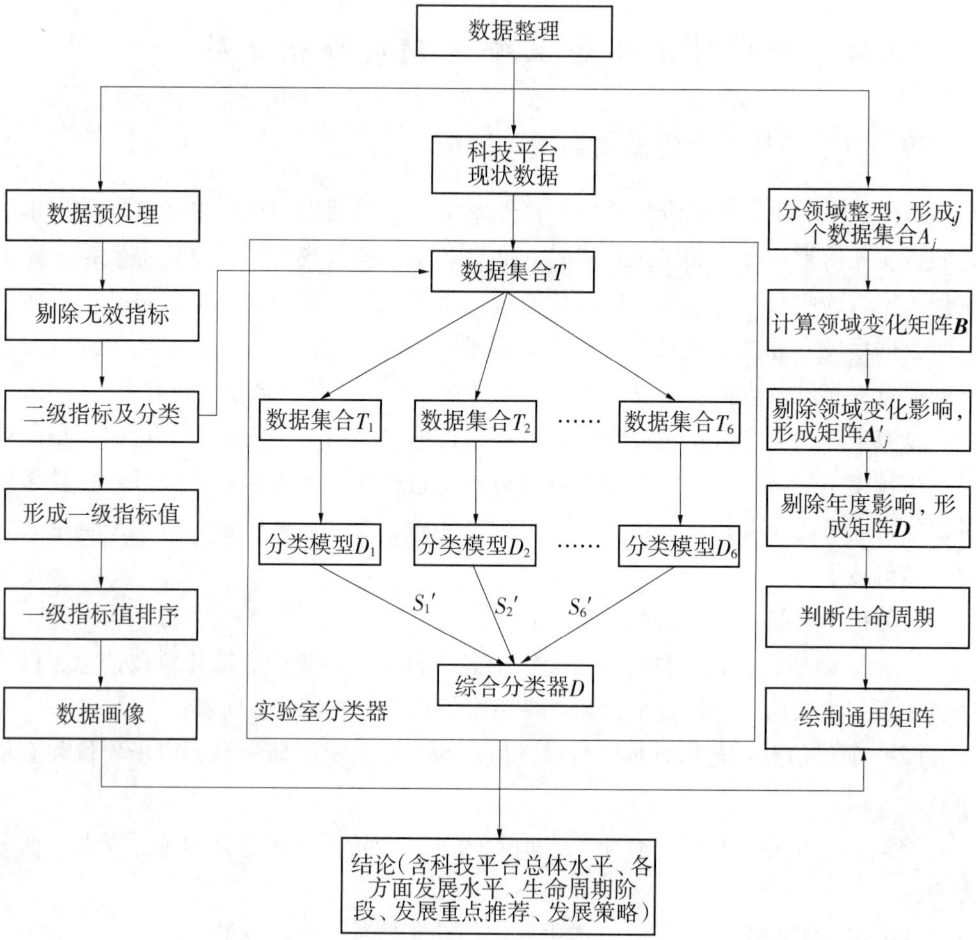

图 10-2 总体模型

1. 科技平台画像及综合评价

挖掘科技平台评估侧重点,即采用智能算法,形成科技平台评估的一级指标和二级指标,一级指标采用特征选择确定,二级指标采用指标选择确定。现阶段进行科技平台数据调查时,通常根据实际工作中遇到的问题进行总结归纳,往往得出六大方向,根据这六大方向先确定二级指标,根据二级指标的内容再采用特征选择确定一级指标。因此,一级指标具有实际意义,可以解决技术上进行综合特征提取时,其特征无法用实际意义表示的问题。一级指标确定后,再根据一级指标内容绘制科技平台雷达图作为科技平台画像,该画像能够代表科技平台发展现状和水平。科技平台画像及综合评价过程,其实就是按图10-2的步骤:数据整理→数据预处理→剔除无效指标→确定二级指标及分类→形成一级指标值→一级指标值排序→数据画像。

具体步骤如下:

(1)数据整理。

根据科技平台历年调查数据、项目数据、基础数据等,整理成面向专家评价的数据记录(即标签为专家评分),此时记录具有结构性和非结构性的特征,有些在数据库中以表的形式存在,有些如研究方向、学术带头人等数据以文本形式存在。

(2)数据预处理。

数据清洗、依据历史值进行缺失值处理。进行结构化转换,对非结构化数据进行关键字提取,表述为某一字段下的有限关键字,成形为半结构化数据,再转存入数据表中进行多表关联,最终形成科技平台基础信息、项目信息、知识产权信息、人才信息、成果信息、效益信息、开放共享情况的关联数据库,其中,科技平台基础信息、效益信息与项目信息、知识产权信息、人才信息、成果信息、开放共享情况是一对多的关系,通过科技平台ID进行关联。

数据校验。由于科技平台数据的获取采用了年度填报、项目申报等方式,因此须对这些填报数据进行真实性校验,如某字段为往年平均值、最大值偏离较远时,系统会进行异常值提示,须进行人工处理。某科技平台曾出现过填报了20多位院士,正常情况下不会出现这么多的院士数量,系统提示后进行人工处理修改,以保证数据的准确性。缺失值处理:现年度某重要字段未填写时,对于数量类型,采用该科技平台历年该项平均值进行补充;对于字符类型,采用该科技平台最近一年度数据进行补充。如对于现年度是否建设研发机构一项未填时,可查看上一年度,如果上一年度为已建,则现年度也填写为已建设。

对于非结构化数据,如项目申报书,采用数据自动提取技术,只保留关键字段的信息并存入数据库,如项目名称、立项金额、项目负责人、立项年度等。

数据整理阶段:

$L_1$ 为历年调查数据,是结构化数据,包括承担任务、成果产出(包括所关联的代表性成果、研究人员、论文论著等）和经济效益等；

$L_2$ 为项目数据，包括项目名称、立项年度、项目类型、项目金额与数量等；

$L_3$ 为基础数据，包括研究方向、学术带头人、负责人等信息。

各数据集中科技平台 ID 可进行关联，论文子集中作者名称与研究人员子集中人员名称关联，代表性成果子集中获奖单位与 $L_3$ 中的依托单位关联。由此，形成相互关联的一对多的数据集合。

$L_0 = L_1 + L_2 + L_3$，每个科技平台形成一对多的关联记录，具体表达如下：

$L_1$ = ［科技平台 ID，年度，新增人才数，成果转化项目数，科技平台评分……］；

其中，论文子集 = ［作者名称，论文名称，论文等级，项目支撑……］；

研究人员子集 = ［科技平台 ID，人员名称，职称，学历］；

代表性成果子集 = ［获奖名称，获奖人员，获奖单位，奖励等级］；

$L_2$ = ［科技平台 ID，项目名称，立项年度，项目类型……］；

$L_3$ = ［科技平台 ID，科技平台名称，依托单位，负责人，学术带头人，研究方向……］；

最终：

$$L_0 = L_1 + L_2 + L_3 = \begin{bmatrix} ID_1 & year_1 & \cdots & 经济效益_1 \\ ID_2 & year_2 & \cdots & 经济效益_2 \\ \cdots & \cdots & \cdots & \cdots \\ ID_n & year_n & \cdots & 经济效益_n \end{bmatrix}$$

最后形成有 $n$ 条记录、$m$ 项指标类型的数据集。此时，由于原始各数据子集是一对多的关系，$n$ 大于科技平台数目。

（3）指标分析阶段，剔除无效指标。

计算信息熵值，判断各指标对评价的贡献程度，熵值大于某一阈值的指标直接去除，最后形成数据集合 $T$。根据信息熵的定义，对于某项指标，可以用熵值来判断某个指标的离散程度，其熵值越小，指标的离散程度越大，该指标对综合评价的影响（即权重）就越大；如果某项指标的值全部相等，则该指标在综合评价中不起作用。

为方便计算，将论文子集整合进矩阵时，只归集该科技平台下的论文数量和论文等级作为计算依据，当论文数量为多项时，论文等级以各等级的数量占比作为权重进行计算；将代表性成果子集整合矩阵时，只归集奖励数量与奖励等级作为计算依据，当奖励存在多项时，奖励等级以数量占比作为权重进行计算，其他相似情况均进行同样的处理，最终形成

$$L = \begin{bmatrix} x_{11} & x_{12} & \cdots & x_{1m} \\ x_{21} & x_{22} & \cdots & x_{2m} \\ \cdots & \cdots & \cdots & \cdots \\ x_{n1} & x_{n2} & \cdots & x_{nm} \end{bmatrix}$$

该矩阵为 $n$ 行 $m$ 列的矩阵,其中,$n$ 代表科技平台数量,$m$ 代表指标数量。

因此,对于某一指标,可表示为:

$$H = \begin{bmatrix} X_{1j} \\ \cdots \\ X_{ij} \\ X_{nj} \end{bmatrix}$$

首先,进行指标优化处理,对于高优指标(有益型指标,即数量越大,对科技平台评价越高的指标),处理公式为:

$$x_{ij} = \frac{x_{ij} - \min(x_{ij})}{\max(x_{ij}) - \min(x_{ij})}$$

对于低优指标(有损型指标,即数量越大,对科技平台评价越低的指标),处理公式为:

$$x_{ij} = \frac{\max(x_{ij}) - x_{ij}}{\max(x_{ij}) - \min(x_{ij})}$$

然后进行归一化处理,此时采用简单的占比方式进行归一化,即

$$p_{ij} = \frac{x_{ij}}{\text{sum}(x_{ij})}$$

然后,进行熵值计算:

若 $p_{ij} = 0$ 时,则 $z_{ij} = 0$;若 $p_{ij} \neq 0$ 时,则 $z_{ij} = \log P_{ij}$

$$e_{ij} = \sum_{i=0}^{i=n} p_{ij} z_{ij}$$

根据信息熵的定义,对于某项指标,可以用熵值来判断某个指标的离散程度,其熵值越小,指标的离散程度越大,该指标对评价的影响(即权重)就越大。如果某项指标的值全部相等,则该指标在评价中不起作用,因此,剔除熵值较大的指标,即剔除对分类意义不大的指标,可根据经验得知某阈值,也可以参考自己需要的科技平台指标数量,将熵值进行排序再进行选择。

(4)确定二级指标及分类。

根据实际工作中遇到的问题,现阶段进行科技平台数据调查和历年科技平台评估时,通常调查各类数据并进行总结归纳,从六个方向对科技平台进行评估,最终得出科技平台的发展情况,形成数据集合 $T_1 \sim T_6$。

(5)形成一级指标值。

分类后的数据集合 $T_1 \sim T_6$，分别采用改进的聚类算法进行特征值提取，直接将数据集分类后的指标进行矩阵置换，再依据科技平台评分规则将较明显的指标定义初始化聚类中心，然后进行聚类，每类指标聚为 1 个特征值，形成一级指标值。

二级指标按 6 个方向进行归类，具体归类内容如下。

方向 1：形成 $T_1$ 数据集（人才队伍）。

该方向包括指标有：院士、国家杰出青年科学基金获得者、国家优秀青年科学基金获得者、百千万人才工程人选、教育部长江学者、珠江学者、国务院特殊津贴获得者、广东省杰出青年基金获得者等及相关研究团队、人才培养情况等。

方向 2：形成 $T_2$ 数据集（项目投入）。

该方向包括指标有："十二五"科技计划 973 计划项目、"十二五"科技计划 863 计划项目、"十二五"科技计划国家重大科学研究计划、"十二五"科技计划国家科技支撑计划项目、"十二五"国家科技重大专项、"十三五"国家科技重大专项、"十三五"国家重点研发计划、技术创新引导计划、基地和人才专项、国家自然科学基金重大项目（1000 万元左右资助力度）、国家自然科学基金重点项目（400 万元左右资助力度）、国家自然科学基金重点国际合作研究项目、国家级其他项目、广东省科技计划重大专项（≥300 万元）、广东省科技计划重点项目（≥100 万元）、省级其他项目等。

方向 3：形成 $T_3$ 数据集（奖项数量）。

该方向指标有：国际奖项、国家科技三大奖、省科学技术奖和由社会力量设立的科学技术奖等。

方向 4：形成 $T_4$ 数据集（知识产权）。

该方向指标有：标准、专利、论文、技术成果等。

方向 5：形成 $T_5$ 数据集（开放共享）。

该方向指标有：开放基金情况、仪器开放共享、承办大型学术会议情况、面向公众开放情况等。

方向 6：形成 $T_6$ 数据集（经济效益）。

该方向指标有：产业效益、成果转移转化、技术转让、技术合作、行业技术服务、横向课题等。

二级指标按每一类数据集聚类后形成的一个指标值，即为一级指标，每一类只有一个一级指标。

(6) 数据画像。

对一级指标值进行画像表示，通常采用雷达图的形式，使一级指标值能够直观地表明该科技平台在某维度的实际水平，发现科技平台长板短板。所得的数据画像如图 10-3 所示。

(7) 一级指标值排序。

针对每类指标，进行一级指标值排序，形成一级指标值排序名册，有助于科技平台发现自身在某维度的具体位置和水平。

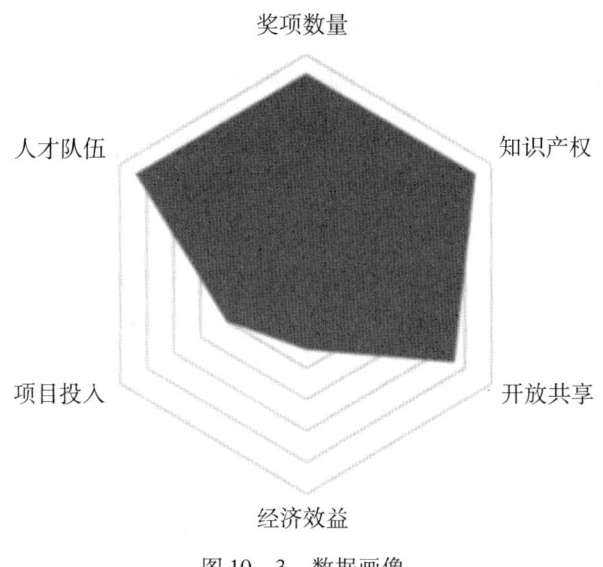

图 10-3 数据画像

### 10.3.3 科技平台生命周期评估应用

1. 科技平台生命周期预测

科技平台属于科研机构，与企业、产品一样，也具有生命周期的概念，即可分为导入期、成长期、成熟期和衰退期。虽然科技平台作为事物的对象具有生命周期的特点，然而，并非简单地以发展年度来衡量平台现阶段属于哪个阶段，对科技平台生命周期进行预测。

科技平台建设有时候受政策环境影响、某学科领域重大关键技术突破的影响，其增长率易发生波动。当某学科领域有重大关键技术突破，或受到政府扶持力度较大时，产出成果数量往往是成倍增长的，而且这些容易掩饰其自身的发展水平。

（1）数据准备。

根据科技平台各年度调查数据（年度调查数据均有进行专家评分），每个科技平台每年度的评分值形成一条记录，假设所有科技平台共有 $j$ 个领域，分领域整理数据，最后形成 $A_1, A_2, \cdots\cdots, A_j$（$j$ 为领域数量）的数据集合。

$$A_1 = \begin{bmatrix} a_{11} & a_{12} & \cdots & a_{1n} \\ a_{21} & a_{22} & \cdots & a_{2n} \\ \cdots & \cdots & \cdots & \cdots \\ a_{m1} & a_{m2} & \cdots & a_{mn} \end{bmatrix}$$

其中，$n$ 为科技平台评分年度，$m$ 为 $A_1$ 矩阵中科技平台数量，$A_2$，……，$A_j$ 同理可得。

（2）计算领域变化矩阵。

同一环境同一年度情况下，各领域的科技平台发展情况存在差异，例如：科技平台建设有时候受政策环境影响、某学科领域重大关键技术突破的影响，增长率变化易受波动，因此需计算领域的变化情况，形成领域变化矩阵。

首先，领域内，每年度科技平台的平均值，对于 $A_1$ 中的第一年度，其平均值为：

$$b_{11} = \frac{a_{11} + a_{21} + \cdots + a_{m1}}{m},$$

其他年度同理可行，因此，该领域内得出一条时间序列的数组 $b_1 = [b_{11}, b_{12}, \cdots, b_{1n}]$，所有 $j$ 个领域矩阵计算后均可得对应的数组 $b_2$，……，$b_j$，共同构成领域初始矩阵：

$$B_0 = \begin{bmatrix} b_{11} & b_{12} & \cdots & b_{1n} \\ b_{21} & b_{22} & \cdots & b_{2n} \\ \cdots & \cdots & \cdots & \cdots \\ b_{j1} & b_{j2} & \cdots & b_{jn} \end{bmatrix}$$

其中，$j$ 为领域数量，$n$ 为年度。

为减少领域间的悬殊，需对初始矩阵进行领域变化计算，即先求得所有领域在各年度的平均值：

$$\bar{b}_1 = \frac{b_{11} + b_{21} + \cdots + b_{j1}}{j},$$

同理可得，$\bar{b}_2$，……，$\bar{b}_j$。然后再计算各领域各年度与该平均值的差异，该差异代表了每个领域在各年度下的领域变化情况，$\Delta b_{11} = b_{11} - \bar{b}_1$，可为负值，其他同理可得。

因此，构建领域变化矩阵为：

$$B = \begin{bmatrix} \Delta b_{11} & \Delta b_{12} & \cdots & \Delta b_{1n} \\ \Delta b_{21} & \cdots & \cdots & \Delta b_{2n} \\ \cdots & \cdots & \cdots & \cdots \\ \Delta b_{j1} & \cdots & \cdots & \Delta b_{jn} \end{bmatrix}$$

（3）剔除领域变化影响。

以 $A_1$ 为例，

$$A = \begin{bmatrix} a_{11} & a_{12} & \cdots & a_{1n} \\ a_{21} & a_{22} & \cdots & a_{2n} \\ \cdots & \cdots & \cdots & \cdots \\ a_{m1} & a_{m2} & \cdots & a_{mn} \end{bmatrix} - \begin{bmatrix} \Delta b_{11} & \Delta b_{12} & \cdots & \Delta b_{1n} \\ \Delta b_{11} & \cdots & \cdots & \Delta b_{1n} \\ \cdots & \cdots & \cdots & \cdots \\ \Delta b_{11} & \cdots & \cdots & \Delta b_{1n} \end{bmatrix} = \begin{bmatrix} a'_{11} & a'_{12} & \cdots & a'_{1n} \\ a'_{21} & a'_{22} & \cdots & a'_{2n} \\ \cdots & \cdots & \cdots & \cdots \\ a'_{m1} & a'_{m2} & \cdots & a'_{mn} \end{bmatrix}$$

其他 $A_2$，……，$A_j$ 同理可得。

（4）剔除年度影响。

对数据进行一次求导，可以发现其变化程度。然而，生命周期的各个阶段均有相应的变化程度，如果只是区间变化，不能代表其属于哪个阶段，比如成熟期具有一定的波动也是正常的，有增长也有减少，而加速地增长才是成长期，加速地减少才是衰退期，因此，需要进行二次求导。

对某一科技平台进行一次求导，即求得其变化程度——斜率。$d_{11} = \dfrac{a'_{12} - a'_{11}}{a'_{11}}$，$d_{12} = \dfrac{a'_{13} - a'_{12}}{a'_{12}}$，$d_{1n}$ 则以前三位的移动平均值作为变化程度，即：

$$d_{1n} = \frac{d_{1n-3} + d_{1n-2} + d_{1n-1}}{3},$$

对某一科技平台进行二次求导，即求得其斜率变化率，反映其变化加速度：

$$d'_{11} = \frac{d_{12} - d_{11}}{d_{11}},$$

$$d'_{12} = \frac{d_{13} - d_{12}}{d_{12}},$$

$$d'_{1n} = \frac{d_{1n-3} + d_{1n-2} + d_{1n-1}}{3},$$

最终形成描述了所有科技平台所有年度的变化矩阵：

$$D = \begin{bmatrix} d'_{11} & d'_{12} & \cdots & d'_{1n} \\ d'_{21} & d'_{21} & \cdots & d'_{2n} \\ \cdots & \cdots & \cdots & \cdots \\ d'_{m1} & d'_{m2} & \cdots & d'_{mn} \end{bmatrix}$$

其中，$d_{ij}$ 表示 $i$ 科技平台在第 $j$ 年度的变化程度；$d'_{ij}$ 表示 $i$ 科技平台在第 $j$ 年度的变化加速度。

因此，生命周期可归纳如下：

如果 $d_{ij}$ 和 $d'_{ij}$ 均接近于 0，则表示该科技平台尚处于导入期；

如果 $d_{ij}$ 和 $d'_{ij}$ 均大于某一值阈值，则表示该科技平台尚处于成长期；

如果 $d_{ij}$ 大于某一值阈值，但其 $d'_{ij}$ 接近于 0，则表示该科技平台尚处于成熟期；

如果 $d_{ij}$ 和 $d'_{ij}$ 均小于某一值阈值（通常为负数），则表示该科技平台尚处于衰退期；

（5）科技平台排序。

判断出科技平台生命周期各阶段后，对每年的科技平台进行排序，因此，对于 $i$ 科技平台在 $j$ 年度，可以描述为 $(d'_{ij}, N_{ij})$，其中，$N_{ij}$ 表示 $i$ 科技平台在第 $j$ 年度的排名。然后绘制通用矩阵。该部分排序是指 $N$ 值的排序，可采用前部分的指标值进行,再参考通用矩阵的绘制方法,每个科技平台可以用 ($d'_{ij}$, $N_{ij}$) 来表示,然后绘制二维的通用矩阵,横轴为 $d$ 值(自下而上由 0 开始递增),纵轴为 $N$ 值(自左而右由 0 开始递增)。

该通用矩阵通常分为四个区域,左上、右上、左下、右下;对处于不同区域的科技平台可采用不同的发展策略。位于矩阵左上角的科技平台表示增长速度较快,年度排名较前,因此较具有生命力。对于位于左上角的科技平台通常采用加大投资、发展业务的策略;而对于右下角的科技平台,将采用减少投资、缩小规模的策略。

2. 发展方向推荐

通常科技平台在设立过程中已经被定义了平台类型,但开展工作的过程中,难以确定其是否按设定方向发展。如果采用传统的数据分类预测方法对现有数据进行分类模型构建,根据科技平台各年度的数据进行预测,也可以判断其是否符合科技平台初设的发展方向,然而这没有实际的意义,即使给出发展建议,也是关于朝其初设的科技平台类型发展的建议。

采用科技平台分类指标与科技平台类型相结合的评估方式,预测属于哪种类型科技平台,并推荐其发展路线,既能够使科技平台往初设的类型发展,也能达到较高的绩效评价。科技平台综合分类器如图 10 - 4 所示。

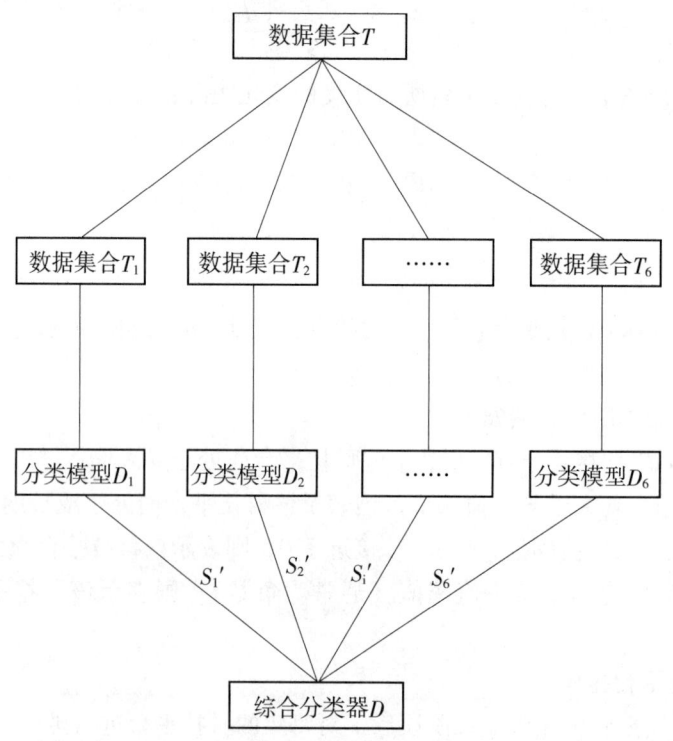

图 10 - 4　科技平台综合分类器示意图

在 $T_1 \sim T_6$ 的数据集中，分别进行科技平台类型为监督的分类训练。聚类初始值根据画像所需的维度进行设定，由于科技平台通常包含 3 种类型，此初始值通常设为 3，聚类后每类指标具有 3 个指标值，作为该类一级指标的补充说明值，这些补充说明值有利于发现该科技平台在某维度的发展水平是否与其科技平台类型相匹配。

然后对六类分类器再进行集成，但其集成时的权重并非人工设定，而是根据往年度专家在年度报告中评分的权重来设定，比如根据上一年度每一类指标对应的科技平台评分进行平均，每个分类器权重为：

$$S_i' = \frac{\overline{S_i}}{\sum_{i=1}^{6} \overline{S_i}} \times 100\%$$

其中，$S_i'$ 表示的是某分类器的权重，$\overline{S_i}$ 表示某类数据的评分平均值，$\sum_{i=1}^{6} \overline{S_i}$ 表示六类的平均值总和。

最后，将六个小分类器进行综合，形成实验室分类指标与科技平台类型相结合的评估模型。当输入科技平台当年度调查数据后，模型将预测属于哪种类型，并推荐其相关的指标字段，提示该科技平台建设从这些方面入手。根据上一年度的数据预测下一年度，有利于该科技平台下一年度的绩效评价。

根据该评估方法所建立的评估模型，所给出的建议结合了科技平台绩效评价与科技平台类型两个发展方向，即综合了各类型发展方向，也对其进一步提高综合业绩和对下一阶段的绩效评估有引导作用。

结合上述步骤，形成最终结论，包括科技平台总体水平、各方面发展水平、生命周期阶段、发展重点推荐、发展策略等。因此，以平台为研究对象，发现其具有生命周期的特点，结合其所属发展阶段进行更加客观、合理的预测，有利于科技平台本身采取行动策略，也能支撑政府决策。

## 参考文献

[1] 秦磊. 生命周期视角下的 W 高校大型仪器设备管理研究［D］. 武汉：华中农业大学，2022.
[2] 谢明辉，满贺诚，段华波，等. 生命周期影响评价方法及本地化研究进展［J］. 环境工程技术学报，2022，12（6）：2148 – 2156.
[3] 戴康盛. 企业生命周期视角下 A 企业全面预算管理体系研究［D］. 乌鲁木齐：新疆农业大学，2022.
[4] 马建红，王晨曦，闫林，等. 基于产品生命周期的专利技术主题演化分析［J］. 情报学报，2022，41（7）：684 – 691.
[5] 何晓斐，夏志杰. 基于多指标隐马尔可夫模型的技术生命周期识别方法研究［J］. 物流科技，2023，46（1）：7 – 10.

[6] 郝凝辉, 刘晓天. 基于全生命周期理念的制造业设计转型路径研究 [J]. 包装工程, 2022, 43 (22): 47–56.

[7] 张国宗, 范栩侨, 罗千买, 等. 大型医疗 PPP 建设项目全生命周期集成管理研究 [J]. 会计之友, 2022 (13): 62–68.

# 第 11 章 基于科技知识图谱的智能化提升探索

伴随着互联网技术特别是大数据、云计算的深度发展，人工智能从长期的"不温不火"状态骤然变热，在全球掀起一股新的发展浪潮。随着计算机视觉、图像识别、机器学习及深度学习等技术日渐成熟，人工智能逐渐渗透到工业、驾驶、家居、医疗、教育、金融及安防等领域，并对许多传统行业产生颠覆性影响。而在人工智能的模拟与训练过程中，数据资源的稀缺和制约已经成为人工智能算法研究中的关键瓶颈之一。2017 年 8 月，国务院发布《新一代人工智能发展规划》，正式部署构筑我国人工智能发展的先发优势。规划明确提出"建立新一代人工智能关键共性技术体系"的重点任务，提到重点突破知识图谱构建与学习。知识图谱作为一种智能、高效的知识组织方式，能够帮助用户迅速、准确地查询到自己需要的信息，已成为人工智能知识表示与融合中不可缺少的关键技术。在 AI World 2017 世界人工智能大会上，百度副总裁、AI 技术平台体系（AIG）总负责人王海峰在演讲中也指出："人工智能与传统产业融合的过程中，要想为这个行业提供更好的服务，就需要对这个行业进行定制化，要有行业知识，这时候就需要在通用知识图谱的基础上，有相应的行业知识图谱，进而帮助这个行业提升生产力，帮助这些行业、产业升级"。因此，人工智能要在行业中得到应用的先决条件，首先要对行业建立起认知，只有理解了行业和场景，才能真正智能化，而科技知识图谱可以更好地为广大科研工作者提供智能化创新服务。

## 11.1 知识图谱的研究现状

知识的内涵非常丰富，它囊括了社会已有的各个领域，为知识图谱的构建提供了丰富的信息来源。最早被使用的图谱模式是通用知识图谱。2012 年，Google 为了满足业务需求提出 Google Search，预示着第一个知识图谱的诞生。随后各大型互联网公司通过自我研发，也建立起了与自身业务相契合的通用知识图谱，国内如百度的知心、搜狗的知立方、万方的智搜、维普的智立方，国外如 Facebook 的 Graph Search、Google 的 Google Maps、美国国立医学图书馆的 UMLS 等，都能快速而又精准地给出符合用户要求的答案。

在国外，行业知识图谱的应用较为广泛，Sillanp A 等（2010）通过对高质量期刊中海量论文的分析，对国际上冲突研究文献可视化，为知识图谱提供了新的内容和应用视角。Medina C. M. 等（2012）通过使用引证网络的方法识别对待定种子期刊最重要的相关期刊，并认为该图谱相比于传统的期刊分类系统，具有新的视角和应用。微软学术则在机构对比图、领域动态图、合作关系图、学术地图等方面应用知识图谱。

在国内，知识图谱的研究也不断深入，朱记伟等（2019）以中国知网博硕士论文数据库为数据集，采用可视化工具 CiteSpace 5.1 研究了我国工程管理领域的研究热点和演进趋势。管健等（2019）利用关联类图的构建、剪枝和融合操作，提出了基于城市安全知识图谱的流式知识图谱多关键词并行检索算法（MKPRASKG）。李新鹏等（2018）针对调度自动化系统业务关系复杂、业务种类繁多等特点，提出了一种自底向上和自顶向下相结合的调度自动化系统知识图谱构建方法，该知识图谱在系统发生故障时，可以对故障进行辅助分析。黄梦醒等（2018）面对中文电子病历中命名实体识别和实体关系抽取研究方法中存在的问题，提出了一种基于双向长短时记忆网络和 CRF 结合的实体识别与实体关系抽取方法，对帮助研究构建临床决策支持系统、个性化医疗推荐服务有引导作用。唐浩竣等（2018）运用 CiteSpace 知识图谱分析工具，对合著国家、作者、学科领域和关键词共现网络等进行了可视化分析，并对土壤有机碳的研究进展及演变趋势进行了图谱解读和追踪分析。可以说，知识图谱已经在绝大多数领域有所应用，并取得了诸多成果，而对相关领域的知识整理，也越来越离不开知识图谱的支持。

## 11.2 基于科技知识图谱的训练资源服务平台构建

人工智能模型训练和开放服务平台是为企业、科研人员提供便利的科技资源和智能化工具应用，通过简化人工智能应用开发流程，屏蔽技术实现细节，提供数据管理、模型管理和服务管理等功能，帮助企业和科研人员快速、高效、低成本地进行智能化产品的开发与应用。开展人工智能模型训练需要大量的资源和工具，面对越来越多的科技资源，如何梳理这些资源并应用于实际的科研工作，如何运用这些资源并支撑科技创新活动和企业技术创新，如何合理配置科技资源以满足日益增长的创新需求，都是科技创新服务工作中的突出挑战。而知识图谱可以将海量且复杂的训练资源进行关联，构建科技知识图谱可以为智能化探索提供数据、工具、检索、问答等方面的基础。将数据资源、计算资源、知识图谱相结合，为人工智能产业发展提供基础性、公共性的训练资源服务平台，为科研工作者提供知识图谱、算法训练、资源推荐等共性服务，具有重大意义。

### 11.2.1 关键核心技术

基于科技知识图谱的训练资源服务平台构建主要从训练资源库建设与数据质量

智能控制技术研究、科技资源知识图谱关键技术研究等三方面进行。

1. 训练资源库建设与数据质量智能控制技术研究

训练资源库建设主要为科研人员提供高质量人工智能训练资源库，通过已有资源的整合和解决方案的提供，开放多种类型的人工智能海量训练资源库。以现有的大型科学仪器设备、研究实验基地、生物种质资源库、科学数据库等庞大的科技资源体系为基础，并在提供解决方案的过程中不断增加数据类型和体量，包括项目数据、人才数据、科研成果数据等。

数据质量是一个复杂的概念，好的数据质量能够准确地反映现实世界的状况，使各种数据分析（如模式识别、数据挖掘等）能够得到有意义的结果。数据质量智能控制的技术路线按照分析科技资源的数据生命周期、研究处于不同生命周期阶段的数据特点和作用、建立数据质量模型和实现模型评估算法、设计和实现数据质量控制方法、研发数据质量的多层面智能控制平台五个层次加以实施，五个层次相互关联，逐次推进。科技资源的数据生命周期如图 11-1 所示。

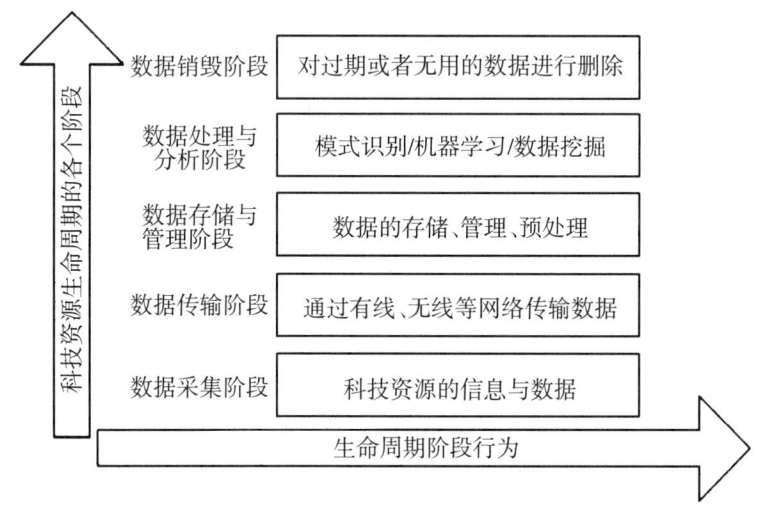

图 11-1 科技资源的数据生命周期

2. 科技资源知识图谱关键技术研究

以结构化、半结构化的科技资源数据为基础，集成知识图谱、自然语言处理、机器学习和数据挖掘等技术的优势，构建完备的科技资源知识图谱，包括学科全景图谱、行业全景图谱、组织全景图谱和科技核心技术图谱等，研究分析科技资源的投入产出绩效、科技资源的分类指标、科研诚信等关键问题，实现科技资源共享服务的智能化、专业化和深层化。

科技资源知识图谱研究的技术路线是先从分析和比较现有知识图谱构建方法的优劣入手，侧重于对结构化数据、半结构化数据融合的研究；利用结构化数据构建基本的知识图谱；采用自然语言处理技术，从半结构化数据中获得知识，并对已构建的基本知识图谱进行扩展和补全；利用构建的科研知识图谱实现科研资源的智能化管理等方面。其技术路线如图 11 - 2 所示。

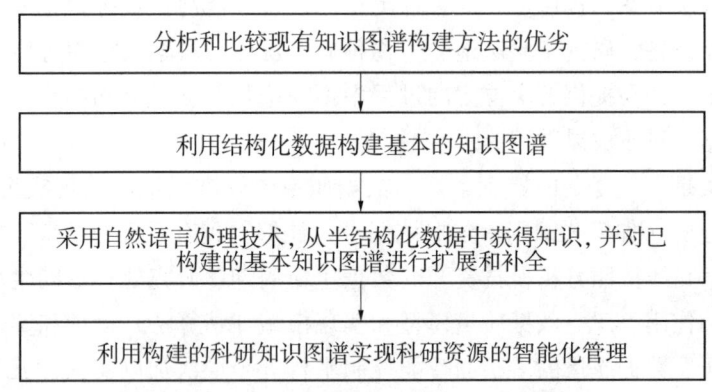

图 11 - 2　科技资源知识图谱研究的技术路线

3. 进行科技资源大数据分析挖掘应用创新

（1）数据采集。在明确数据挖掘目标的基础上，从科技信息系统中获取数据。

（2）数据预处理。对获得的数据进行预处理，预处理主要包括两个方面：一是消除噪声，清除有冲突的数据，对有缺损值的数据进行处理，去掉冗余的数据和数据中冗余的属性等；二是对数据进行融合和转换，数据降维、数据压缩等，方便进一步数据挖掘。这一步是数据挖掘的关键，它直接影响到数据挖掘的效果，也是工作量最大的一步，占整个工作量的 50% 以上。

（3）数据类型转换。由于数据来源、数据类型的多样性，在进行数据分析时会产生计算精度损失、数据范围不正确、类型无法识别、中文或双字节符号字符编码错误等问题，甚至会导致计算分析过程失败。因此，在进入各种挖掘算法分析以前进行数据类型的统一转换是必要的环节。

（4）数据挖掘。针对挖掘问题的资料类型和挖掘算法的具体要求如效率、准确率和背景知识的多少等，选择适当的数据挖掘工具对预处理后的数据进行数据挖掘。在分布式计算平台上采用并行层次聚类、谱聚类、交互式、半监督等聚类技术实现多聚类分析。利用并行化的 FP - Growth、Apriori 和 AIS 等算法获取强关联规则，并对相关度的检验模型开展研究。针对用户在搜索过程中的人机交互行为，对用户意图进行识别和聚类，利用对用户行为的总结，提取用户意图标签。当用户发起新的查询时，利用已有的用户标签和建立的数据仓库，以贝叶斯学习模型从数学上模拟用户意图。查询语句的重写，包括替换查询关键词和扩展查询词。然后将重写的查询语句，以用户意图为基础进行排序，推荐给用户。再根据用户对推荐语句的反馈，进入下一个交互流程。

（5）知识评价和知识利用。在科技信息数据挖掘领域，要对数据挖掘得到的知识或规则进行评价，利用测试数据检验所得知识或规则的准确性、可靠性。知识利用是指利用获得的知识或规则建立在线数据挖掘平台，充分利用已有数据进行复杂查询，提供更高层次的数据分析功能，为科技信息工作者进行科学管理、决策以及开展研究提供辅助决策与综合分析工具。

### 11.2.2 体系架构

基于科技知识图谱的训练资源服务平台构建将数据资源、计算资源、知识图谱相结合，主要由计算支撑层、训练资源层、核心技术层和服务层构成。计算支撑层主要利用现有的高性能服务集群等基础设施，实现计算、存储、网络和数据的资源池化，更好地为用户提供训练支撑；训练资源层主要整合平台现有的资源数据、国家返回数据和跨领域解决方案数据，为用户提供训练资源；核心技术层主要为科研工作者提供可复用的算法模型构件及知识图谱；服务层主要为各行业提供解决方案，为各科研工作者提供算法训练服务和提供基础性知识库及实体关系模型等，具体架构如图11-3所示。

科技知识图谱训练资源服务平台软硬件架构，包括建设科技资源大数据应用系统示范工程软硬件基础设施环境：研究面向科技信息大数据采集、存储和处理的硬件体系结构的集群规模、硬件配置、网络拓扑及可靠性和可扩展性；研究面向多样性科技信息大数据应用需求的混合型软件结构及数据内部交互方式；分析科技知识图谱训练资源服务平台的对外服务及接口方式；建立面向大数据的数据挖掘和统计分析模型库；设计面向全省科技信息数据存储、检索和处理需求的应用支撑架构。设计科技知识图谱训练资源服务平台示范工程方案：研究省内科技资源大数据应用业务需求及现有系统的运行现状；研究示范区工程建设的软硬件设备选型；研究示范区示范工程建设的技术方案；研究示范工程建设的管理方法；开展示范区域的示范工程软硬件基础设施建设；开展示范工程的系统测试、性能测试和安全测试；开展面向测试结果和运行效益的示范工程评估。

## 11.3 面向科技管理系统的知识表达方法

随着信息化的迅猛发展，科技管理机构以及各类互联网平台产生大量的科技数据，这些数据蕴含着丰富的科技管理信息，经过数据清洗和分析的科技大数据不仅可以为管理人员规范和资源配置提供辅助决策，还可以通过各种应用平台为公众提供高质量的科技信息服务，提升公众的科技信息素养。因此，如何深入挖掘并利用各类科技大数据成为当前人们关注的热点。然而，现阶段科技管理系统仍存在数据标准不够规范、数据引用不正确、数据接口不统一等问题，严重阻碍了科技管理系

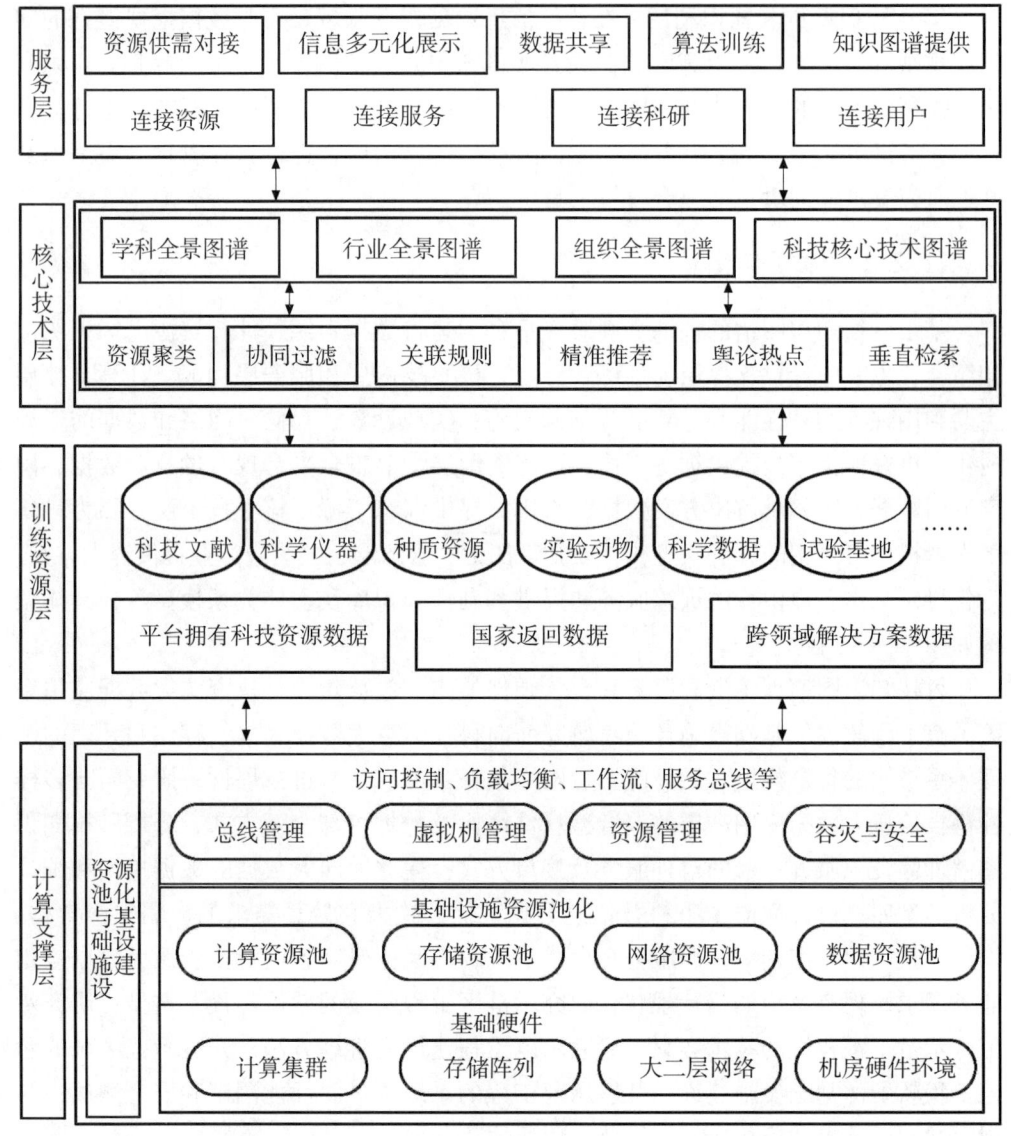

图 11-3 基于科技知识图谱的训练资源服务平台整体架构

统的发展、关联与运用，不利于信息系统的规范化和与其他系统的交互效果。只有对科技管理系统开展数据信息知识表达，才能保障科技管理系统标准的统一和与其他系统的关联。此外，科技管理系统存在数据类型丰富、存储形式多样、面向业务多样等特点，通过智能化的方法判断信息系统中的大量数据是否满足标准要求，各类数据约束和规范是否有利于系统的展示与交互，是现阶段急需解决的难点问题。

### 11.3.1 关键核心问题

面向科技管理系统的知识表达方法过程中最主要、最关键的技术问题主要有：

(1) 针对科技管理系统数据量庞大、数据关联性强、数据标准繁多等特点，利用知识图谱进行数据信息知识表达，通过知识的推理，进行知识的补全和修正，并挖掘其新的路径和规则，最终将知识图谱运用于科技管理系统中异常数据发现、关联检测推荐、项目报告校验、评价与决策支持等方面。

(2) 针对现阶段知识提取困难、知识表示能力不强等特点，融合科技管理数据元、国标数据元、区域数据元、行业数据元等标准数据元进行知识的抽取与合并，提升知识表达精准性，构建面向科技管理系统数据信息知识表达的知识图谱。

(3) 采用 DFLSTM-CNN 方法进行知识提取：首先将多路数据源进行关键词识别，加入领域因子进行双向 LSTM 计算，并合并计算提取出实体和实体关系词，形成实体知识；然后，采用多层因子卷积神经网络与弹性窗格相结合，不同窗格间引入领域因子进行卷积神经网络计算，不断进行窗格移动，根据因子内容进行弹性窗格的变换，分段后形成各关系的特征向量，将向量通过关系指导模型进行分类学习，从而抽取关系知识；最终输出实体知识和关系知识。

(4) 在知识抽取环节采用通用算法将无法完全体现数据来源信息，因此在词片向量提取阶段携带数据来源领域因子，有利于提高实体和关系提取的精准性，有利于提升知识表达精准性和效率。

(5) 在面向专业领域的信息分析等需求时，通用知识图谱在实体粒度以及专业领域语义知识表征方面不够细化，尤其是对于专业要求非常高的科技管理领域。

### 11.3.2 知识表达方法

面向科技管理系统的知识表达方法是针对现阶段科技管理系统建设过程中存在的信息不对称、数据不规范、系统交互困难等问题，通过梳理标准规范数据、管理业务数据、项目报告数据、系统关联记录等信息，提取科技管理数据元、国标数据元、区域数据元、行业数据元等标准数据元，进行知识抽取与挖掘，在本体指导和异构融合的基础上进行知识合并与图谱融合。更加具体地，这里不仅指知识合并形成更加完善的图谱，同时也指合并多个知识图谱，即知识融合和图谱融合等步骤；其中，本体（ontology）包含学科内的基本实体和实体之间的关系，是描述领域知识的通用概念模型。此外，在实际的知识图谱应用中，本体异构造成了大量的信息交互问题，而知识融合能够建立异构本体或异构实例之间的联系，从而使异构的知识图谱相互沟通，实现它们之间的互操作，最终构建面向科技管理系统数据标准化检测的知识图谱。通过知识的推理，进行知识的补全和修正，并挖掘新的路径和规则，实现智能化的科技管理系统数据信息知识表达，实现提供异常数据发现、关联检测推荐、项目报告校验、评价与决策支持等方面的应用。该方法研究内容总体架构如图 11-4 所示。

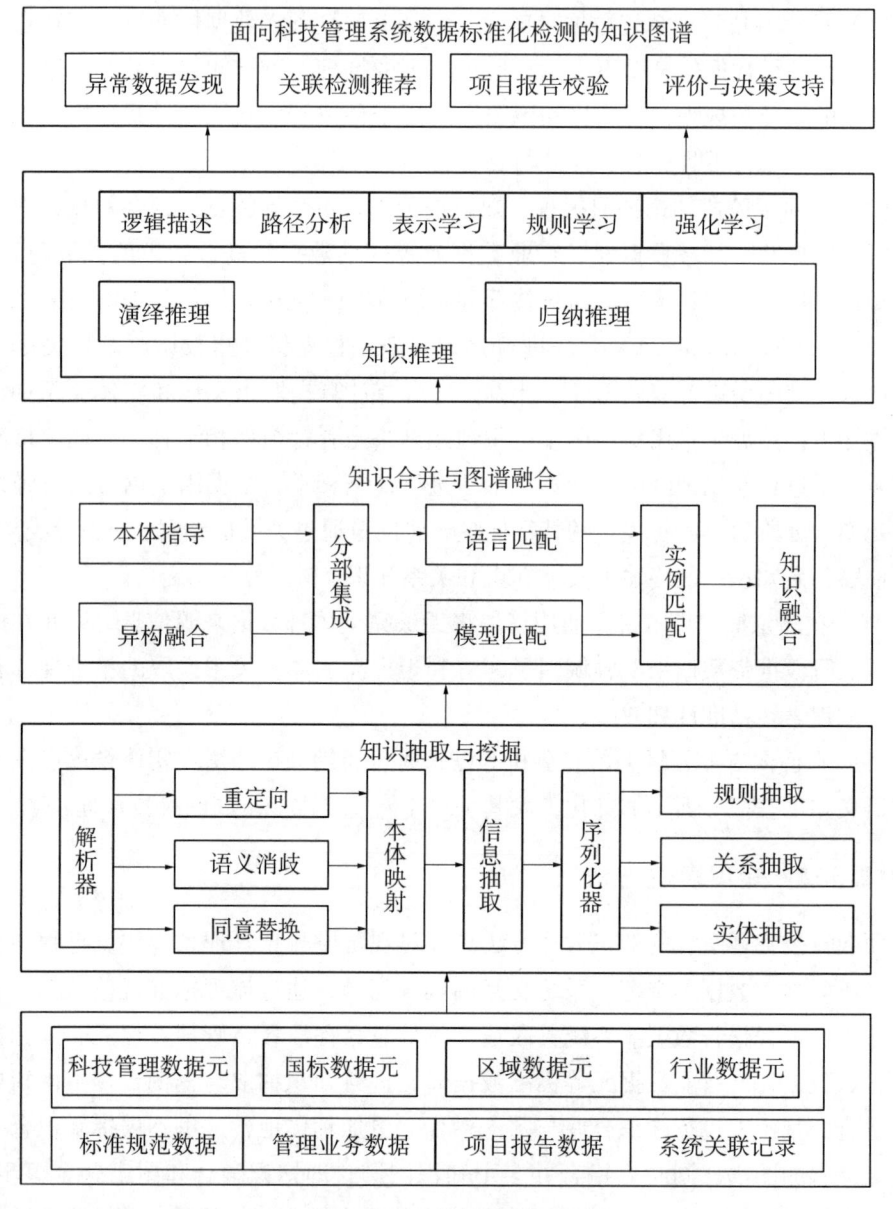

图 11-4 研究内容架构

通过对多源数据进行采集和梳理,形成多类数据元,在此基础上进行知识抽取与挖掘,形成实体、关系及各类规则,进一步实现知识合并与图谱融合,从而形成面向科技管理系统数据信息知识表达的知识图谱,并对已建信息系统进行数据信息知识表达评估,对系统采标情况/标准执行情况进行量化评估,实现建设单位对信息系统数据标准化的监控与管理。面向科技管理系统数据信息知识表达的知识图谱构建方法,包括以下步骤。

1. 数据标准梳理与数据元整理

针对现阶段知识提取困难、知识表达能力不强等特点，提出融合科技管理数据元、国标数据元、区域数据元、行业数据元等标准数据元进行知识的抽取与合并方法，并且通过提升知识表达精准性，构建面向科技管理系统数据信息知识表达的知识图谱。其中，数据标准化是破除数据壁垒，促进多源数据融合的重要手段。面向科技管理系统的知识表达方法为了更好地对信息系统数据规范化进行检测和评估，充分考虑了现有的数据标准，通过以科技管理数据标准为依据，从数据底层推进数据标准化，进而对规范数据、降低共享成本、提高共享效率、支撑数据高效处理和深度应用起到了重要作用。

面向科技管理系统的知识表达方法在数据标准研究的基础上，建立了标准元数据库，建立数据标准符合性检测机制。基于标准数据元、科技管理数据元等元数据库进行知识图谱构建，可提升元数据对标图谱构建的效率和精确性，弥补目前人工抽检的低效和不准确性。可扩展性的系统设计使其可以用不同应用领域的元数据标准持续完善标准元数据检测库。因此，面向科技管理系统的知识表达方法需搜集和整理的模块包含信息资源、标准文件、数据元、值域。这四个知识模块彼此关联，可通过标签管理这四大模块：

（1）信息资源：信息资源分类、信息资源名称、信息资源提供方、信息资源摘要；

（2）标准文件：发布日期、发布机构、标准名称、附件上传、标准号；

（3）数据元：所属信息资源、定义说明、数据元中文名称、数据元英文名称、代码集名称、备注、编号、数据元领域、数据元提供方、数据格式、数据类型、原始数据类型；

（4）值域：代码集名称、说明、编码规则、代码名称。

与此同时，面向科技管理系统的知识表达方法基于权威国标以及国家、地区、行业标准，对多领域/行业的数据元进行分级/分类/分层/分点梳理编目和标准化，建立具有统一性、模块化、细粒度、标识性、关联性的标准元数据库。并根据科技管理系统的构建方向，建立数据元信息与实体抽取的规则，形成数据元与实体的映射规则库，为知识抽取提供良好的基础。

2. 知识抽取与挖掘

在标准元数据库的基础上，面向科技管理系统的知识表达方法进一步对各类数据元的关联和组织结构进行改进。首先，通过挖掘实体、关系等各类知识对各类数据元进行解析后，使用重定义、语义消歧和同义替换等数据处理方法提取关键核心实体；并且利用数据梳理过程中所形成的本体知识进行知识映射，抽取出最适合科技管理系统的知识元，从而形成有效的实体、关系和各类规则。

### 11.3.3 算法描述

面向科技管理系统的知识表达方法通过数据标准文件、信息系统数据库、项目报告等多路数据源，提取相关的数据元、规则作为图谱的实体和关系，从而构建面向科技管理系统数据信息知识表达的知识图谱。本方法采用 BLSTM-DF（DFLSTM-CNN）的方法进行实体和关系联合抽取，方法模型如图 11-5 所示。

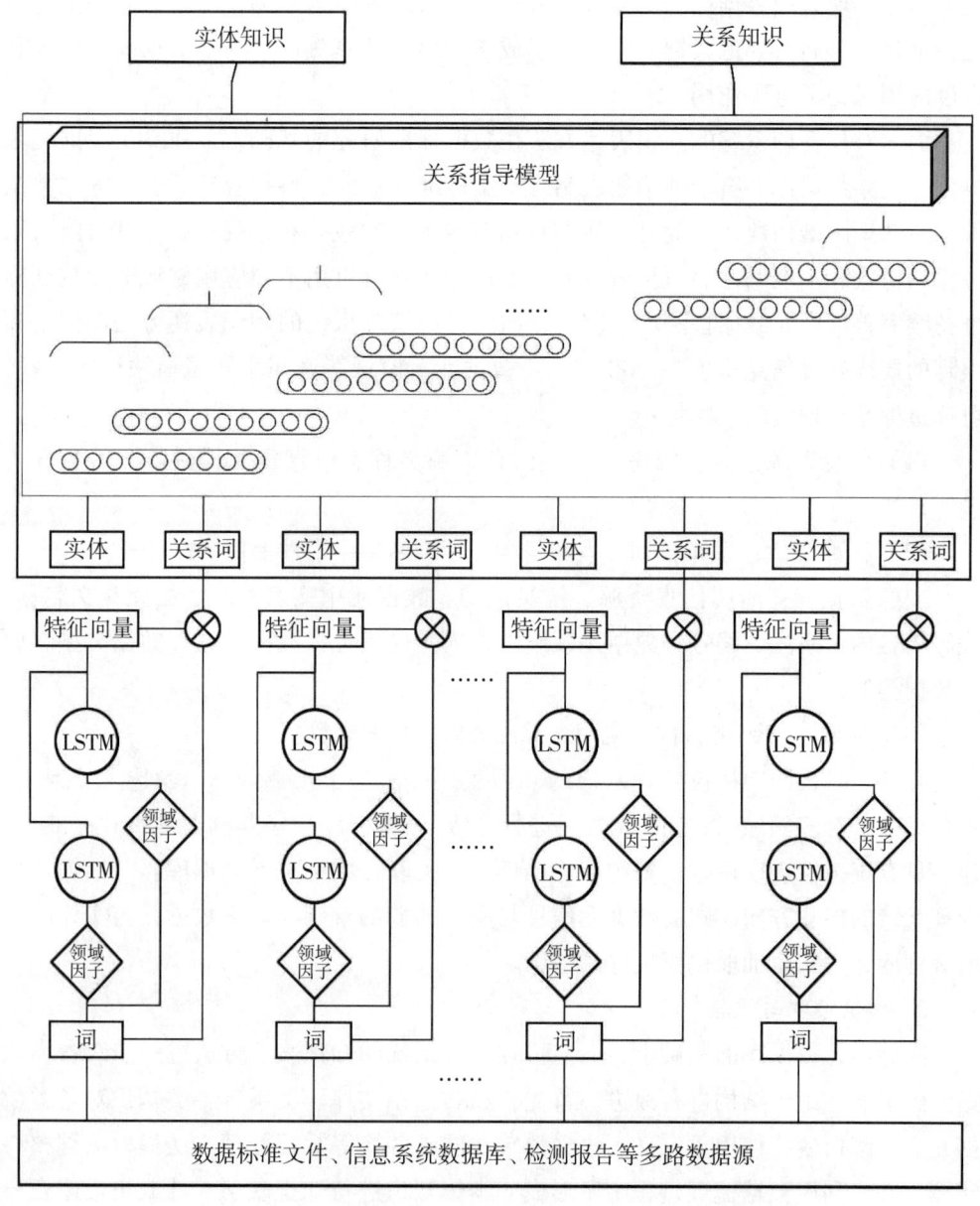

图 11-5　基于 BLSTM-DF 方法的实体和关系联合抽取流程图

具体实现步骤如下：

Step 1：根据数据标准文件、信息系统数据库、检测报告等多路数据源进行关键词的识别，此时将采用经典的中文分词、去停用词等操作，最后留下数据源的关键词。

Step 2：通过数据元对多路数据源所归集的数据进行数据核心描述，更有利于将不同类型、多渠道的科技管理信息进行固定特征表达。同时依据数据元梳理与实体抽取经验，不断完善数据元与实体抽取规则库，用于指导领域因子生成。

Step 3：根据标准文件中的标准文号、科技管理系统的归类号、项目报告类型形成领域因子 DF，该因子的加入可以识别实体与图谱的关联程度。领域因子携带信息主要为关键词的数据来源、该数据来源的具体分类、数据元与实体抽取规则库序号。携带数据来源信息更有利于数据信息知识表达，并可根据图谱关联性，高效识别异常值及其数据来源，为数据信息知识表达提供依据；数据元与实体抽取规则库序号用于指导实体抽取时同领域实体的确认，提升实验抽取效率。

Step 4：采用 LSTM + DF 双向计算的方式，计算该关键词的特征向量。

Step 5：引入特征向量，与关键词进行组合计算，识别实体名称以及权重。此时已完成该数据源的实体抽取步骤，将实体存入实体库。

Step 6：将实体通过关系发现模块进行关系识别。由于科技管理系统中各类事件发生具有一定的范围和主题，因此，在数据元与实体抽取规则库的基础上，采用规则匹配方法，它是数据挖掘中的关联规则挖掘方式，能够从数据背后发现事物之间可能存在的关联或者联系。基于规则的方法多采用语言学专家手工构造规则模板，选用特征包括统计信息、标点符号、关键字、指示词和方向词、位置词（如尾字）、中心词等，以模式和字符串相匹配为主要手段，进而挖掘有利于发现限定领域的关系，将实体输入通过弹性窗格的方式，不断匹配事件规则，形成关系指导模型。根据各实体、实体之间词以及携带的领域因子，采用多层因子卷积神经网络与弹性窗格相结合的方式。在不同窗格间引入领域因子进行卷积神经网络计算，并不断进行窗格移动，根据因子内容进行弹性窗格的变换，分段后形成各关系的特征向量，将向量通过关系指导模型进行分类学习，从而抽取关系知识。

Step 7：最终输出实体知识和关系知识。

### 11.3.4 知识融合与应用

通过提取元数据的特征，建立关联链接和组织关系，并创建可视化知识图谱。在基于本发明的研究框架基础上，将关键的知识体系系统化地串联起来，利用可视化图谱展示了面向科技管理系统的知识表达方法应获取和整理的信息，使元数据资源的知识构成、知识关联和价值得到清晰的揭示。面向科技管理系统的知识表达方法采用 note4j 图数据库进行图谱展示。在知识合并与融合过程中，采用图谱融合方法不断地修正和更新图谱，使图谱更适用于指导系统规范化建设。其中，面向科技管理系统的知识表达方法通过多种角度对平台上的科技管理数据进行结构化关联和可视化描述，揭示数据资源的知识单元和知识关联，形成知识图谱。创建可视化数据图谱，实现对数据资源的特征融合和关联开放。数据元关联越紧密，揭示得越直观，数据的知识性则越明显，数据也就越有价值。

面向科技管理系统的知识表达方法的图数据库则把重点放在高效的图查询和搜索上，图数据库一般以属性图为基本的表示形式，所以实体和关系可以包含属性，这就意味着更容易表达现实的业务场景。

知识补全的环节在原有的基础数据、专家信息基础上，再一次融入了外延信息，通过实体和关系的合并，实现数据层的融合，最终形成了面向科技管理系统数据信息知识表达的多源融合知识图谱。

### 11.3.5 知识推理与应用

面向科技管理系统的知识表达方法使得数据资源的知识构成、知识关联和价值得到了清晰的揭示，进而发现多源异构的数据间隐含的固有联系，有助于实现数据的关联组织与用户的关联查询，实现在更大范围内、更多应用场景下准确、高效地查找、调用、分享和利用相互关联的数据资源；有助于用户对数据资源所蕴藏知识的挖掘、发现和利用，实现数据的创新性开放利用。

通过知识图谱的构建，可将图谱运用于科技管理系统规范化建设中。主要采用演绎推理和归纳推理的方法，发现数据间的关联性和异常情况，体现知识间的完整性和关联性。通过知识推理中逻辑描述、路径分析、表示学习、规则学习、强化学习等方法的运用，可不断修正和提升图谱的知识和性能，并通过图谱进行异常数据发现、关联检测推荐、项目报告校验、评价与决策支撑等工作。

### 参考文献

[1] 毕秋波. AI 模型训练和开放服务平台的研究与实现［D］. 北京：北京邮电大学，2021.

[2] SILLANP A, KOIVULA T. Mapping conflict research：a bibliometric study of contemporary scientific discourses［J］. Intemational Studies Perspectives, 2010（11）：148－171.

[3] 杨思洛，韩瑞珍. 国外知识图谱的应用研究现状分析［J］. 情报资料工作，2013，6：15－20.

[4] MURASE Y, KOICHIRO Y, NAKAMURA S. Associative knowledge feature vector inferred on external knowledge base for dialog state tracking［J］. Computer Speech & Language, 2019, 54：1－16.

[5] MEDINA C M, LEEUWEN T N. Seed journal citation network maps：A method based on network theory［J］. Journal of the American Society for Information Science and Technology, 2012, 63（6）：1226－1234.

[6] Microsoft Academic Search [EB/OL]. [2018 – 12 – 08]. http://academic.research.microsoft.com/.

[7] 朱记伟,王江瑞. 我国工程管理领域研究热点与演进趋势:基于博硕士学位论文的知识图谱分析[J]. 项目管理技术,2019,17(2):71 – 80.

[8] 管健,汪璟玢,卞倩虹. 基于城市安全知识图谱的多关键词流式并行检索算法[J]. 计算机科学,2019,46(2):35 – 41.

[9] 李新鹏,徐建航,郭子明,等. 调度自动化系统知识图谱的构建与应用[J]. 中国电力,2019,52(02):70 – 77.

[10] 黄梦醒,李梦龙,韩惠蕊. 基于电子病历的实体识别和知识图谱构建的研究[J]. 计算机应用研究,2019,36(12):3739.

[11] 唐浩竣,李海萍,陈文悦,等. 基于科学知识图谱谈土壤有机碳研究进展[J]. 土壤学报,2019,56(3):541 – 552.